거꾸로 읽는
철학이야기

거꾸로 읽는 철학이야기

© 강성률, 2020

1판 1쇄 발행 _ 2020년 01월 31일
1판 2쇄 발행 _ 2020년 08월 10일

지은이 _ 강성률
그린이 _ 채소라
펴낸이 _ 홍정표

펴낸곳 _ 글로벌콘텐츠
　　　　등록 _ 제 25100-2008-000024호

공급처 _ (주)글로벌콘텐츠출판그룹
　　　　대표 _ 홍정표 이사 _ 김미미 편집 _ 김수아 권군오 홍명지 기획·마케팅 _ 노경민 이종훈
　　　　주소 _ 서울특별시 강동구 풍성로 87-6 전화 _ 02-488-3280 팩스 _ 02-488-3281
　　　　홈페이지 _ www.gcbook.co.kr

값 14,000원
ISBN 979-11-5852-266-7 03100

거꾸로 읽는
철학이야기

강성률 지음

글로벌콘텐츠

"너 자신을 알라!"는 소크라테스의 말이고, "내일 지구의 종말이 올지언정 나는 사과나무 한 그루를 심겠다."고 말한 스피노자는 아무리 어려운 상황에서도 미래의 희망을 노래한 낙관론자였음에 틀림없다. 바로 이것이 흔히 우리가 생각하는 철학자에 대한 인식이다.

하지만 만약 그것이 아니라면? "너 자신을 알라!"는 원래 델포이 신전 현관 기둥에 쓰여 있던 글이고, 일찌감치 유태인 교회로부터 파문을 당한 스피노자는 폐병에 걸려 마흔 다섯 살의 나이로 생을 마감하였다.

이처럼 제1장에서는 유명한 철학자들과 관련된 명구들이 어떠한 배경에서 나오게 되었는지를 살펴보고 그에 대한 오해를 해소하고자 하였다. 제2장에서는 보통 궤변이라고 불리는, 상식과 동떨어진 철학적 주장들에 대해, 제3장에서는 철학자들의 출생에 얽힌 비밀과 복잡한 가정사에 대해, 제4장에서는 좋건 나쁘건 철학자들에게 끼친 그 부모의 영향력에 대해, 제5장에서는 철학자들의 어렸을 적 모습과 특이한 신체 및 성품에 대해, 그리고 마지막 제6장에서는 왕족에서부터 빈천한 가정까지 철학자들이 놓였던 성장환경에 대해 살펴보고 있다.

이 책은 어렵고 딱딱하게만 느껴지는 철학과 근엄한 모습으로 다가오는 철학자들의 이미지를 '거꾸로' 뒤집어 바라보고자 하였다. 그 결과 말랑말랑한 철학의 속살이 드러나고 너무나 인간적인 철학자들의 면모가 밝혀짐으로써 오히려 철학이 '똑바로' 보이게 되지 않았나 여겨진다. 따라서 독자들은 이 책을 통하여 철학에 대한 새로운 이해와 지금까지와는 전혀 다른 사고의 지평선을 열어갈 수 있을 것으로 기대한다.

이 책은 물론 성인을 대상으로 하여 집필되었다. 하지만 흥미로운 주제와 어렵지 않은 내용 등으로 인해 대학생 혹은 청소년들에게도 매우 유익할 것이고, 그 결과 철학의 대중화에도 크게 도움이 될 것으로 기대된다. 이 책이 나오기까지 수고를 아끼지 않은 글로벌콘텐츠 홍정표 대표님과 김봄 씨 외 모든 직원 여러분께 깊은 감사의 말씀을 올려드린다.

1장

명언에 대한 뒷담화

보통 사람들은 철학자들이 남겼다고 알려진 한두 가지 어록(명언?)을 통하여 그들에 대한 이미지를 형성한다. 물론 제대로 들어맞는 경우가 있긴 하나, 그 중에는 전혀 다르게 알려진 경우도 있다. 그리고 이것이 그 철학자의 사상 자체에 대한 오해로 연결될 수가 있는 것이다. 이 장에서는 이 부분에 대해 알아보기로 한다.

아무 것도 하지 않는다(?)

• 노자 •

흔히들 노자철학의 대명사는 무위자연無爲自然이라 말한다. 그런데 이에 대해 "그저 뒷짐을 지고 아무 것도 하지 않은 채, 내버려 둔다."고 해석한다면, 오해에 해당한다고 볼 수 있다. 이 대목에서 우리는 다시 한 번 '무위자연'의 뜻에 주목할 필요가 있을 것 같다. 무위자연이란 '억지로 무엇을 하지 않고, 순수하게 자연의 순리에 따르는 삶을 산다'는 의미이다. 여기에서 무위無爲는 인위人爲의 반대 개념이다. 그리고 인위란 의도적으로 무언가를 만들고 강요하여 그것을 지키면 선, 그렇지 않으면 악으로 간주하는 것이다. 따라서 노자가 말한 무위란

'아무 것도 하지 않는 것'이 아니고, '억지로 하지 않음'을 의미함을 알 수 있다. 여기에서 노자 주장의 참뜻을 살펴보기로 하자.

노자에 의하면, 큰 도道란 무위자연의 도이다. 왜 그러한가? 노자 철학의 대척점에 서 있는 유가의 주장을 예로 들어보자. 유가에서 인의仁義가 강조되었다는 것은 무엇을 의미하는가? 그것은 이미 위대한 도가 무너졌다는 뜻과 마찬가지이다. 큰 거짓이 생겨나기 때문에 지혜가 주장되고, 집안이 불화하기 때문에 효와 자애가 강조되는 것이며, 나라가 혼란에 빠졌기 때문에 충신이 필요하다는 것이다. 이처럼 유가에서 강조하는 덕들은 '억지로 행하는 것'으로서, 자연의 본성과 동떨어진 것이다. 또한 이것들을 강조한다는 것 자체가 벌써 그것들이 사라지고 없음을 반증해주는 것에 다름 아니다. 따라서 유가에서 강조하는 도덕이 '작은 도'는 될 수 있을지언정, '큰 도'는 아니다.

그러므로 애초부터 큰 도리를 굳게 잡아나갔더라면 아무 일도 없었을 것을 사람들이 인위적으로 일을 꾸미려 하니 일이 꼬였던 것이고, 다시 그것을 억지로 고치려 하니 일이 더 얽히고설키게 되었다는 뜻이다. 이러한 배경에서 노자는 유가에서 말하는 성스러움과 지혜, 인의를 오히려 끊어버릴 것을 요구한다. 이렇게 보면, '억지로 하는 것'을 버리라는 것이 노자의 주장이고, 이것이 또한 무위의 참뜻인 것이다. 다시 말해 노자가 말하는 무위란 '아무 것도 하지 않는 것'이 아니라, 억지를 피하고 자연스럽게 행하는 것을 가리킨다.

그렇다면, 노자가 이러한 주장을 내세운 까닭은 무엇일까? 그것은 억지로 꾸며서 하는 행위는 오래가지 못하고 곧 그치게 마련임을 잘 알고 있었기 때문이다. 그는 "자기의 키를 높아 보이도록 하기 위하여 발끝으로 꼿꼿이 선 사람은 오래 서있지 못하고, 마음이 급하여 두 다리를 크게 벌려 걷는 사람은 멀리 가지 못하며, 스스로를 나타내려는 사람은 도리어 드러나지 못한다."고 말한다.

그런데 이러한 무위에 도달하기 위해서 우리는 어떻게 해야 하는가? 노자는 먼저 우리가 분별지分別知를 버려야 한다고 말한다. 흔히 사람들은 부귀영화를 좋은 것이라 여기고, 빈천굴욕貧賤屈辱을 나쁜 것이라 여긴다. 하지만 이것들은 본래 하나이다. 하나인 동전이 양 면을 갖는 것과 마찬가지로, 복과 화는 우리네 인생이 늘 안고 가야 하는 양쪽 면에 지나지 않는다. 그러므로 재앙은 복이 의지하는 바이요(재앙을 겪고 나서 복이 오는 것이요), 복은 재앙이 깃드는 곳이다.(복이 왔다 싶으면, 곧바로 재앙이 따라온다.) 올바른 것이 다시 기이한 것이 되고(오늘 진리라 선포된 것이 내일 비진리로 밝혀지고), 길吉한 것이 다시 흉凶한 것으로 된다.(행운이라 여겼던 것이 불행한 사태로 이어진다.) 이처럼 화복禍福은 본디 둘이 아니고 하나인데도 불구하고, 사람들은 상대적인 관념에 사로잡혀 재앙을 멀리하려 하고 복을 구하려 한다. 바로 여기로부터 모든 환란과 고통이 생겨나는 것이다. (노자, 『도덕경』 중에서)

그러므로 무위억지로 하지 않음를 실천하는 것이 도리어 현명한 처사가 될 수 있다. 예를 들어 가끔 우리가 보듯이, 크게 이룬 것大成은 모자란 것 같으나 그 쓰임새에 그침이 없고, 크게 찬 것은 빈 것 같으나 그 쓰임에 다함이 없다.(큰 사람은 겉으로 평범해 보이지만, 크고 작은 일에 항상 유용하다.) 크게 곧은 것은 굽은 것 같고(큰 진리는 다소 의아하게 느껴지고, 큰 사람은 평범한 사람의 눈에 조금 이상하게 보인다), 크게 교묘함은 서툰 것 같고, 크게 말 잘함은 말더듬이 같다. 이와 같이, 노자에서의 윤리는 우리에게 무위자연에 처하여 소박하고 유연하게 살아갈 것을 가르치고 있다.

통치 면에 있어서도 마찬가지이다. 어진 임금이 천하를 다스려가는 방법은 다른 데 있는 것이 아니다. 스스로 고집을 피우지 않고 백성들의 편에 서서, 그들의 눈높이에 맞추어 그들의 마음에 맞도록 스스로의 마음을 맞추어나가면 된다. 설령 백성들이 귀로 듣기 좋은 것, 눈으로 보기 좋은 것에 대해서만 욕심을 낸다 할지라도, 천진난만한 갓난아이를 대하는 것처럼 다스려나가야 한다. 그리하여 성인聖人은 물이 흘러가듯이 자연스럽게 나라를 다스려야 하는데, 가령 백성들이 죽는 것을 무겁게 여기고, 먹는 음식을 맛있게 여기고, 입는 의복을 아름답게 여기며, 사는 거처를 평안하게 여기고, 행하는 풍습을 스스로 사랑하도록 만들면 된다.

자기 자신의 아집에 따라 기괴하고 특별한 것에 마음을 두기보다특별한 정책을 시행하는 것보다 가장 평범하고 상식적인 삶을 살도록 해주면 그만이다. 그리하면 백성들은 늙어 죽을 때까지 다른 나라를 부러워하는 일이 없을 것이다. 이렇게 보자면, 노자가 말한 무위는 '아무 것도 하지 않는다!'가 아니라 '억지로 하지 않는다!'는 뜻이고, 그 참된 의미는 개인이건 통치자건 자기 욕심을 버려야 한다는 것이 되겠다.

머리털 하나도 아깝다(?)

● 양자 ●

"머리털 하나를 뽑아서 천하를 이롭게 한다 하더라도, 나는 결코 하지 않는다!"(拔一毛而利天下 不爲-발일모이리천하 불위)

이 말은 흔히 양자가 한 말로 알려져 있다. 바로 이 구절이 "각자 자신만을 위한다."는 위아설爲我說로 해석되어, 양자는 중국 역사상 철저한 개인주의의 대표자이자 극단적인 쾌락주의자라는 비난을 한 몸에 받아왔다. 그러나 위의 구절은 다름 아닌 맹자가 양주를 비평하여 이기주의를 비난한 데서 비롯되었다.

주지하다시피, 맹자는 공자 이래로 명맥이 끊어지다시피 한 유학의 전통을 되살리기 위해 혼신의 힘을 다하였

양자(楊子, 기원전 440~360?년)
중국 전국시대 초기 위나라의 도가 철학자이다. 이기적인 쾌락설을 주장했다. 맹자가 "양자, 묵자의 말이 천하에 충만하였다"고 그 이단성을 지적한 것으로 보아 당시 이 학파는 묵가와 더불어 대단히 융성했던 것 같다.

고, 이를 위해 유교 사상에 도전이 될 만한 사상은 가차 없이 비판하였다. 그 한 예를, 우리는 묵자에 대한 공격에서도 찾아볼 수 있다. 이 대목에서 그 부분에 대해 잠깐 살펴보도록 하자. 묵자 사상의 핵심은 겸애에 있다. 국가와 국가 사이에 일어나는 침략전쟁이나 개인과 개인 사이에 벌어지는 싸움은 모두 서로를 사랑하지 않는 데 그 원인이 있다. 그러므로 이를 바로잡기 위한 근본 대책으로서 묵자는 겸애설을 주창하였던 바, 즉 "하늘이 모든 백성을 구별 없이 평등하게 사랑하는 것과 같이, 우리도 다른 사람을 차별 없이 사랑하라!"는 것이다. 겸애란 자신을 사랑하듯이 타인을 사랑하고, 자기의 어버이를 사랑하는 것처럼 다른 사람의 어버이도 사랑하여 자타(自他) 사이에 조금의 차별도 두지 않는 것을 말한다.

그러나 이에 대해, 유교 쪽에서는 "그것이 어떻게 실현될 수 있겠느냐?"고 비판한다. 과연 나는 나의 아내와 다른 사람의 아내를 전혀 차별 없이 사랑할 수 있겠는

겸애(兼愛)

자기 자신이건 다른 사람이건, 친하건 친하지 않건 모두를 차별 없이 똑같이 사랑하는 것을 말한다.

가? 모두를 똑같이 사랑한다는 것은 도리어 모두를 사랑하지 않는다는 것과 같은 말이 아닐까? 또 나의 어버이를 다른 사람의 어버이와 구별하지 않고 대하는 것이 과연 사람의 할 도리인가? 이 역시 자기의 부모에 대한 불효를 오히려 정당화시킬 여지가 충분히 있다고 보인다.

이러한 맥락에서, 맹자는 겸애설에 대하여 '임금을 무시하고 아비를 업신여기는 짐승의 도'라고 비판한 바 있다. 다시 말해, 묵자는 겸애의 이로운 결과만을 보았을 뿐, 인간사회에서 마땅히 지켜져야 할 질서는 보지 못했다는 것이다. 그러나 맹자의 이러한 비판은 묵자의 참뜻을 곡해한 데서 비롯된 것으로 보인다. 묵자의 의도는 다른 사람의 부모혹은 아내를 대할 때 나의 부모혹은 아내를 대할 때와 같은 마음으로 대하라는 뜻이었을 뿐, 직접 공양한다거나 거느린다는 뜻은 아니었을 것이다. 이러한 사정에도 불구하고, 맹자가 도가 넘는 비판을 가한 것은 어떻게든 유학 사상을 보존하고 발전시켜야 한다는 열망이 너무 큰 탓이 아닐까 추측된다.

양자를 향한 맹자의 신랄한 비판 역시 이와 같은 맥락에서 이해해야 하지 않을까 한다. 다시 말해, "머리털 하나를 뽑아서 천하를 이롭게 한다 하더라도, 나는 결코 하지 않는다!"고 해석한 것은 도가 지나치다는 뜻이다. 전후 맥락을 모른 채 이 말을 처음 듣는 사람은 누구나 "세상에! 이렇게 이기적일 수가. 자기의 작은 것을 희생하여 세상 전체를 유익하게 한다 하여도 하지 않는다니, 천하에 몹쓸 사람 같으니..."라고 생각할 것이 틀림없다. 그러나 이것은 오해에 기초해있음을 밝히면서, 그 까닭에 대해 설명해보도록 하자.

첫째, 한 터럭을 뽑아 도저히 천하를 구제할 수 없다는 통찰이 그 속에는 들어있다. 그런 일은 애당초 불가능할뿐더러 어차피 내 힘작은 힘으로 세상을 바꿀 수는 없다. 그럴 바에야 차라리 주어진 내 일에만 전념하겠다는 의미이다. 나아가 세상의 모든 사람들이 서로 간섭하지 않고 각자에게 주어진 일만 열심히 한다면 세상은 저절로 좋아질 것이고, 이러저러한 골치 아픈 문제도 생기지 않을 것이라는 뜻이다. 둘째, 세상을 구한다고 소리치고 다니는 사람들이 오히려 세상을 시끄럽게 했지 않느냐 하는 의미가 들어 있다. 제 힘으로 세상을 바꾸어보겠다고 큰소리치는 사람들이 얼마나 많은가? 하지만 결국에 보면, 자기의 유익만 구하고 심지어 사회와 국가에 폐를 끼치는 일들이 너무 많더라는 것이다. 바로 이러한 비판의식이 그 말 속에 들어 있지 않을까 싶다.

양주에게는 남긴 책이 없다. 그러므로 『열자列子』의 『양주편楊朱編』이나 『장자莊子』, 『맹자孟子』 등의 인용문에서 판단컨대, 양자의 주장이 나오게 된 데에는 당시의 시대적 배경이 한몫 거들었던 것 같다. 당시 중국은 정치사회적으로 매우 혼란한 춘추시대였다. 위정자들은 부국강병이라는 명목 아래 백성들을 억압하고, 무조건 따라오라는 식으로 나라를 다스렸다. 바로 그렇게 하는 것이 나라를 부하게 만들고 백성을 지키는 길이라고 역설하였다. 그러나 백성들 입장에서는 그 말을 믿을 수 없었다. 나라니 백성이니 하는 추상적인 단어보다 우선 내 한 몸 먹고사는 일이 급했기 때문이다. 그리고 지금까지의 경험으로 보건대, 무슨 대단한 사람이 나와 천하를 이롭게 하는 일도 없었다. 그러다보니 '제발 남의 일에 참견할 생각일랑 하지 말고, 네 일이나 잘해라!'는 심리가 발동했을 것이다. '나를 도와주란 말은 하지 않을 테니, 간섭이나 말아 달라!'는 것이 당시 백성들의 본심일 수 있었다는 것이다.

당시 부국강병을 미명으로 한 통제주의에 강력하게 저항한 면에서 현실사회와 일정한 거리를 유지하고자 했던 도가사상의 흔적을 엿볼 수 있거니와, 이 대목에서 우리는 양주를 방종 및 방탕의 대변자로서보다 자연주의의 옹호자로 받아들여야 하지 않을까 싶다. "우리의 삶에 대한 가장 좋은 방식은 자연 그대로 흘러가게 내버려두는 것이다."라고 주장하고 있다는 점을 우리는 인정해야 한다.

그리고 바로 이러한 철학으로부터 "즐겁게 살아야 한다."고 하는 쾌락주의 윤리설이 나오는 것 역시 당연한 수순일지도 모른다. 세상일에 대한 지나친 간섭이나 관여는 삶에 대한 과도한 절제처럼 우리의 삶을 피곤하게 만든다. 따라서 우리는 세상사나 남의 일에 대해 간섭하거나 개입해서는 안 된다. 오직 내 앞에 놓인 길을 따라갈 뿐이며, 내 앞에 닥친 일만 처리하면서 유유자적하게 살아가면 그만이다. 복잡하게 생각할 것 없이, 그저 오늘 하루를 기쁘고 즐겁게 살아가면 된다.

실제로 양자는 생명을 귀하게 여기고貴生, 자기 자신을 중하게 여기며, 외부의 것들재산, 권력, 명예 등이 자신에게 해를 끼치지 못하게 하여 자기의 본성을 온전하게 할 것 등을 주장하였다. 이렇게 보면, 유가나 묵가와 달리 양자는 세상으로부터 아예 문제가 일어나지 않기를 바라는 소극적인 자세에 머물렀다고 말할 수 있다. 또한 권력에 의한 지배가 노골화되어 가는 시점에서, 개인의 삶을 사회적 구속으로부터 해방시키려 했던 것으로 여겨진다. "전체를 위해 개인이 희생해야 한다."는 전체주의적 윤리를 거부하고, 개인의 자유를 적극 주장하였던 것이다. 따라서 양주를 극단적인 이기주의자로 매도하는 것은 옳지 않다 여겨진다.

3

"너 자신을 알라!"가
소크라테스의 말이라고?

"너 자신을 알라!"라고 하는 유명한 말은 소크라테스가 한 것으로 흔히들 알고 있다. 그러나 그것은 이미 고대 그리스의 아폴론 신을 모시는 델포이 신전 현관 기둥에 새겨져 있었다. 비명碑銘: 비석에 새긴 글이라고도 알려진 그 말의 원래 의미는 "유한한 존재인 너희들 인간은 전지전능한 신에 대해 감히 도전할 생각일랑 말아라!"였다. 이에 대해, 좀 더 알아보도록 하자.

소크라테스

기원전 470~기원전 399년. 그리스의 철학자이며 세계 4대 성인이다.

소크라테스의 나이 40세 무렵에 그의 친구이며 제자였던 카이레폰이 델포이 신전에 가서 아폴로 신에게 물었다.

"아테네에서 가장 현명한 사람이 누구입니까?"

이에 대해 신전의 무녀巫女: 신을 받드는 여자. 여기에서는 신탁을 물어 다른 사람에게 전하는 여자를 가리킴는 다음과 같이 대답했다.

"소포클레스는 현명하다. 에우리피데스는 더욱 현명하다. 그러나 소크라테스는 모든 사람 중에서 가장 현명하다."

카이레폰은 이 신탁을 듣고 대단히 기뻐 즉시 소크라테스에게 이 소식을 전하였다. 그러나 이를 전해들은 소크라테스는 도리어 크게 놀랐다. 그 스스로 무지하다는 사실을 잘 알고 있었기 때문이다. 그는 이 신탁을 확인하려고 자타自他가 현명하다고 공인하는 사람들을 찾아가서 여러 가지를 물어보았다. 그런데 그 사람들은 참된 지혜를 알지 못하면서도 아는 것처럼 자만하고 있었다. 말하자면, 그들은 스스로 무지하다는 사실조차도 모르고 있었던 것이다. 현자로 자처한 사람들의 입장을 '무지의 무지'라고 한다면, 소크라테스에 대해서는 '무지의 지無知의 知'라고 말할 수 있겠다.

그리하여 평소에 신전 기둥의 비석에 새겨진 글 gnothi seauton원래는 '너를 알다'라고 하는 평어체. 이것이 나중에 '너를 알라!'라고 하는 명령체로 바뀌었다을 자주 외고 다녔던 소크라테스 자신이야말로 그들보다 적어도 한 가지 사실무지하다는 사실을 더 알고 있었고, 바로 이것이 소크라테스에게 가장 현명한 아테네인으로 신탁

델포이 신전 터

이 내려진 이유였다.

　이러한 사정으로 보아, 소크라테스는 인간의 지혜가 신에 비하면 하찮은 것에 불과하다는 사실을 잘 알고 있었던 것 같다. 이와 관련하여, 성경에도 "하나님의 어리석음이 사람보다 지혜롭고, 하나님의 약하심이 사람보다 강하니라."고린도 전서 1:25라는 대목이 나온다. 그리하여 소크라테스는 무엇보다 먼저 자기의 무지를 아는 것이 철학의 출발점임을 인식하였던 것이다.

　모든 진리는 무지를 자각하는 사람에게서만 파악된다. 진정한 진리는 그 앞에서 겸손한 자에게만 나타난다. 왜냐하면, 자신의 무지를 자각한 사람만이 지혜를 사랑하게 될 것이기 때문이다. 또한 애지자愛智者만이 영혼을 잘 가꾸어 진정한 행복에 도달할 수 있다. 이렇게 해서 "너 자신을 알라!"라고 하는 유명한 교훈, 즉 비석에 새겨진 글은 소크라테스를 거쳐 우리에게까지 전해져오고 있는 것이다.

　물론 이 구절을 처음 발설한 당사자로 다른 현자를 드는 주장도 있다.

디오게네스 라에르티오스

기원후 3세기 그리스 철학자 전기 작가. 탈레스 이래의 유명한 철학자를 망라하여 그 전기와 학설 등을 소개한 『철인전(哲人傳) 10권』의 저자. 이 책은 고대 철학자들의 생활 자료를 파악하는 데 최고의 문헌이다. 그러나 정작 저자의 삶에 대해 알려진 바는 거의 없다.

메난드로스(기원전 342~292년경)

고대 그리스 아테네의 극작가이자 아리스토텔레스 추종자였던 철학자 테오프라스토스의 제자. 그리스 연극 축제에서 〈디스콜루스〉로 상을 받았고, 아테네 항구 피레에프스에서 수영을 하다 익사했다고 전해진다.

디오게네스 라에르티오스는 이를 그리스 7현인의 한 사람이 쓴 것이라고 하였다. 그리스 7현인賢人이란 탈레스, 비아스, 피타코스, 클레오브로스, 솔론, 킬론, 페리안드로스플라톤에서는 뮤손 등 거의 동시대기원전 7~6세기에 살았던 일곱 명의 현자를 가리킨다. 7이라는 숫자는 7수 숭배에 따른 것이며, 정치적 혼란에 시달린 후세 사람들이 일찍이 사회적·정치적 활동과 업적에서 탁월한 사람 7명을 골라 이상적 인물로 뽑았다고 전해진다. 이들의 일화나 명구名句는 그리스인의 정신적 지주로서 전승되어 왔다. 명부 작성자에 따라 7현인의 면면이 달라지긴 하나, 이 가운데 탈레스와 비아스, 피타코스, 솔론 4명은 거의 확정되어 있었다. 이 가운데 탈레스가 "너 자신을 알라!"와 비슷한 뜻의 말을 한 것으로 주장되지만, 같은 7현인 가운데 한 사람인 스파르타의 킬론이 한 말이라 주장하는 학자도 있다. 또 그 외에 다른 현자의 말이라고 하는 설도 있어 일정하지는 않다.

이 가운데 탈레스의 일화를 들어보기로 하자. 탈레스는 "사람에게 어려운 일이 무엇이냐?"는 질문을 받고, "가장 쉬운 일은 남에게 충고하는 것이고, 가장 어려운 일은 자기 자신을 아는 일이다."라고 대답하였다. 탈레스의 이 말을 빗대어, 희극작가 메난드로스는 오히려 "(자기 자신보다는) 남을 알라고 하는 쪽이 더 유익하다."고 비판하였다는 말 역시 전해 내려오고 있다.

4

소크라테스가
동성연애자였다고?

오늘날 성희롱이나 성추행, 성폭행이 사회문제가 된 지는 오래 되었다. 그런데 인류의 스승이라 일컬어지는 소크라테스가 동성연애자였다고? 물론 당시 희랍에는 나이든 남자와 미소년 사이에 매우 색다른 사랑의 관계가 있긴 했다. 오늘날에는 그러한 관계를 아주 좋지 않은 눈으로 바라보는 경향이 있지만, 당시에는 정치가나 군인, 철학자가 아름다운 청년에게 관심을 가지는 일이 거의 유행이다시피 하였다. 플라톤의 저서 『향연』에는 시인 아리스토파네스의 말이 나온다. 여기에서 그는 "사랑 가운데 가장 본능적이고 가장

아리스토파네스

소피스트와 소크라테스를 풍자한 『구름』, 복의 신의 눈이 갑자기 보이게 된다는 『복신』 등이 유명하다.

남성적인 것이 남자들의 동성연애이다. 그리고 이런 남자들만이 국가 공공사업에 적극적이며, 어른이 되었을 때에도 결혼이나 자녀 출산에는 개의치 않는 대신 소년을 사랑한다."(이정호, 『서구 지성의 원천』에서)고 말하고 있다.

이러한 시대적 분위기 속에서, 플라톤이 존경하는 스승 소크라테스 역시 미소년과의 교제를 끊임없이 추구하였다. 소크라테스는 아테네의 청년 가운데 가장 아름다운 카르미데스가 그의 옆에 앉았을 때의 심정을 다음과 같이 고백하고 있다.

"나는 당황해서 어쩔 줄 몰랐다. 내가 생각하기에도, 그전 같으면 아주 쉽게 그와 이야기를 나눌 수 있었을 나의 용기 따위는 사라지고 말았다."

그리스 세계에서는 대개 부녀자가 집안에 틀어박혀 있었기 때문에, 사교의 대상이 될 수 없었다. 그래서 필연적으로 창부에게 접근함으로써 만족할 수밖에 없었다. 이러한 시대적 환경 때문에 나이가 들어가면서 아름다운 소년에게 마음을 빼앗기는 일이 잦았고, 이것이 부자연스런 육체적 관계로까지 발전하기도 하였던 것이다. 또한 소년의 입장에서도 얻어지는 것이 있었으니, 그 때문에 나이 어린 소년에게 나이가 많은 남자 애인을 지정해주는 아버지까지 생겨날 정도였다. 지정된 남자는 소년에게 정치와 문화, 철학 등에 대해 스승 역할을 담당하였으며, 동시에 성적인 멘토로서 사랑의 기술까지 전수했다. 그러나 이때 꼭 지켜야 할 원칙이 있었다. 첫째, 소년을 사랑하는 사람은 반드시 결혼한 성인 남자여야 할 것, 둘째 소년은 육체적 접촉에서 적극성을 보이면 안 될 것, 셋째 소년이 성인이 되면 집으로 돌려보내야 할 것 등이었다.

멘토(Mento)

『오디세이아』에 나오는 오디세우스의 친구 멘토의 이름에서 유래함. 오디세우스가 트로이전쟁에 출정하면서 아들 텔레마코스의 교육을 친구인 멘토에게 맡긴다. 멘토는 오디세우스가 전쟁에서 돌아오기까지 무려 10여 년간 왕자의 친구, 선생, 상담자, 때로는 아버지가 되어 그를 잘 돌보았다. 이후로 그의 이름은 한 사람의 인생을 이끌어주는 지도자와 동의어로 사용되었다. 멘토의 상대자를 멘티(mentee), 멘토리(mentoree), 프로테제(Protege)라 한다.

그럼에도 성년식을 거친 뒤에까지 중년 남성으로부터 사랑을 받게 되는 경우도 생기게 되었던 바, 이 모든 것이 결국 여성의 사회적 지위가 매우 낮은 데서 유래했다고 말할 수도 있다. 이와 관련하여, 로마의 한 시인은 "여자는 남자의 마음을 흔들어 이성을 잃게 할 염려가 있는 데 반하여, 남자들 간의 사랑은 평온함과 잔잔함이 있다."고까지 말하고 있다. 즉, 여자는 매우 매력적이고도 관능적인 존재로서 남자들을 사랑의 열병에 시달리게 하여 이성적인 판단력을 흐리게 하기 때문에, 도리어 남자들 사이의 동성애를 권장하기도 했던 것이다. 더욱이 젊은 남자들이 오랫동안 병영생활을 해야 했던 당시의 사회적 환경 탓도 컸다. 오죽했으면 '연애'라는 말이 남자와 여자 사이의 관계가 아닌, 남자들 사이의 사랑을 의미하게 되었을까?

여기에서 얻어지는 뜻밖의 이점도 있었다. 주지하다시피, 스파르타가 결정적으로 쇠퇴하게 된 계기는 동맹국 테베와 치른 전쟁에서 패배한 것이었다. 이 전쟁에서 스파르타에게 결정타를 가한 것은 테베의 '신성대'라는 동성연애자들의 특수군대였다. 이 특공대는 특별히 선발된 3백 명을 훈련시켜 만든 정예부대였는데, 그들은 모두 동성연애자들의 커플이었다. 그들이 특히 용감할 수 있었던 것은 연장자는 연하의 애인 앞에서, 또 연하의 남성은 연장자 애인 앞에서 부끄럽지 않도록 혼신의 힘을 다해 용감하게 싸웠기 때문이다. 또 위험이 닥칠 때면 서

동성애(同性愛, homosexuality)

동성의 상대에게 감정적·사회적·성적인 이끌림을 느끼는 것. 동성애자는 이러한 감정을 받아들여 스스로 정체화한 사람을 뜻한다. 오늘날 동성애는 다양한 정체성의 하나로 받아들이고 있기 때문에 네덜란드·벨기에 등 몇몇 국가에서는 동성 간의 결혼이 합법화되었다. 미국에서는 2015년 6월 연방대법원의 판결로 동성결혼이 합법화되는 등 세계적으로 동성애의 인식이 변화하고 있다. 한국에서는 국가인권위원회 법에서 동성애자에 대한 차별을 금지하고 있다. 다만 성경에서는 이를 죄로 본다.

신성대(神聖隊)

기원전 378년 편성된 그리스 테베의 선발부대. 300명의 병사로 편성되어 있으며, 마음 맞는 사람 2명이 모여 1조가 되었다. 상호 위험으로부터 신변을 보호하고, 연인 앞에서 비겁한 행위를 보이지 않아 단결심이 강하고 용맹했다. 기원전 371년 레우크트라 전투에서 스파르타 군을 격퇴하고, 기원전 338년 카이로네이아 전투에서 필리포스 2세에게 전멸될 때까지 무적의 부대로 활약했다.

파우사니아스

스파르타 섭정의 자격으로 그리스 연합군을 이끌고 페르시아 군을 대파. 그러나 페르시아 왕과 내통을 시도하다가 신전 안에 감금되어 기원전 470년에 굶어 죽었다.

알키비아데스

아테네의 정치가이자 군인. 무절제와 개인적 이욕에 사로잡혀 펠로폰네소스 전쟁에서 아테네가 패배하는 데 한 원인을 제공한다.

로 애인을 위해 필사적으로 싸웠으므로, 패배를 모르는 부대였다고 한다.

파우사니아스에 의하면, 에로스에도 종류가 있다. 육체적 욕망을 추구하는 천박한 사랑이 있는가 하면, 다른 사람을 위하여 희생하는 고귀한 사랑도 있다. 또 진리나 신을 향한 초월적 사랑도 있다. 진정한 사랑은 서로 간에 덕과 지혜를 추구하는 교육적인 관계에서 맺어질 수 있다. 어린 소년과 성인 남자 사이가 그 좋은 예가 될 수 있을 것이다. 소크라테스 역시 미소년을 좋아하였고, 그들과 함께 먹고 마시고 말하는 것을 즐겼다. 소크라테스는 아름다운 청년 알키비아데스를 사랑했던 동성애자였다. 부인과 자식들도 있었던 점에서 보자면, 양성애자였다고 말할 수도 있겠다. (윤진, 『아테네인, 스파르타인』에서)

그렇다면 왜 인간소크라테스에게 이처럼 이중적인 사랑이 가능했을까? 이와 관련하여, 희극작가 아리스토파네스는 사랑에 관한 재미있는 신화를 들려준다. 고대에 인간은 팔, 다리가 각각 네 개, 눈, 코, 입이 두 개씩 붙어 있었고, 매우 강해서 도리어 신들이 위협을 느낄 정도였다. 인간에게는 3가지 성性이 있었는데, 태양에서 나온 남성, 지구에서 나온 여성, 달에서 나온 양성자웅동체이었다. 제우스는 인간을 약하게 만들기 위해 번개를 쳐서 모두 반으로 잘라버렸다. 반쪽을 잃어버린 인간은 항상 나머지 반쪽을 그리워하게 되었고, 이 때문에 인간은 각각 남성 동성애자, 여성 동성애자, 이성애자가 되었다는 것이다.

어떻든 소크라테스는 소년애少年愛: 성인 남성과 사춘기 전후의 소년 사이의 연애 관계, 성적 관계. 플라토닉 러브적인 것도 있지만, 보통은 성적 관계가 전제됨를 인정하면서도, 그 자신 육체적인 관계를 추구하지는 않았다. 『향연』에 보면, 잔치의 막바지에 아테네의 무장武將이자 정치가이며 소크라테스의 애제자인 알키비아데스라는 인물바로 앞에 소개이 나타난다. 그는 술이 거나하게 취한 채, 동료들에게 큰소리로 소크라테스와의 일화를 소개한다. "나는 이 분과 단둘이만 있게 되었기 때문에, 이분이 마치 사랑하는 사람이 자신의 연인과 외딴 곳에서 나눔직한 대화를 나와 나눌 것이라고 기대하며 즐거워하고 있었다네. 그러나 기대했던 일은 일어나지 않았고, 오히려 보통 때와 마찬가지로 이 분은 나와 대화를 나누고 하루를 함께 지낸 다음, 집으로 되돌아 가셨다네. 이러한 일이 있고 난 다음에 나는 이 분을 레슬링 연습에 초대했었고, 그가 초대에 응하자 나는 이번에야말로 어떤 성과를 얻을 것이라고 기대하면서 이 분과 함께 연습했었다네." 고대 그리스의 레슬링은 알몸으로 하는 경기였다. 그는 소크라테스와 스킨십 이상을 원했던 것 같다. 그렇다고 어린 그가 적극성을 보일 수는 없었다. 그런데 이번에도 '기대했던 일'은 일어나지 않았다. 이에 알키비아데스는 더 노골적인 태도를 보였다. 소크라테스를 저녁식사에 초대한 다음, 밤이 이슥해지자 그에게 자고 가라며 권한 것이다. 소크라테스는 그의 성화에 못 이겨, 마침내 그날 밤 그와 동침했다. 그러나 이번에도 알키비아데스가 '기대했던 일'은 일어나지 않았다. 도리어 형이나 아버지처럼 대했다는 것이다.

이런 정황으로 보아, 소크라테스가 강조하는 소년애는 육체적인 것보다는 오히려 정신적인 것에 더 가까웠던 것 같다. 따라서 소크라테스는 우리가 이해하는 방식의 동성연애자는 아니었다. 그와 젊은이들과의 관계는 세속적으로 행해지는, 그러한 사랑의 관계는 아니었다는 말이다.

5

"악법도 법이다!"의 본래 뜻

● 소크라테스 ●

　나쁜 위정자들이 나쁜 법을 만들어놓고 써먹기 좋은 말 중의 하나가 이것이 아닐까 싶다. 나쁜 법도 법이니, 무조건 지켜라! 내가 다스리는 중에는 내 말이 곧 법이니, 아무 말 말고 내 말만 들어라? 이것이야말로 오랫동안의 국가주의 이데올로기가 강요한 해석, 바로 그것에 다름 아니다. 법이라는 이름으로 자행(?)되는 모든 행위는 정당하다는, 잘못된 신화.

그런데 위대한 철학자 소크라테스가 이들의 궤변에 멍석을 깔아주었을까? 결론부터 말하자면, 그건 아니다. 소크라테스가 한 것으로 알려진 이 말의 본뜻은 "법을 지키지 않아 무법천지가 되는 것보다는, 좋지 않은 법이라도 지키는 편이 훨씬 더 낫다. 그러나 그 법은 즉시 고쳐져야 한다."가 되지 않을까 싶다. 이쯤해서 이 말이 나오게 된 배경부터 알아보도록 하자.

마라톤 전투와 살라미스 해전으로 잘 알려진 페르시아 전쟁에서 그리스 연합군이 승리를 거둔 후, 아테네를 중심으로 델로스 동맹이 맺어졌다. 그리고 이에 반대한 스파르타를 중심으로 하여 펠로폰네소스 동맹이 맺어지게 되었다. 이렇게 고대 그리스의 도시국가들은 양쪽으로 나뉘어져 30년 동안 전쟁을 치렀다. 그 결과 스파르타가 승리하게 되자, 아테네에는 스파르타식의 귀족정치, 과두정치가 세워졌다. 그런데 소크라테스는 바로 이 귀족주의적 정파에 이념적 무기를 제공하고 있었다.

그러나 또 한 차례의 정부 전복에 의해 민주주의자들이 권좌에 올라서게 됨으로써 그 소크라테스는 누명을 쓰고 고소를 당하기에 이른 것이다. 이밖에 30명의 참주(僭主: 비합법적으로 독재권을 확립한 지배자)들이 부당한 정치적 살인에 동조해달라고 그에게 요구하였지만, 이를 거절함으로써 그들에게 증오감을 심어주었다는 요인도 작용하고 있었다. 이리하여 아테네의 양심 소크라테스는 '청년들을 부패하게 하고, 국가의 신 대신에 새로운

델로스 동맹

기원전 477년 페르시아 전쟁 후 재습격에 대비하여 아테네의 아리스티데스가 제창하여 만들어진 그리스 도시국가들의 해군동맹. 아테네를 중심으로 소아시아 연안의 그리스 도시, 에게해의 섬들로 구성되었다. 동맹의 본부 및 동맹기금을 관리하는 금고가 델로스 섬에 있었기 때문에 델로스 동맹으로 불린다. 동맹가입 도시는 함선(艦船)을 내놓을 의무가 있었으나, 돈으로 대납할 수 있었다.

펠로폰네소스 전쟁

기원전 431~404년경 아테네와 스파르타 사이에 각각의 동맹 폴리스 국가들이 벌인 전쟁. 스파르타의 승리로 끝났으나 그리스가 쇠망한 요인이 되었다. 그러나 직접적인 원인은 케르키라(코르푸 섬)와 코린토스의 싸움에 아테네가 케르키라의 편을 들었기 때문이다. 상업 무역으로 번영을 누리고 있던 코린토스는 아테네의 해상 진출에 위협을 느끼고 있었는데, 이 일로 양자 관계는 험악해졌다. 이밖에도 델로스 동맹의 맹주 아테네가 여러 동맹 폴리스 국가들의 자치를 범하여 그에 불만을 품고 있는 도시들이 많이 있었는데 이 도시들이 스파르타를 부추겨 개전(開戰)했다.

신을 믿는다.'고 하는, 당치도 않은 죄목으로 고소를 당한다.

당시에는 서른 살 이상의 아테네 시민으로서 국가에 빚이 없으면 누구나 배심원을 지망할 수 있고, 그 지망자가 많을 때에는 재판하는 날 추첨으로 500명을 뽑았다. 소크라테스에 대한 재판 역시 500명의 배심원들이 다수결로 판결하는 법정에서 하루 동안 진행되었다. 아테네 법정은 신에 대한 불경 소송의 경우 우선 유죄냐 무죄냐만 판결을 내린다. 그런 다음 유죄인 경우 그 형량을 투표로 정하는 것이다. 유무죄에 대한 판결은 예상대로 유죄였다. 그러나 표차는 280 대 220, 예상보다 아주 적었다. 이제 형량을 결정하는 일만 남았다. 원고 쪽 형량 제청은 사형, 소크라테스가 원래 요청한 형량은 벌금 1므나. 플라톤 등이 그에게 부탁한 끝에, 30므나로 늘어나긴 했지만. 소크라테스의 제청은 그를 무죄로 판결한 재판관들의 비위까지 건드렸기 때문에, 360 대 140이라는 커다란 표차로 마침내 사형을 선고받고야 만다.

아테네 법률에 의하면 사형선고를 받은 사람은 스물 네 시간 안에 처형을 받게 되어 있었다. 그러나 마침 델로스 섬에 있는 아폴로 신에게 감사의 제물을 바치러 떠난 배가 돌아오지 않았기 때문에 소크라테스에 대한 처형은 그 집행이 연기되었다. 무사한 항해를 기원하는 마음으로 나라에서 사형집행과 같은 상서롭지 않은 일을 금했기 때문이다. 한 달 후에 배가 돌아왔고, 그 날 해질 무렵 간수들이 독배를 가지고 왔다. 사형집행 시간은 일몰시로 정해져 있었으나, 대개는 일몰 후에도 음식을 원대로 먹고 마셨다. 심지어는 여자를 불러 욕정을 채우고 나서 독배를 마시는 사람도 있었다.

독배

술에 말린 독(毒) 인삼 가루를 탔을 것이다. 유럽에서 흔히 볼 수 있는 독 인삼 속 매우 강한 독성물질(알칼로이드물질)은 섭취시 사지마비, 횡경막(가로무늬근) 마비, 호흡기관이 멈춰 질식 사한다. 30분에서 1시간 안에 사망하여 당시 독 인삼을 그늘에서 말려 가루로 만들어서 물에 녹여 죄수를 죽이는 독배로 이용했다고 전해진다.

아테네 법정으로부터 사형선고를 받은 소크라테스는 사면 신청을 하지도 않고 집행날짜만 기다리고 있었다. 드디어 배가 들어오는 날. 아침 일찍 그의 아내가 감옥으로 찾아왔다. "당신은 부당하게 사형되는 것입니다."라고 하며 탈출을 권유하는 그녀에게, 소크라테스는 "그러면 그대는 내가 정당하게 사형되기를 원하는가?"하고 반문하였다.

논리적으로 맞는 말인 것 같긴 하나 요즘 식으로 말하면, 아내에게 '썰렁한 개그'를 선사한 셈이라고나 할까. 그날 아침 악처의 대명사로 소문난 그의 아내 크산티페 외에도 소크라테스의 친구와 제자들이 감옥에 모였다. 어렸을 때부터 죽마고우였던 크리톤은 "돈은 얼마가 들든지 관리들을 매수할 테니 탈출하게나."라고 권유하였다. 그러자 소크라테스는 "이제까지 나는 아테네 시민으로서 아테네 법이 시민에게 주는 특권과 자유를 누려왔네. 그런데 그 법이 이제 내게 불리해졌다고 하여 그 법을 지키지 않는 것은 비겁하지 않은가?" 하며 단호히 거절하였다. 이 장면이 오늘날 소크라테스가 "악법도 법이다!" 라고 말했다고 하는 대목이다.

그 날 해질 무렵, 간수들이 독배를 가지고 왔다. 소크라테스가 태연하게 잔을 든 채, 간수에게 물었다. "신에게 드리는 뜻에서, 한 방울 떨어뜨려도 될까?"하자, 간수는 "여기서는 마실 분량밖에 갈지 않습니다."라 대답하였다. 이에 소크라테스는 기도를 드린 다음 조용하고 침착하게, 조금도 떨거나 얼굴빛이 변하는 기색조차 없이 독이 든 약을 다 마셔버렸다. 그는 감옥 안을 거닐다가 다리가 무겁다고 하면서, 반듯이 드러누웠다. 하반신이 거의 다 식었을 때, 소크라테스는 얼굴에 가렸던 천을 제치고, 이렇게 소리쳤다.

"오! 크리톤, 아스클레피오스에게 닭을 한 마리 빚졌네. 기억해 두었다가 갚아주게."

"잘 알았네, 그밖에 다른 할 말은 없는가?"

라고 묻자, 이 물음에는 아무 대답이 없었다.

여기서 아스클레피오스는 의약의 신 이름인데, 당시에는 누구든지 병에 걸렸다가 나으면 감사의 뜻으로 닭 한 마리를 바치는 풍습이 있었다고 한다. 이상으로 소크라테스의 사형 장면을 살펴보았다. 이 대목에서 과연 "악법도 법이다"는 말을 어떻게 해석해야 할까?

우리 주변에서는 "그런 법이 어디 있느냐?"고 항변하는 경우를 많이 본다. 교통경찰이 스티커를 발부하려 할 때, 은행에서 채무변제 요구서가 날아들 때 무의식적으로 나오는 말이 "그런 법이 어디 있느냐?"이다. 하지만 그런 법은 진작부터 있었던 것이다! 그 법의 존재를 몰랐거나 일부러 무시했을 뿐이지, 그런 법은 일찍부터 만들어져 시행되고 있었던 것이니. 그 법을 몰라서 그랬다는 것은 일종의 자기변명은 될 수 있을지언정, 법적으로는 아무 효력이 없다. 현실에서 그런 변명은 통하지 않는 것이다.

물론 악법은 당연히 뜯어고쳐야 한다. 다만 고쳐지기 전까지는 현행법을 지켜야 하고, 법을 고치는 절차나 방법 역시 '법'에 따라, 합법적인 절차에 의거해야 한다. 법이 불합리하다 하여 (이때에도 대개는 자의적인 기준에서 판단하는 경우가 많지만) 지키지 않아도 된다는 것은 어불성설이다. 법은 지켜지기 위해 만들어지는 것이지, 무시되기 위해 만들어지는 것이 아니기 때문이다. 적어도 '법치주의 국가' 안에서는 말이다.

만약 법이 고쳐지지 않은 상태에서 '악법'이라는 핑계로 준수되지 않는다면, 그 '악법'을 준수했을 때보다 더 큰 혼란이 오고야 말 것이다. 더 큰 희생이 따를 것이다. 소크라테스가 우려한 부분은 바로 이 지점이지 않을까 한다. 무법천지의 세상이 되어 누구나 자기 마음 내키는 대로 행동한다면, 이 세상이 어떻게 될까? 우리는 최고의 문명국인 미국, 그 나라의 대도시에서 정전이 몰아온 암흑 상태에서 어떤 일들이 벌어졌는가를 똑똑히 기억하고 있다. 우리가 사는 동네에서 방화와 약탈, 살인과 성폭행, 강도와 패륜 등이 자행된다고 상상해보라! 6.26 전쟁의 와중에서 죽창으로 지주를 찔러 죽인 머슴들과 낫으로 주인의 목을 친 그 처참했던 비극을 떠올려보라! 무법천지의 세상은 '좋지 않은 법'이나마 질서가 유지되는 것보다 훨씬 더 무서운 결과를 가져올 것이다.

악법은 (국민발의나 국회의원들의 입법 활동에 의해 즉, 합법적인 방법을 통하여) 얼마든지 뜯어고칠 수 있다. 또 그래야만 한다. 다만 그때까지는 악법이라도 지켜야 한다! 법치가 사라진 혼란한 상태에 대해서는 처방이 있을 수 없기 때문이다. 소크라테스는 바로 이 점을 강조할 뿐, 위정자들의 포악한 통치까지 변호하자는 것은 결코 아닐 것이다.

이와 관련하여, 고대 로마의 격언에 '법은 엄하지만 그래도 법'이라는 말이 있다. 또 2세기경 로마 법률가 도미티우스 울피아누스는 "이것은 진실로 지나치게 심하다. 그러나 그게 바로 기록된 법이다."(위키백과, 『우리 모두의 백과사전』에서)라고 쓴 바 있다. 일본의 법철학자 오다카 도모오 역시 1930년대에 출판된 그의 책 『법철학』에서 실정법주의를 주장하였다. (양승태, 『소크라테스의 앎과 잘남』에서) 소크라테스가 독배를 든 것은 실정법을 존중하였기 때문이며, "악법도 법이므로 이를 지켜야 한다."는 것이다. 이후 이 말은 소크라테스가 한 것으로 와전되었다. 실제로 소크라테스는 사망 당시에 "죽으라고 하면 죽겠다. 이 더러운 세상."이라는 유언을 남겼

> **도미티우스 울피아누스(170?~228년)**
> 3세기 페니키아 출신 로마의 법학자. 루돌프 폰 예링(19세기 독일의 법학자)의 로마법 정신에는 '로마는 세계를 세 번 정복하였다. 정치제도, 로마법, 기독교로.'라고 적혀있다. 여기에서 로마법의 많은 부분이 울피아누스의 저서에 기초한다. 현재 유럽의 상당수 국가들의 대법원에는 울피아누스 동상이 세워져있다.

구스타프 라드부르흐(1878~1949년)
독일의 형법·법철학자. 바이마르 공화
국 법무장관, 쾨니히스베르크대학·하
이델베르크대학 교수를 역임하였다.

노암 촘스키
미국의 언어학자이며 미국을 대표하
는 비판적 지식인이다.

다고 전해진다.

그렇다면, 과연 진실은 무엇인가? 탈옥하기를 권하는 크리톤에게 소크라테스는 "나라가 나에게 부당한 선고를 했다고 해서, 국법을 어기는 것은 옳은 것인가?" 하고 물었다. 그리고 이 마지막 말이 여러 해석을 불러왔다. 구스타프 라드부르흐 같은 실정법 사상가들은 소크라테스가 '법의 깨뜨릴 수 없는 성질, 법적 안정성을 위해' 순교한 것으로 해석하였다. 그러나 노암 촘스키 같은 사회 운동가는 미국의 시민불복종 운동이 소크라테스의 정신을 이어받아 '악법에는 복종하지 않으나, 그 형벌은 감수하는' 도덕적인 태도를 견지한다고 보았다.

"닭 잡아먹고 오리발 내밀었다"고?

• 소크라테스 •

소크라테스의 마지막 말은 "아스클레피오스에게 닭 한 마리를 갚아주게."였다. 이를 두고 어떤 사람은 '닭 잡아먹고 오리발 내밀었던' 소크라테스가 죽을 때에 이르러서야 회개하였다는 식으로 비난하기도 한다. 그러나 이것은 오해에 기초한 악평일 뿐이다. 그러면 여기에서 먼저 이 말이 나오게 된 배경부터 살펴보도록 하자.

감옥에서 사형집행을 기다리던 소크라테스에게 간수는 독이 든 인삼주를 건네주었다. 그 약(?)을 마시고 하반신이 거의 다 마비되었을 때, 소크라

응급 의료와 구급차의 상징인 아스클레피오스의 지팡이. 뱀이 막대를 휘감고 있는 형상으로 의료를 상징한다.

아스클레피오스

테스는 얼굴에 가렸던 천을 제쳤다. 그리고 "오! 크리톤, 아스클레피오스에게 닭 한 마리를 빚졌네. 기억해두었다가 꼭 갚아 주게!"라고 부탁하였다. 이에 대해 크리톤은 "잘 알았습니다. 그밖에 할 말은 없습니까?"라고 물었다. 하지만 이에는 아무 대답이 없었다.

앞에서 잠깐 말한 것처럼, 여기에 등장하는 아스클레피오스는 사람의 이름이 아니다. 그리스, 로마 신화에 나오는 의술의 신 이름이다. 호메로스에서는 인간이며 의사라고 되어 있으며, 훗날의 전설에서는 아폴론의 아들이라고 전해지고 있기도 하다. 케이론 밑에서 자라면서 의술을 배웠고, 그리하여 죽은 사람도 되살릴 수 있는 능력을 갖게 되었다고 한다. 그 때문에 제우스는 인간이 그를 통하여 불사不死의 능력을 얻을까 두려워하였고, 결국 번개를 쳐 그를 죽이고 말았다. 그러나 아폴론의 요청으로 제우스는 다시 그아스클레피오스를 별로 바꾸어주었으며, 이리하여 뱀주인자리가 생겼다고 한다. 그래서 뱀은 아테네 사람들에게 약초를 발견하는 비법을 알고 있는 동물로 믿어졌고, 또한 아스클레피오스와 관계 깊은 신성한 동물로 받아들여졌다. 그리고 이로 인하여, 수탉이 뱀을 위한 제물로 바쳐졌던 것이다.

다시 말하면 소크라테스 당시 아테네에는 어떤 사람이 병이 들었다가 나았을 경우, 감사의 뜻으로 닭 한 마리를 바치는 풍습이 있었다는 것이다. 그러므로 (우리가 그 참뜻을 정확하게 알 수는 없으되 짐작컨대) 소크라테스의 마지막 말은 "인생의 모든 병에서 다 나았다"는 의미로 해석할 수 있지 않을까 한다.

신에 대한 불경죄 혹은 '신을 믿지 않았다'는 이유로 죽음에까지 이른 소크라테스가 임종 직전에 신의 이름을 들먹였다는 것은 아테네 법정의 판결이 얼마나 엉터리였는지를 역설적으로 드러내주고 있다. 뿐만 아니라, 우리는 인류에 지혜의 빛을 던진 성인聖人의 마지막 유언이라는 점 때문에라도 그 뜻을 진지하게 새겨보아야 하지 않을까 한다.

케이론(Chiron)

그리스 신화에 나오는 반인반마 종족인 켄타우로스 가운데 하나로 선량하고 정의를 존중하는 온화한 성격의 소유자. 의술, 예술, 사냥 등에 뛰어나 헤라클레스, 아스클레피오스, 아킬레우스 등 그리스 신화에 등장하는 많은 영웅들을 가르쳤다.

뱀주인자리(Ophiuchus : 오피우커스)

뱀을 붙잡은 사람의 형상을 하고 있다. 뱀을 들고 있는 사람은 의사를 의미한다. 별자리 모양은 가늘고 긴 오각형으로 가장 아래 부근을 뱀자리와 공유하고 있다.

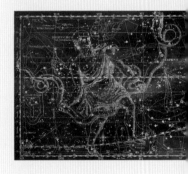

'플라토닉 러브'와 플라톤은 아무 관계도 없다

여고생이 국어선생님을 흠모한달지, 어떤 귀부인이 정장 차림의 멋진 신사를 사모하는 경우, 흔히들 그것을 '플라토닉 러브'라고 부른다. 이 말 속에는 육체적인 욕망을 배제한다는 의미가 들어있다. 다시 말해, 플라톤과 관련하여 유명해진 이 말은 오늘날 육체적이고 감성적인 욕망과는 구별되는 것으로서, 연인의 인격에 대한 존경을 바탕으로 하는 정신적인 사랑으로 이해되고 있다. 그러나 이 해석 가운데에는 다소의 오해가 있다. 왜냐하면 첫째, 플라톤은 육체를 경멸한 적이 없기 때문이다.

그는 『국가론』에서 '바람직한 인간이란 신체가 건강할 뿐 아니라 영혼의 세 부분이 조화를 이룬 상태에서, 국가생활에서도 계급에 맞는 자기의 위치를 잘 지켜 나가는 자'라고 규정하였다. 바람직한 인간이 되는 첫째 조건을 바로 신체적 건강에 두었거니와, 이는 육체적 건강을 위해 열심히 체조를 하였던 그의 스승 소크라테스와 궤를 같이 하는 가치관이라고 하겠다.

교육론에 들어오면, 육체에 대한 플라톤의 생각이 보다 확고해진다. 국가 본위의 교육을 강조하였던 플라톤은 최초의 유년교육에서 필수과목으로 체육과 음악을 들고 있다. 체육은 튼튼한 체력과 함께 인내심과 용기, 자제력과 같은 정신적 능력도 함께 길러준다는 의미에서 그렇다는 것이다. 다만 체육만 강조하였을 경우 자칫 심성이 거칠어지기 쉽기 때문에, 유연한 성품을 갖추도록 하기 위해 음악도 함께 가르쳐야 한다고 말했을 뿐이다. 따라서 플라톤이 육체나 감정을 소홀히 했다고 여기는 것은 후세인들의 전적인 오해일 뿐이다.

둘째, 플라톤은 여자에 대해 특별히 존경을 나타낸 적이 없다. 오히려 플라톤은 여자를 지나치리만치 비하(?)하고 있다. 그의 말을 들어보자. "여자란 남자보다 덕에 있어서는 훨씬 뒤쳐지고, 남자보다 약한 족속이며, 잔꾀가 많고 교활하다. 여자는 천박하고 쉽게 흥분할 뿐 아니라, 화를 잘 내며, 남을 비방하기 좋아하는 데다 소심하며 미신을 잘 믿는다. 그리하여 여자로 태어난 것은 저주임에 틀림없다. 그 이유는 이 세상에서 자제할 줄 모르던 남자, 비겁하고 의롭지 못했던 남자들이 그에 대한 벌로 죽은 후 다시 여자로 태어나기 때문이다."(W. 바이셰델, 『철학의 뒤안길』에서)

혹시 여성 독자가 이 글을 읽고 계신다면, 너그러이 용서해주시길 간곡히 부탁드린다. 이 부분에서 플라톤 역시 시대적 한계를 넘어서지 못했음을 미루어 짐작하거니와, 그의 저돌적인 무지(?)에 대해 실로 안타까운 마음 금할 길이 없다.

더욱이 플라톤은 결혼에 대해서도 두 사람이 서로를 아끼며 공통적인 신념을 가지고 그들의 삶을 꾸려나간다는 관점에서 보지 않고, 오직 아이를 낳아서 잘 기른다는 관점에서만 보았다. 남자와 여자를 결속시키는 힘 역시 상호간의 이해가 아니라, '될 수 있는 한, 유능하고 성품이 훌륭한 후세를 낳아야 한다.'는 사명감에서 비롯된다는 것이다. 따라서 국가는 그 일을 위해 적당한 배우자를 찾아 결합시켜주어야 하는 의무를 갖는다. 여자는 전쟁에서 승리한 남자에게 상으로 주어졌으며, 더욱 극단적으로는 남자들의 공동 소유로 간주되었다. 따라서 플라톤이 생각한 남녀 간의 사랑은 육체가 모두 배제된 채 정신적으로만 사랑하는, 그래서 애정이 물씬 흘러넘치는 것과는 거리가 멀었던 것이다. (플라톤, 『국가』에서)

결국 '플라토닉 러브'라는 말과 플라톤과는 사실 아무 관계도 없다. 그럼에도 불구하고, 이러한 오해가 나오게 된 이유는 무엇일까? 아마 그것은 플라톤 철학 자체가 이상을 추구하는 관념론이기 때문일 것이다. 현실에서 구해질 수 없는 이데아, 즉 개별적인 사물이 소멸하더라도 없어지지 않고 존속하는 불멸의 원형, 감성적 사물의 전형典型이자 개별자에 실현되어야 할 이상을 추구하고 그것을 실현코자 노력해야 한다는 그의 철학 탓인 것이다. 그러나 이 이데아란 결국 관념 속에 머물 수밖에 없다고 하는 한계성을 가지고 있다. 이상적이기 때문에 어떤 의미에서 관념에 머물 수밖에 없는 그의 철학이 그와 똑같은 사랑까지 추구한 철학자로 인상 지워졌고, 바로 여기로부터 '플라토닉 러브'라는 말이 나왔을 것이라는 뜻이다. 다시 말해 가장 보편적이고 이상적인 형태인 '이데아'를 향해 나아가야 한다고 하는 그의 주장이

'특수한 형태로서의 육체가 배제된, 그야말로 가장 정신적이고도 순수한 사랑', 즉 플라토닉 러브라는 언어를 만들어냈을 것이라는 말이다.

또 한 가지, 이 용어플라토닉러브는 플라톤이 철학에 대해 취한 태도의 한 방식이었을 수 있다는 점이다. 플라톤은 철학을 그 자체로 에로스의 한 방식으로, 따라서 본질상 사랑으로 파악하고 있었다. 진정으로 다른 사람을 사랑하는 방법은 지혜를 사랑하는 마음처럼 사랑하는 것이다. 즉, 진정한 플라토닉 러브란 마음과 영혼을 고무시키고 정신적인 것에 집중하는 것이다. 이렇게 본다면, '플라토닉 러브'의 심오한 의미는 분명해진다. 그것은 이제 단순히 관능적인 욕구를 억눌러 억압하는 데 그치는 것이 아니라, 이 욕구를 고양된 형태로 넘쳐 들어가게 하는 것이다. 육체의 아름다움을 넘어서 아름다움 그 자체를 얻으려 하는 것이다.

어떻든 여성 차별적 사고를 갖고 있었던 플라톤이 오늘날까지 살아있다면, 수많은 적들과 싸워야하지 않았을까 상상해본다. '간 큰 남자 시리즈'가 유행할 정도로 여권女權이 신장된 요즘의 기준으로 보자면, 천재적인 철학자 플라톤도 그 시대의 한계를 뛰어넘지 못한 셈이 되기 때문이다.

에로스
그리스 신화에 나오는 사랑의 신(Amor) 또는 큐피트(Cupid)라고 한다. 이 에로스가 인간 프시케를 만나 사랑에 빠진다.

프시케와 에로스

8

"내일 지구의 종말이 올지언정"
스피노자는 과연 낙관론자였는가?

"내일 지구의 종말이 올지언정, 나는 한 그루의 사과나무를 심겠다!"

스피노자가 한 것으로 알려진 이 말만 들으면, 그가 대단한 긍정론자이자 낙관주의자라고 생각할 수 있다. 그러나 과연 그러한가? 그의 생애를 반추해보았을 때에는 도저히 긍정적인 가치관이 나올 수 없을 것 같다.

스피노자는 살아있을 때 이미 수많은 악평을 들어야 했다. 라이프니츠는 그의 책 중 하나를 '견딜 수 없을 정

도로 건방진 저술'이라고 평가하였고, 칸트의 친구였던
하만은 스피노자를 '건전한 이성과 학문을 해친 노상강
도요 살인자'(W. 바이셰델, 『철학의 뒤안길』에서)라고
표현하였다. 물론 그 반대편에서 이와는 전혀 다른 찬
사와 숭배의 언어가 쏟아지기도 했다. 그렇다면, 과연 스피노자는 어떤 인
물이었을까?

하만

칸트의 원탁의 벗. 신학자이자 언어철
학자이고 실존주의의 선구자이다.

　스피노자의 아버지는 세 번 결혼하여 세 아들과 두 딸을 낳았는데, 스피
노자는 그 가운데 둘째였다. 아버지의 두 번째 부인이자 그의 생모인 한나
데보라는 그가 여섯 살 때 폐병으로 세상을 떠났다. 하지만 어려서부터 이
미 뛰어난 재능을 인정받은 스피노자는 부친의 뜻에 따라 유태교 목사직을
꿈꾸며 성장해갔다.

　열네 살 때에 유대인 학교를 수료하고 모라틸라의 율법학교에 입학하였다.
그런데 이듬해에 우리엘이라는 청년이 내세來世의 신앙을 의심하는 논문을
발표하여 유대교회로부터 혹독한 파문을 당했다. 교회는 그 청년을 교회당
입구에 엎드리게 한 다음, 신자들로 하여금 그를 짓밟고 들어가도록 하였다.
육체적인 고통보다도 모욕을 참지 못한 그 청년은 집으로 돌아가, 그 박해자
들에게 준열한 비난서를 남긴 채 자살하고 말았다. 이 사건은 감수성이 예
민한 스피노자에게 큰 충격을 주었다.

　스무 살 때에는 기독교 사상을 연구하기 위하여 이단적인 네덜란드 신학
자가 책임자로 있는 라틴어 학교에 입학하였다. 여기서 그는 스승의 딸을 사
랑하게 되었는데, 얼마 후 다른 구혼자가 값비싼 선물을 보내주자 그녀는
스피노자에게서 돌아서고 말았다. 이 때문인지는 몰라도, 그는 한평생 결혼
하지 않고 고독한 생애를 보냈다. 스물네 살 되던 해에는 교회 장로들 앞에

불려가 심문을 받았다. 장로들은 "네가 친구들에게 '신은 신체를 가지고 있을 지도 모른다. 천사는 환상일 지도 모른다. 영혼은 단지 생명일지도 모른다. 그리고 구약성서에는 영생에 관하여 아무 말도 없다.' 고 말한 것이 사실이냐?"고 다그쳤다. (강대석, 『명언 철학사』에서)

물론 스피노자가 이에 대해 무어라고 대답했는지는 알려져 있지 않다. 다만 "신학에 대하여 침묵을 지켜주면 500달러의 연금을 주겠다."고 회유했음에도 이를 거절하였다. 사람들은 밀정을 시켜 그를 염탐하기도 하고 뇌물로 매수하려 들기도 했지만, 이 모든 것이 통하지 않자 드디어 그를 암살할 계획까지 세우기에 이른다. 우여곡절 끝에 결국 그는 유태인 교회로부터 온갖 저주와 함께 추방령을 선고받는다.

그의 파문은 심각한 것이었다. 누이동생이 그로부터 상속권을 가로채려고 하였기 때문에 그는 법정투쟁을 벌이지 않으면 안 되었다. 그는 재산을 되찾은 다음, 침대만을 제외한 모든 재산을 누이동생에게 돌려주었다. 친구들이나 주위 사람들은 그를 피하였다. 어디를 가건 셋방도 빌려주지 않았다. 그러나 어떤 이해심 많은 사람을 만나서 이름을 '베네딕트'로 바꾸고, 지붕밑 다락방에서 살게 되었다.

그렇지 않아도 고독에 젖어드는 성향이 있었던 스피노자는 더욱 깊은 고독 속으로 빠져 들어갔다. 그는 3개월 동안 한 번도 밖에 나간 적이 없었다고 전해진다. 떳떳한 직장을 구할 수 없었고, 그리하여 학생시절에 배워둔 안경렌즈 닦는 일로 생계를 유지해나갔다. 그러다가 그의 집주인이 이사하게 되면 그도 주인을 따라 이리저리 떠돌며, 가난하고 고독한 나날을 보냈다.

그의 저서들은 출판되자마자 금서 목록에 추가되어 판매가 금지되었다. 그럼에도 불구하고, 책들은 표지가 바뀐 채 여러 곳으로 팔려나갔다. 그의 이름이 널리 알려지자 돕겠다는 사람들이 나타났다. 그러나 스피노자는 이 모든 제안들을 거절한다. 심지어 (독일) 하이델베르크 대학의 정교수 자리마저 사양하고 만다. 때문에 그의 생활은 실로 어려워, 상상할 수 없을 만큼 검소한 생활을 해야 했다. 어쩌다가 파이프 담배를 즐길 뿐이었고, 말년에는 자신이 손수 집안일까지 해야 했다. 보다 못한 친구들이 기부금을 주어 돕겠다고 하였지만, 스피노자는 생활에 꼭 필요한 정도만 받을 뿐 그 이상의 어떤 것도 요구하지 않았다.

그러나 자신을 먹여 살렸던 안경렌즈 손질의 직업은 마침내 그의 수명을 단축시키고 말았다. 먼지투성이의 작업장이 그에게 폐병을 안겨주었던 것이다. '박물관에 매장되어 있는 것처럼' 외롭고 고요한 사색의 삶은 45년이라는 짧은 기간으로 고독하게 마감되었다.

이렇게 본다면, 스피노자의 그 유명한 말은 결코 낙관적인 인생관이나 긍정적인 가치관에서 유래한 것이 아닐 수 있겠다. 다시 말하면, 우리가 그의 말뜻을 잘못 해석할 수도 있다는 것이다. 그렇다면 그 본뜻은 무엇일까?

혹자는 스피노자가 "우주, 세계, 시간은 하나이므로, 시작과 종말이란 말은 애초부터 성립되지 않는다."고 본 것이라 해석하기도 한다. 주지하다시피, 스피노자는 범신론汎神論의 대표적 사상가로서, "데카르트가 말한 정신과 물체는 유일한 실체인 신의 두 가지 속성에 불과하다. 모든 사물의 근저에 자리하고 있으면서 모든 존재를 자체 내에 포괄하는 무한자로서의 이 실체신는 모든 존재자를 총괄한다는 의미에서 자연과 상통한다. 신은 곧 자연세계이다."라고 보았다. 범신론 안에서는 이 세계(자연, 지구)가 곧 신이다. 따라서 지구의 멸망은 곧 신의 멸망이 되는데, 이러한 일은 도저히 있을 수 없는 것이다.

또 하나의 해석은 스피노자의 필연적 인과법칙에 대한 믿음에서 유래한다. 스피노자는 정신계나 물질계 모두가 신에게서 비롯되는 인과 필연적인 법칙에 의해 지배되고 있다고 보았다. 인간의 행동 역시 자신의 자유의지가 아닌, 불변의 철칙을 따를 수밖에 없다. 따라서 이 세계에 종말이 온다는 것이 필연적 사실이라면, 그러한 운명을 피할 방법이 없다고 생각했다는 것이다. 그리고 "피할 수 없는 일이라면, 차라리 즐겨라!"라는 말에 충실했을 수 있다는 것이다.

선악과(善惡果)

선악을 알게 하는 나무에서 결실한 과실. 일명 '금단(禁斷)의 열매.' 하나님께서는 '최초의 인류' 아담과 하와에게 이 열매 먹는 것을 금하셨다. 그러나 그들은 그 명령을 어겼다. 불순종의 결과 그들은 에덴동산에서 추방되었고 고통과 죽음을 맛보게 되었다.

(창세기 2:15-3:24)

더 재미있는 해석은 여기에 등장하는 사과를 아담의 사과, 즉 선악과를 상징하는 것으로 보는 관점이다. 아담과 이브가 선악과를 따먹은 행위는 성경에서 아주 어리석은, 죄악의 뿌리라고 규정되어 있다. 반면에 만약 선악과 사건이 없었다면, 인간존재는 '하나님의 계명에 따라서만 살아가는' 비참한 존재일 수밖에 없게 된다. 자유의지가 박탈된 그는 어떤 사물이나 동물의 수준에 불과한 존재이다. '스스로 생각하고 판단하며 선택하는 인생'과는 거리가 먼 것이다. 이런 의미에서, 선악과사과는 인간 자신의 능력, 만물의 영장으로서의 존재감, 자유로운 존재임을 상징한다. 따라서 "내일 지구의 종말이 올지언정, 나는 한 그루의 사과나무를 심겠다!"는 그의 말은 마지막 순간, 어떤 경우에라도 자유로운 존재로서의 인간의 정체성을 잃지 않겠다는 다짐으로 해석될 수 있다는 것이다.

2장

황당한
궤변 시리즈

언어란 보통 사물(대상)의 있는 그대로의 모습을 표현하는 것이라 여겨져 왔다. 그러나 동양이나 서양의 '궤변론자'들과 관련해서는, 그러한 상식이 통하지 않는 것 같다. 왜 그럴까? 허무맹랑한 말솜씨로 장난을 치고 있는 것 같기 때문이다. 과연 그들의 주장은 단순한 언어의 유희일까, 아니면 일반인들이 이해하지 못하는 어떤 정연한 논리가 숨어있는 것일까?

조선 초기 60여년을 관직에 있으면서 영의정을 18년이나 지낸 황희 정승은 동시대의 맹사성과 함께 청백리淸白吏: 관직 수행 능력과 청렴·근검·도덕·경효·인의 등의 덕목을 겸비한 조선시대의 이상적인 관료상의 귀감으로 후대의 존경을 받고 있는데, 특히 황희 정승에게는 수많은 일화들이 전한다. 그 가운데 하나가 두 계집종의 다툼 스토리이다.

하루는 두 계집종이 다투다가 황희 앞에 와서 고하는데, 그 말이 각각 달랐다. 그러나 황희는 각자에게, "네 말이 옳다.", "네 말도 옳다."고 하였다. 이때 옆에서 듣고 있던 조카가 "하나가 옳으면 다른 하나는 그른 법이지, 어찌 둘 다 옳을 수가 있습니까?"고 지적하고 나섰다. 그러자 황정승은 "응, 그래. 네 말도 옳다."고 대답했다는 이야기이다. 이를 일컬어 흔히 양시론兩是論: 양쪽 모두 옳다는 이론이라 부르며, 황정승의 유연한 사고와 관대한 성품을 칭송하기도 한다. 그럼에도 어딘지 궤변 같은 느낌이 드는 것 또한 사실이다.

물론 이 일화가 청렴결백했다는 평가와 더불어 황정승의 부드럽고 따뜻한 이미지를 각인시켜주는 데 중요한 역할을 해온 것은 사실이다. 하지만 실제로 그는 사소한 일에 관대했을 뿐, 중요한 국사國事에 임하여서는 시비곡직是非曲直: 옳고 그르고, 굽고 곧음. 즉 도리에 맞는 것과 어긋나는 것을 분명히 하였던 것으로 알려져 있다. 가령 양녕대군의 폐세자廢世子: 세자에서 물러남를 반대하다가 유배되는 등, 소신을 뚜렷이 한 경우도 많았던 것이다.

그러기에 태종과 세종의 신임을 두텁게 받으면서도 그의 관직생활 중에는 좌천이 2번, 파직이 3번, 귀양생활이 4년이나 되었다. 이러한 경력을 보면, 일반적으로 세상이 알고 있는 것처럼 그가 유약한 성품은 아니었다는 것이 정설인 듯싶다. 따라서 위에 든 양시론적 발언은 오랜 관직 생활에서 터득한 처세술의 한 표현이었는지도 모른다.

양녕대군

태종 이방원의 첫째 아들이자 충녕대군(세종)의 큰 형. 아버지를 닮아 다혈질에 호방한 성격이었다. 정치에는 관심 없는 풍류남아. 그러나 양녕대군은 조선 제일의 미인이자, 고려 후기 문신 곽선의 첩, 어리를 사모하여 이른바 '어리 스캔들'을 일으켰다. 수차례 경고를 받고도 어리를 잊지 못해 몰래 만난 양녕대군은 결국 폐위되고 이에 태종은 충녕대군(세종)을 세자로 책봉했다.

썩어가는 시신의 처리

● 등석 ●

명가(名家)

중국 전국시대 철학의 한 유파. 사회제도에 큰 변화가 일어났던 당시 옛 이름들(명칭·개념)이 새로운 사실(실체)에 부합되지 않는 경우가 많았다. 이로 인해 명실(名實)의 문제는 시급하게 해결되어야 할 시대적 과제로 떠올랐는데, 이러한 때에 명가 사상가들은 논적(論敵)을 물리치기 위해서라도 논리를 가다듬는 과정이 필요했다. 바로 이 과정에서 변론술이 발달한 것이다. 주요 인물로는 혜시와 공손룡이 있다.

여러 제자백가 가운데 명가는 흔히 서양에서 말하는 궤변론자에 해당하는 사람들이라고 할 수 있다. 명가名家라는 말 자체가 본래 '이름과 실제가 일치해야 한다.'는 그들의 주장에서 나온 것이다. 하지만 실제로는 허무맹랑한 궤변으로 흐르고 말았다. 과거부터 내려오는 전통적인 사상가들을 길의 사거리에 서서 당당하게 복음을 전하는 선교사라고 한다면, 여기에 등장하는 명가들은 마치 거리의 마술사처럼 부채를 들거나 담요를 두른 채 술잔을 빙빙 돌리면서 무언가를 열심히 중얼거리며 다니는 이상한 사람쯤으로 간주할 수도 있겠다.

그런데 왜 사람들은 그처럼 말 같지 않은 주장에 자주 넘어가는 걸까? 그 까닭은 다음과 같다. 맨 처음에는 누구의 귀에도 황당하게 들리게 마련인 말도 일단 그 설명을 다 듣고 나면, 어쩐지 조리가 분명하게 느껴진다. 이러한 상태에서 계속 똑같은 논리를 반복하여 듣게 되면, 자신도 모르게 설득당하고 말기 때문이다.

공자의 청년 시대에 활동한 정치가 중에 등석이란 사람이 있었다. 일찍이 대부大夫–한국에서는 정1품에서 정5품까지의 벼슬, 중국에서는 임금을 가까이 섬기는 관직을 지낸 바 있는 그는 구변口辯이 매우 좋아 양시적兩是的인 이야기를 잘 풀어놓았다고 한다. 또한 개인 돈을 들여 학교를 연 다음, 학생들

등석(鄧析)
중국 춘추시대 정(鄭)나라의 학자. 법가(法家)의 학설을 주로 다뤘다. 정나라 사람들을 선동하고 국정을 문란하게 하여 처벌받았다고 한다.

에게 치옥治獄–반역이나 살인 등의 중대한 범죄를 다스리는 일의 법을 가르치기도 했다. 그런데 어느 날, 유수洧水에 홍수가 나서 정나라의 부잣집 노인이 빠져 죽고 말았다. 이때 그의 시체를 건진 사람은 거짓 공갈을 쳐서라도 부잣집으로부터

많은 돈을 얻어내고자 궁리하기 시작하였다. 이에 먼저 부잣집 사람들이 등석을 찾아와 그에 대한 대책을 물었다. 그러자 등석은 "당신네 집안에서 급하게 서두를 필요는 하나도 없습니다. 왜냐하면, 시체를 건진 사람은 그 시체를 절대로 다른 사람에게는 팔 수가 없을 것이기 때문입니다. 이 세상에 누가 다른 사람의 시체를 사려고 하겠습니까? 그러니 시간이 지나면 시체가 썩어갈 것이고, 그리 되면 그는 결국 당신들에게 그것을 팔지 못할까봐 도리어 전전긍긍하게 될 것입니다."라고 하였다.

이러한 계책을 들은 부잣집 사람들은 그 말이 옳다 싶어, 시치미를 딱 떼고 기다렸다. 아니나 다를까. 안달이 난 상대방이 집을 찾아왔고, 그가 시체의 값을 부를 때마다 거절하여 되돌려 보내곤 하였다.

일이 이렇게 돌아가자, 이번에는 시체를 건진 사람 쪽에서 사정이 급해졌다. 썩어가는 시체를 집안에 놓아두자니 보통 골치 아픈 일이 아니었기 때문이다. 그는 등석을 찾아와, 역시 대책을 물었다. 그러자 이번에도 등석은 이렇게 말하는 것이었다.

"당신 쪽에서도 급히 서두를 필요가 없습니다. 왜냐하면, 부잣집에서는 절대로 다른 곳에서 시체를 살 수 없기 때문입니다. 이 세상에 그 시체가 또 어디 다른 곳에 있을 수 있겠습니까? 그러므로 때가 되면, 반드시 당신을 찾아오게 될 것입니다. 더구나 시체가 자꾸 썩어갈수록 마음이 더 급해지는 쪽은 그 사람들일 테고, 그러면 결국 많은 돈을 물고라도 서둘러 가져가려고 할 것입니다."

이것이 이른바 양가지사兩可之辭인데, 이렇게 들으면 이쪽이 옳은 것 같고 달리 들으면 저쪽이 옳은 것 같은 말로서, 이쪽도 옳지만 저쪽도 옳다고 하는 주장을 가리킨다. 명가의 사상가들은 이렇듯 변론술을 값싸게 팔아 넘겼다. 그들의 겉핥기식 궤변은 옳고 그름을 분별하는 데에 아무런 표준도 없었기 때문에, 모두들 누가 옳고 누가 그른지 알 수가 없었다. 이에 자연히 백성들의 풍속은 흐려지고 말았던 것이다.

그러나 궤변이 영원히 통할 수는 없는 법. 전하는 말에 의하면 결국 등석은 자산의 손에 죽었다고도 하고, 또는 사전駟顓이란 사람이 정권을 잡아 비로소 그를 죽였다고도 한다. 일찍이 등석은 정나라에서 만든 형서刑書를 개정하여 죽간竹簡으로 간행했는데, 그 책은 『죽형竹刑』이라 불리었다. 그런데 사전또는 자산이 정권을 잡아 다른 죄로 등석을 죽일 때, 다름 아닌 바로 그의 『형서』를 이용했다는 것.

자산이나 혹은 사전 어느 쪽이건, 결국 등석은 스스로 일삼은 궤변으로 인해 죽임을 당했을 것이 분명하며, 아마 죄의 제목은 "많은 사람들을 모아 사이비 단체를 만들고, 옳고 그름의 기준을 어지럽혔다."는 점이 아니었을까 추측된다.

자산(子産, 기원전 585년경~ 522년)
중국 춘추시대 정(鄭)나라의 재상. 토지제, 농업 행정, 세제 부문에서 개혁을 단행, 20년 넘게 국내정치를 혁신하는 데 심혈을 기울였다. 또한 대외적으로 실용적인 외교활동을 펼쳐 열강들이 감히 정나라를 넘보지 못하게 했다.

공간, 시간상의 차별은 없다

•혜시•

혜시惠施, 기원전 360~260년는 장자와 같은 시대의 사람으로서 송나라 출신이다. 양 나라의 혜왕과 양왕 밑에서 재상을 지냈다고 하며, 박학다식하여 그 저작이 다섯 수레에 찰 정도였다고 한다. 장자와는 매우 절친한 사이였으나, 서로의 사상이 달라 논쟁이 그치지 않았다. 그러나 혜시가 죽은 후, 장자는 그 무덤 앞을 지나면서 "나는 변론의 상대를 잃어버렸도다."라며 탄식했다고 한다.

이제 혜시의 철학에 대해 알아보기로 하자. 혜시는 첫째, 공간상의 차별을 없애고자 하였다. 공간에 대해 우리가 겉으로만 본다면 크고 작음과 높고 낮음, 멀고 가까움과 안과 밖, 얇고 두터움 등의 차별이 분명히 있다. 그러나 그 표면을 뚫고 본질을 들여다보면, 모두 다 똑같다. 예컨대, 아주 큰 것

은 밖이 없고 아주 작은 것은 안이 없으니(至大無外 至小無內: 지대무외 지소무내), 비록 크고 작음의 차이가 있다 할지라도 무궁하다는 점에서는 똑같다. 또 하늘과 땅, 산과 연못은 맨땅 위에서 바라보면 엄청난 차이가 나는 것 같지만, 몇 천리나 되는 높은 공중 위에서 바라보면 똑같은 평면일 뿐이다.(天與地卑 山與澤平: 천여지비 산여택평: 하늘과 땅은 똑같이 낮고, 산과 연못은 똑같이 평탄하다.) 그리고 아무리 엷은 것일지라도 하나의 면을 가지고 있음이 분명할 것이기에, 그것을 무한히 작은 것으로 쪼갤 수가 있다. 그런 다음 그 길이를 이어놓는다면, 천리千里와 같을 것이다. 다시 말해, 두껍다거나 엷다거나 하는 공간적인 차별은 없다는 뜻이다.

둘째, 혜시는 시간적인 차별도 없애고자 하였다. 가령, 오늘 내가 월越: 중국 춘추전국시대의 나라. 구천 때 전성기를 누림로 떠났을지라도, 거기에 도착한 후 내가 떠나던 그 날오늘은 이미 옛날 일이 되고 만다.(今日適越而昔來: 금일적월 이석래) 오늘1일의 시점에서 보면 내일2일은 장차 다가올 미래의 일이지만, 시간이 흘러 모레3일의 시점에서 보았을 때에 내일2일은 이미 지나간 과거2일~어제일 뿐이다. 태양이 하늘 중천에 떠 있다가도 눈 깜짝할 새 서쪽으로 기울고, 모든 사물은 방금 태어나 방금 죽는다. 우리가 삶과 죽음을 차별하는 까닭은 시간상으로 과거와 미래를 구별하기 때문이다. 그러나 시간이란 앞뒤의 구별이 없는 하나의 흐름에 지나지 않는다. 이것을 깨달았을 때, 비로소 삶과 죽음 역시 시간의 흐름 위에서 움직이는 두 개의 점에 지나지 않는다는 사실도 알게 될 것이다.

사정이 이러함에도 불구하고, 우리의 마음속에 공간·시간상의 차별이 생기는 까닭은 무엇일까? 그것은 인간의 관념 그 자체에 차별이 있기 때문이다. 그러므로 혜시는 무엇보다 우선 우리 마음속에 있는 관념상의 차별을 쳐부수어야 한다고 주장한다. 우리는 관념상으로 같음과 다름同異을 구별하고자 하는 경향이 있다. 하지만 실은 같음 속에 다름이 있고, 다름 속에 같음이 있다. 예컨대, 너와 나는 서로 다르지만, 모두 한국인이라는 점에서는 동일하다. 그런가 하면 아무리 같은 나뭇잎이라 할지라도, 완전히 똑같은 두 개의 잎사귀는 이 세상 어디에도 존재할 수 없다. 모든 인간은 인류라는 점에 있어서 똑같다. 하지만 이 지구상에 살고 있는 수많은 사람들 가운데 완전히 똑같은 경우는 있을 수 없다.

또, 우리 눈앞에 있는 둥근 고리가 현실적으로 풀어지지 않는다 할지라도, 우리의 관념상으로는 얼마든지 풀어낼 수 있다. 이와 마찬가지로, 눈앞의 현상으로 드러나는 모든 사물에는 차별이 있을 수 있으나, 우리의 관념상으로는 그것들을 얼마든지 동일하게 만들 수 있다. 여기에 착안하여 우리가 모든 사물을 넓은 마음으로 사랑한다면, 천지가 곧 한 몸이나 마찬가지라는 결론이 나온다.(汎愛萬物 天地一體也: 범애만물 천지일체야) 이 지구상에는 수많은 나라와 민족이 있다. 그들이 겉으로 보기에는 서로 다르지만, 전체 인류라고 하는 관점에서 본다면 모두가 한 나라요, 같은 민족이다. 이러한 사상을 확대해나간다면 인류애 정신, 즉 사해 동포주의에까지 도달할 수 있을 것이다.

사해 동포주의(四海 同胞主義)
인종적 편견이나 국가적 이기심을 버리고, 모든 인류가 서로 사랑해야 한다는 주의. 박애주의. 여기에서 사해(四海)란 '사방의 바다'를 의미한다.

혜시에 의하면, 이처럼 모든 사물에 대한 차별은 우리의 주관적인 관념상에서 일어나는 일일 뿐, 객관적인 눈으로 보면 모두가 똑같다. 인생의 도리역시 이와 동일하다. 우리가 나만을 생각하고 산다면, 영원히 다른 사람을 이해하거나 동정할 수 없다. 하지만 내가 모두를 사랑하고 또 모두가 나를 사랑한다면, 이 세상이 한층 더 평화로워지고 화목해질 것이다.

3

흰 말은 말이 아니다

● 공손룡 ●

　　중국 조나라 사람으로서 명가에 속한 공손룡公孫龍, 기원전 325~205년은 당시 유명한 변론자로 소문이 나 있었다. 언젠가 그가 국경을 통과할 때였다. 수비대가 "말은 통행이 금지되어 있습니다."라고 하며, 앞을 가로막았다. 그러자 공손룡은 "나의 말은 희다. 그리고 흰 말은 말이 아니다."고 대답하고는, 그대로 국경을 넘어갔다고 한다.

혜시가 다름異 속에서 같음同을 찾은 데 대하여, 공손룡은 같음 속에서 다름을 구하였다. 특히 위에서 예로 든 그의 백마비마론白馬非馬論이 유명하다. 왜 백마흰 말는 말이 아닌가? 말馬은 형체모양를 가리키는 것이고, 희다白는 빛깔색을 가리킨다. 그런데 백마白馬라고 하는 것은 어떤 모양 위에 색깔을 덧칠한 것이 되기 때문에, 원래의 모양인 말馬과는 무언가 다르다. 즉, 말이라고 했을 때에는 존재하는 말의 전체를 가리키는 반면에, 백마라고 했을 때에는 전체 가운데 일부분만을 가리키는 셈이 된다. 그리고 논리상 '부분은 전체와 같지 않음'이 분명하기에, 백마라고 하는 것은 순수한 의미의 말馬과는 엄연히 다르다. 쉽게 말하면, 그냥 말과 하얀 말은 그 뜻이 다르다는 것이다.

둘째, 공손룡은 이견백離堅白을 말하고 있다. 왜 우리는 단단하고도 하얀 돌견백석: 堅白石의 개념을 얻을 수 없는가? 다 알다시피, 한 덩어리의 견백석은 세 개의 감각 개념으로 이루어져 있다. 촉각의 단단함과 시각의 하양, 그리고 실체로서의 돌이 그것이다. 그런데 이 세 가지가 우리 인간의 의식상에 있어서는 한데 어울려 한 덩어리의 단단한 흰 돌로 보이는 것이다. 그러나 공손룡에 의하면, 우리의 '눈'으로 그 돌을 볼 때에는 하얀 색깔만 볼 뿐 단단함을 느낄 수 없고, 또 '손'으로 만질 때는 단단함만 느낄 뿐 하얀 색깔을 볼 수가 없다. 즉, 시각과

초나라와 월나라

초나라 초기 중심지였던 남양 일대와 월나라가 있었던 지금의 소주 일대와는 거리가 매우 멀었다. 하지만 실제로 사이가 좋지 않았던 나라는 오나라와 월나라이다. 그들은 가깝다보니 전쟁도 잦았다. 여기에서 나온 고사성어가 와신상담이다. 와신상담의 유래는 다음과 같다. 오나라의 왕 합려는 월나라로 쳐들어갔다가 월나라 왕 구천에게 패배하였다. 이 전투에서 합려는 화살에 맞아 심각한 중상을 입었는데 병상에 누운 합려가 그의 아들 부차에게 이 원수를 갚으라는 유언을 남겼다. 이에 부차는 가시가 많은 장작위에 누워(와신) 원수 갚기를 다짐했다. 이후 월나라 왕 구천은 기선을 제압하기 위해 오나라를 먼저 쳐들어갔지만 회계산에서 대패하여 월나라의 수도가 포위된다. 월나라는 영원히 오나라의 속국이 될 것을 맹세하고, 목숨만 겨우 건져 귀국하였다. 그는 돌아오는 즉시 잠자리 옆에 쓸개를 매달아 놓고 앉거나 눕거나 늘 이 쓸개를 핥아 쓴맛을 되씹으며, "너는 회계(저장성에 위치)의 치욕을 잊었느냐?"하며 자신을 채찍질하였다. 이후 오나라 부차가 중원을 차지하기 위해 북벌에만 신경을 쓰는 사이, 구천은 오나라를 정복하고 부차를 생포하여 자살하게 만들었다. 20년 후의 일이었다. 이와 같이 '와신상담'은 부차의 '와신'과 구천의 '상담'이 합쳐서 된 말로, '회계지치(회계산의 치욕을 씻었다는 뜻)'라고도 한다. 한편, 오월동주(吳越同舟)는 오나라와 월나라 사람이 한배에 타고 있었는데, 배가 위기에 처하자 서로 도왔다는 고사에서 유래되었다.

추연(鄒衍)

중국 전국시대의 사상가. 음양오행설을 제창했다.

식객(食客)

세력 있는 대가의 집에 머물러 얻어먹고 있으면서 손님 노릇을 하던 사람을 말한다.

촉각은 우리의 뇌리에 동시에 들어오지 않기 때문에 단단함과 하양은 서로 분리되는 것이다. 그리하여, 우리는 '단단한 돌'이라거나 '하얀 돌'의 개념은 얻을 수 있지만, '단단하고도 하얀 돌'의 개념은 얻을 수 없다.

이와 같이 공손룡은 같음 속에서 다름을 구하였던 바, 즉 "비록 간과 쓸개처럼 가까운 위치에 있는 사물일지라도, 서로 다르다는 입장에서 보면 원수 관계인 초나라와 월나라처럼 먼 곳으로 보인다.(自其異者視之 肝膽楚越也-자기이자시지 간담초월야)"라고 주장하였던 것이다.

이러한 공손룡의 '궤변'에 대해 제나라의 추연이란 사람은 "아무 짝에도 쓸모가 없고, 오직 큰 도리에 해가 될 뿐"이라고 신랄하게 비난하고 나섰다. 즉, 올바른 변론을 위해서는 첫째 명사名詞의 뜻이 분명해야 하고, 둘째 모든 사물의 같음과 다름을 분명히 구별하여 혼란을 일으키지 말아야 하며, 셋째 진리를 명백히 밝혀 미혹되는 일이 없도록 해야 한다. 그런데 공손룡은 이 모두를 어겼다는 것이다.

이러한 추연의 말을 듣고, 충격을 받은 사람은 평원군이었다. 원래 공손룡은 조나라의 공자公子 평원군平原君의 문하에서 식객으로 있었다. 평원군은 그의 말재주를 매우 좋아하여 예로 잘 대접했었던 것인데, 추연의 말을 듣고 난 후로 마음을 바꾸고 말았다. 그리고 다시는 공손룡을 예절로써 대우하지 않았다고 한다.

4

날아가는 새의 그림자는
움직이지 않는다

• 명가들 •

그 외에 명가들에 의
해 주장된 궤변 가운
데, "날아가는 새의 그
림자는 일찍이 움직여본 적이 없다.
(飛鳥之影 未嘗動也: 비조지영 미상동야)"가 있다. 공중을 날아가는 새가 그
림자를 드리울 때, 그것을 매우 짧은 순간에 포착했을 경우 그 그림자는 정
지한 모습이 될 것이다. 그리고 그 다음 순간의 그림자를 포착했을 경우에
도 사정은 이와 마찬가지이고, 이러한 사정은 그림자 전체의 움직임을 포착
할 경우에도 마찬가지가 될 것이다. 사정이 이러하다면, 날아가는 새의 전체
그림자를 이어보아도 역시 움직이지 않는다는 결론이 나온다.

중국의 명가들과 똑같은 생각을 가졌던 철학자들이 서양에도 있었으니, 그들은 바로 고대 그리스의 엘레아 학파였다. 이 학파의 대표자는 파르메니데스인데, 그의 제자이자 후계자인 제논기원전 495~기원전 430년경은 스승의 학설운동과 변화를 부정하는 이론을 철저한 변증법적 논증에 의하여 옹호하였다.

그는 "날아가는 화살은 정지해 있다."고 말한다. 시위에서 떠난 화살은 날아간다고, 즉 움직인다고 흔히들 생각한다. 하지만 제논은 이 화살이 전혀 움직이지 않고 있다고 주장한다. 왜냐하면, 날아가는 순간순간마다를 하나씩 떼어 관찰할 경우, 공간 안의 일정한 지점을 차지하고 있는 이 화살은 각 순간마다 정지해 있는 것과 마찬가지이다. 그리고 정지해있는 각 지점을 서로 연결해보아야 그것은 전체적으로 정지한 화살이 된다. 마치 움직이는 피사체를 카메라로 촬영할 때 수십 만 분의 1초라는 짧은 순간에 포착할 경우, 그 피사체가 정지된 모습으로 나타나는 것과 흡사하다고나 할까.

아킬레스는
거북을 따라잡을 수 없다
• 제논 •

운동과 변화를 부정하는 제논의 주장은 '아킬레스와 거북의 경주'에서 클라이맥스에 도달한다. 널리 알려진 대로, 아킬레스는 『일리아드』에 나오는 희랍의 영웅으로서 막 태어났을 때 그 어머니가 '불사不死의 물'에 집어넣었다가 건졌다고 한다. 그런 까닭에 전쟁에서 칼이나 화살을 맞아도 죽지 않아 많은 공을 세울 수 있었다. 하지만 그의 유일한 약점인 발꿈치에 화살을 맞고 죽었다고 한다. 왜냐하면, 어머니의 손이 붙잡고 있는 바로 그 발목 부분에는 물이 묻어있지 않았기 때문이다. 여기로부터 어떤 사람의 치명적인 약점을 '아킬레스건'이라고

『일리아드』

기원전 800년 무렵의 시인 호머의 작품으로 그리스 역사상 가장 오래 된 서사시이다. 10년 간 그리스 군대가 트로이를 공략한 사건 중 마지막 해의 이야기다. 스파르타 왕의 절세미인 왕비를 트로이 왕자 파리스가 빼앗아가자, 그리스는 아가멤논을 총대장으로 삼아 무려 1천 여 척의 배로 트로이를 공격한다. 이 과정에서 아킬레스는 트로이의 용장 헥토르를 죽인다. 하지만 발이 빨라 준족(駿足)의 대표자로도 알려져 있던 그 자신 역시 마침내는 파리스가 쏜 화살에 급소(발뒤꿈치)를 맞아 죽고 만다.

부르게 되었던 것. 그런데 이 건장한 아킬레스와 느림보의 대명사인 거북이 경주를 하였을 때, 과연 아킬레스가 거북을 따라잡을 수 있을까 하는 문제이다.

상식적으로는 당연히 따라잡을 수 있을 것으로 생각된다. 그것도 단숨에. 하지만 제논은 "만일 아킬레스보다 거북이 먼저 출발하였을 경우, 아킬레스는 거북을 결코 따라잡지 못한다."고 주장한다. 예를 들어, 거북이 아킬레스보다 10m 앞에서 출발하였다고 가정해보자.

이때 아킬레스가 거북을 따라잡기 위해서는 먼저 거북이 있는 지점까지와야 하는데, 그 순간에 거북은 조금이라도 앞으로 나아간다. 다시 아킬레스가 거북의 지점까지 오면, 그 순간에 거북은 조금 앞으로 나아간다. 이런식으로 하면, 비록 둘 사이의 거리는 가까워질 수 있을지언정 지구를 한 바퀴 돌아도 완전히 따라잡을 수는 없다. 제논은 이 예를 통하여 아킬레스와 거북의 관계에 아무런 변동이 없다는 것, 그리하여 운동이나 변화가 있을 수 없음을 보여주고자 하였던 것이다.

이와 흡사한 예가 중국의 명가들에 의해 주장되었다. "한 자 되는 나무토막을 날마다 그 절반씩 잘라나가면, 만세토록 잘라도 못 다 자른다."(一尺之錘 日取其半 萬世不竭: 일척지수 일취기반 만세불갈)가 바로 그것. 예컨대, 맨 처음 나무토막의 절반을 잘랐다고 하면 그 다음에는 절반의 절반을 잘라야 하고, 다시 그 절반의 절반을 자르고 나면 이번에는 그 절반의, 절반의 절반을 잘라야 한다. 이런 식으로 진행해나가면 아무리 작아질지라도 그 절반은 있게 마련이고, 그 진행은 무한대로까지 이어지고야 만다. 물론 이러한 논리에 대한 반박이 있긴 하나, 여기서는 생략하기로 한다.

제논이 든 또 다른 예는 걸음과 관련되어 있다. 우리가 걷는 일정한 거리의 모든 구간들은 무수히 많은 작은 부분으로 나누어진다. 가령 1미터를 100으로 나누면 100개의 지점이 그 안에 있게 되고, 그 지점들을 다시 100으로 나누면 1만개의 지점이 있게 되는 식이다. 따라서 이 무한한 지점들을 통과한다는 것은 '유한자'인 인간으로서 불가능한 일이며, 그리하여 운동이란 있을 수 없다는 것이다.

물론 제논의 이러한 주장에는 분명 억지스러움이 있다. 현실적으로 아킬레스는 거북을 금방 따라잡는다. 그리고 시위대를 떠난 화살은 날아가고 있는 것이 사실인 바, 왜냐하면 시간이란 지속적인 흐름에 의하여 이루어진 것이지, 결코 뚝뚝 끊어지는 점들로 엮어진 것이 아니기 때문이다. 그러므로 시간을 매 순간으로 나누는 것은 사유의 장난에 지나지 않는다. 마지막으로 든 걸음의 경우에도 무한하게 많은 작은 부분이란 사고생각 속에서는 가능할지 몰라도, 현실 세계에서는 그렇지 않다.

제논 자신도 이러한 주장이 현실적으로 들어맞지 않음을 잘 알고 있었을 것이다. 그럼에도 그가 억지에 가까운 예를 든 것은 무엇 때문이었을까? 그 것은 스승인 파르메니데스에 반대하는 사람들에게 똑같은 논리로, 그들 자 신의 입장에 대하여도 얼마든지 반박할 수 있음을 보여주기 위한 것이었으 리라 짐작된다.

중국의 명가들 역시 말장난 같은 변론술에 몰두함으로써 진실한 학술적 가치에 대해 너무 소홀히 한 것이 사실이다. 그러나 그들의 논리 속에도 사 람을 속이기 위한 것만 있는 것은 아니었다. 때로는 일리 있는 부분도 있다 고 여겨지는 것이다. 그런 점에서, 당시 사람들의 냉대와 무관심으로 말미암아 그 명맥이 이어지지 못한 점은 실로 아쉬운 일이 아닐 수 없다.

6

황달에 걸린 사람의 눈

● 소피스트 ●

이제 본래적 의미의 궤변론자가 등장한다. 물론 소피스트들 자신은 부정적 의미로 쓰이는 '궤변론자'라는 표현에 동의하지 않을지도 모른다. 그리고 실제로 그들의 주장 가운데 꼭 궤변이라고까지 볼 수 없는 대목들이 있다. 그럼에도 불구하고, 어떻든 그 이론들은 보통 사람들의 상식을 깨트리고 있다.

먼저 프로타고라스기원전 480~411년. 그리스의 소피스트 가운데 대표적인 인물는 이른바 '인간 척도론'의 제창자로 유명하다. 그에 의하면, 인간은 만물의 척도尺度, 자, 기준이다. 보통 사

궤변

궤(詭)는 말씀 언(言)과 위험 위(危)를 합한 글자이다. 궤(詭)에는 '속이다', '기만하다', '어그러지다', '헐뜯다'는 뜻이 있다. 변(辯)은 두 명의 죄수(辛)가 자신이 죄가 없다는 것을 증명하려고 이리저리 따져 말하는(言) 모습을 담은 글자이다. 말로 일의 옳고 그름을 따지는 것이다. 변(辯)에는 '말을 잘한다' 또는 '바로 잡는다'는 뜻이 있다. 그러므로 궤변(詭辯)이란 '얼핏 들으면 그럴듯하지만, 따져 보면 이치에 맞지 않는 억지스러운 말'이 된다.

람들은 진리의 기준을 사물에 둔다. 분필의 색깔은 항상 하얗다고 여기는 경우이다. 그러나 황달黃疸: 피부색이 누렇게 되고 똥, 오줌의 색이 변하며, 오한과 현기증이 일어나는 병에 걸린 사람의 눈에는 그 (하얀) 분필도 노랗게 보일 수밖에 없다. 그렇다 하여, 황달에 걸린 사람에게 그것이 노랗지 않다고 말할 권리는 아무에게도 없다. 건강할 때는 하얗게 보이는 것이 진리이고, 황달에 걸려 있을 경우에는 노랗게 보이는 것이 진리이기 때문이다. 물론 그 사람이 건강을 회복했을 때에는 다시 하얗게 보이는 것이 진리가 되는 것이지만.

이처럼 진리의 척도는 사물이 아니고, 그것을 받아들이는 인간이다. 똑같은 사물, 동일한 사태일지라도 누구에 의해 관찰되느냐에 따라서 달라진다. 나에게는 나에게 나타나는 그대로이고, 너에게는 너에게 나타나는 그대로이다. 그리고 같은 사람일지라도 그가 어떤 처지에 있는가에 따라 진리 또한 달라질 수밖에 없다. 그러므로 '인간 척도론'에서 말하는 '인간'이란 보편적인 인간이 아니고, 그때마다 제각기 자기 나름의 주장을 펴는 개별적인 인간을 가리킨다. 또한 그 '인간'은 구체적으로 어떤 특정한 상황 속에 놓여있는 경우를 말한다.

프로타고라스는 진리가 상대적일 수밖에 없는 까닭을 우리 인간들 감각의 부정확성에서 찾고 있다. 그에 의하면, 감각이란 감각되는 대상이 우리의 감각기관눈, 코, 입 등에 작용함으로써 생겨난다. 그러나 조금 전 황달의 예에서 살펴본 바와 마찬가지로, 우리네 감각 그 자체도 늘 변하거니와 감각의 대상사물 역시 끊임없이 운동하고 변화한다. 예를 들어, 분필의 색깔이 황혼녘에 노랗게, 조금 더 시간이 지나서는 빨갛게 물들어가는 것과 같은 이치이다. 그러므로 감각에 의존하여 성립되는 모든 지식이란 상대적일 수밖에 없다. 이리하여 이 세상에 보편타당한 지식이란 있을 수 없게 된다. 여기에서 프로타고라스의 감각론적 지식론이 성립하는 바, 그것은 결국 상대주의나 다름

없는 것이라 해야 할 것이다.

　이에 대한 예를 더 들어보면, 다음과 같다. 아무리 맛있는 음식이라도 몸이 아픈 사람의 입에는 쓰게 느껴지는 반면, 비록 소찬素饌: 고기나 생선이 들어 있지 아니한 반찬일지언정 배고픈 사람에게는 산해진미로 다가온다. 우리 속담에 "시장이 반찬이다"라는 말도 있지 않은가? 젊은이들이 열광하는 음악을 어르신들에게 들려주면 귀만 따갑다 핀잔을 들을 것이고, 할아버지들이 그토록 듣고 싶어 하는 옛날 곡은 신세대들에게 그저 소음일 따름이다. 또 같은 음악을 같은 사람이 들어도 그것을 듣는 마음 상태에 따라 달라진다. 천국의 멜로디로도 들리고, 지옥의 절규로도 들린다. 평소에 좋아했던 사람이 입은 옷이 멋있어 보이다가도 똑같은 옷을 평상시 싫어하던 사람이 입으면 우중충해 보인다. 사랑할 때는 아름답게 보이던 연인의 자태가 그 사랑이 식어지면 역겹게 느껴진다. 이러한 경험으로 보아, "진리는 객관적 사물에 있는 것이 아니라, 그때그때의 상황에 따른 우리들 주관에 있다."고 하는 프로타고라스의 주장에도 나름대로 타당성이 있다고 여겨진다.

　프로타고라스에 버금갈 만한 또 한 사람의 유명한 소피스트는 고르기아스이다. 그 역시 상대주의적 입장을 취하였다. 가령 A에게는 달콤하게 느껴지는 것이 B에게는 씁쓸하게 느껴질 수가 있으며, 이편에는 참인 것이 저편에는 거짓일 수 있다. 그러므로 되도록 많은 사람들에게 좀 더 많이 진실인 것처럼 보이도록 하는 것이 참으로 진실하고 유효하다. 그리하여 유용有用한 변론이란 객관적 진리를 논의하는 것이라기보다도, 누구나 그렇게 믿도록 설명하는 것이라고 주장하였다.

고르기아스(기원전 500~391년. 또는 484~374년)

그리스의 변론가로서 대표적인 소피스트다. "아무것도 존재하지 않는다, 존재한다 하여도, 알 수 없다. 알 수 있다 하여도, 남에게 전할 수 없다."는 것을 논증하려고 하였다. 그의 말은 많은 사람들을 감동시키기도 했다. 그러나 조국에 정변이 일어나자 해외로 망명하여 변론술 교사로 살았다.

3장

출생의
비밀

보통 '출생의 비밀'이라 하면, 서로 뜨겁게 사랑하는 연인들이 나중에 알고 보니 같은 부모에게서 태어난 남매 사이였다거나 재벌 아들과 그 친구 혹은 비서나 기사가 서로 뒤바뀌었다거나 하는, 그렇고 그런 이야기들을 담고 있다. 또한 2013년 모 TV방송국에서는 '출생의 비밀'이라는 제목으로 주말 특별기획 드라마를 내보낸 적도 있다. 자살로 생을 마감하려는 두 남녀가 우연히 만나, 죽음을 포기하고 함께 살아간다고 하는 사랑 이야기이다. 그런데 철학자들 가운데에도 출생 과정이 정확히 알려져 있지 않거나 베일에 싸인 경우가 제법 있다.

생존연대가 불확실한 경우
•노자•순자•볼테르•

"나는 이 나무를 따서
성을 짓겠어!"

여기에서 다루고자 하는 이 야기는 철학자의 출생이나 생 존연대 자체가 애매하여 불명확한 경우이다.

중국에는 다음과 같은 전설이 있었다. 기원 전 604년 9월 14일, 초나라 고현의 여향 곡인리에 한 여인이 자두나무복숭아와 비슷하게 생긴 오얏 열매를 맺음. 오얏나무로도 불림에 기대어 한 아이를 낳았다. 이 아이는 신과 같은 위인이 될 운명을 타고났기 때문에, 그의 출생 상황은 평범하지가 않았다. 그의 어머니가 떨어지는 별을 노래한 뒤 62년 동안을 임신해 있었고, 또 그가 그토록 오랜 세월을 뱃속에 있었기 때문에 그는 태어나자마자 말을 할 수 있었다. 그는 태어난 즉시 주위의 자두나무를 가리키며, "나는 이 나무를 따서 성姓을 짓겠다."고 말했다.

그는 자두나무李에다 그의 큰 귀耳를 상징하는 이름을 붙여 자기 이름을 이이李耳라 했다. 그러나 그의 머리칼은 벌써 하얀 눈처럼 희었기 때문에 사람들은 그를 두고 노자老子라 불렀다. 노老는 늙었다는 뜻이고, 자子는 '하늘의 아들'이라는 뜻을 가진 존칭어이다. 그가 죽은 뒤 사람들은 그를 노담老聃이라고도 불렀는데, 담聃이란 귀가 넓적하고 축 처져서 귓바퀴가 없다는 뜻이라고 한다.

이상에서 보는 것처럼, 노자도가 및 도교의 비조는 그 역사적 중요성에도 불구하고 신원이 자세하게 알려져 있지 않다. 그의 생애에 대한 보다 신빙성 있는 자료는 사마천이 쓴 『사기』의 〈노자전老子傳〉에서 얻을 수 있다. 그러나 기원전 100년경에 『사기』를 저술한 이 역사가도 노자에 대한 확실한 정보는 제공하지 못했다. 어떻든 『사기』에 따르면, 노자는 초나라 고현 여향 곡인리지금의 허난 성 루이 현 사람이다.

하지만 그가 태어난 곳은 원래 진陳나라였다고 한다. 다만 그가 태어나기 10여 년 전에 남쪽의 강국 초나라에 합쳐지고 말았기 때문에 초나라가 조국으로 기록된 것이다. 그런데 초나라의 정치는 포악하여 점령지 주민들에게 무거운 세금을 물리고 압제를 가하여 주민들을 가난과 고통 속으로 몰아넣었다. 노자 역시 이러한 괴로움에 시달리다가 마침내 유랑의 길을 떠났다. 그리하여 당시 천자天子: 하늘 제왕의 아들로서 이 세계를 통치하는 자. 중국 천하의 종주국을 일컫는 말의 나라인 주周나라에 이르러 그곳에 머물렀다.

노자는 주나라에서 왕실의 장서 창고를 지키는 관리

> **주나라(기원전 1046~771년)**
> 상나라 다음에 등장한 중국의 고대 왕조이다. 요순시대를 이어받은 이상의 치세라 일컬어졌고 봉건제도로 유명하다.

호적(胡適, 1891~1962년)
중국의 실용주의 철학자이며 대만 정부의 부총통을 역임했다.

풍우란(馮友蘭, 1894~1990년)
중국의 현대 철학자. 주저인 『중국철학사』로 유명하다.

함곡관
올바른 표현은 한구관이다. 동쪽의 중원으로부터 서쪽의 관중으로 통하는 관문으로, 황하강 남안의 링바오 남쪽 5km 지점에 위치한다.

로서 40여 년 동안 근무했다고 한다. 그의 직책인 사관史官은 오늘날 '역사가'를 의미하지만, 고대 중국에서는 천문, 점성, 성전聖典을 전담하는 학자였다. 이곳에 있을 무렵, 노자는 공자의 방문을 받아 예禮에 대해 충고해주었다고 한다. 그 후, 세월이 흘러 낙양洛陽: 주나라의 서울을 떠날 무렵이 되자, 공자는 다시 노자를 찾아 작별인사를 드렸다. 그러자 노자는 이런 충고를 했다고 한다.

"남의 허물을 지적하기 전에 자신의 말과 행동을 조심하고, 자기의 주장을 함부로 내세워서는 안 되오!"

물론 이에 대해서도 학자들 사이에 논란이 있어왔다. 이 만남 역시 일관성이 없고 모순되는 점이 많아 단지 전설에 불과한 것으로 여겨지기도 하는 것이다. 그 근거로 노자와 공자 가운데 누가 먼저 태어났느냐는 논란이 있다. 호적은 노자를 앞에 놓았고, 풍우란은 공자를 앞에 놓았다. 만약 노자가 공자를 비판했다면, 당연히 비판받는 공자가(공자의 실존 자체 혹은 공자의 철학이) 먼저 있어야 하지 않을까?

노자는 주나라 황실이 기울어져가는 것을 보고 주나라를 떠나기로 결심한다. 한참을 걸어 그가 함곡관에 이르렀을 때, 국경을 수비하던 관리 윤희라는 사람에게 붙들렸다. 윤희는 노자에게 가르침을 달라고 간청하였다. 이에 노자는 대나무로 엮어 만든 죽간竹簡: 중국에서 종이가 발명되기 전에 글자를 기록하던 대나무 조각. 또는 대나무 조각을 엮어서 만든 책에 5천 자의 글을 써 주었다. 이것이 바로 간결하면서도 심오한 철학을 담은 『도덕경』이다.

그러나 사마천은 노자와 동일시되는 다른 인물들에 대해서도 언급을 하고 있다. "초楚에 공자와 같은 시대의 노래자老萊子라는 사람이 있어서 책 15

권을 저술하여 도가의 정신에 대해 서술한 바 있는데, 공자와 같은 때의 사람이다."라거나 "주나라의 태사太史이며 위대한 점성술가인 담이 공자가 죽은 지 100년 이상 지난 때에 진나라秦: BC 384~362의 헌공獻公을 만나 회담하였다는 기록이 있는데, 어떤 이는 그가 곧 노자라고 하고, 어떤 이는 아니라고 한다."와 같은 말들이다. (『중국학 위키백과 Sino Wiki』에서)

어떻든 노자가 관문을 빠져나간 후 그가 어디로 갔는지, 그리고 언제 어디서 죽었는지 아무도 모른다. 그 후 노자를 본 사람이 아무도 없기 때문이다. 노자는 160세 또는 260세를 살았다고도 하는데, 이에 대해 사마천은 그가 '도를 닦아 수명을 보존하였기 때문일 것'이라고 기록한 바 있다. 물론 고대 중국인들은 초인超人의 장수를 믿었기 때문에, 도교 신자들은 그들의 스승이 매우 오래 살았을 것으로 여겼다. 그러나 이것 역시 훨씬 뒤에 생겨난 전통으로 여겨지는데, 그 근거로는 기원전 4세기경에 활약했던 장자莊子가 노자의 죽음에 대해 얘기할 때 그가 아주 오래 살았다는 점을 강조하지 않고 있다는 것.

이로부터 심지어 노자가 역사적으로 실존했던 인물인가 아닌가 하는 논란까지 생겨났다. 그 첫 번째 이유로 현존하는 『도덕경』의 저자가 1명이 아님이 분명하다는 사실을 들고 있다. 그 내용 가운데는 공자 시대의 것도 있지만, 다른 내용은 훨씬 후대의 것도 있기 때문이다. 이러한 사정으로 보건대, 결국 이 책은 기원전 300년경에 쓰였을 것으로 추정된다. 이러한 배경을 근거로 어떤 학자들은 『도덕경』의 저자가 태사 담태사라는 벼슬을 지낸 사람으로, 이름이 담이라고 주장하기도 한다.

어떤 학자들은 『사기』에 나오는 노자의 후손들에 대한 기술이 신빙성 있는 것으로 보고, 노자의 생애가 기원전 4세기말이었을 것으로 추정한다. 그러나 노자의 가계家系는 역사적 사실이라고 간주될 수도 없다. 그것은 다만 사마천이 살았던 시대에 이李씨라는 가문이 노자의 후예라고 스스로 주장 했다는 사실만 증명해줄 뿐이다. 이리하여 심지어 노자라는 이름은 어떤 개 인보다, 특정 형태의 성인聖人 집단을 가리키는 것이 아닐까 여겨질 정도이다.

순자(荀子, 기원전 298~238년?)
중국 주나라 말기 전국시대의 유학자.
성악설을 주장했다.

이사(?~기원전 208년)
진시황이 6국을 통일하는 데 큰 공을
세웠다.

한비자(기원전 280~233년)
전국시대 말기의 법치주의 사상가이다.

순자에 대한 자료 역시 별로 남아 있지 않다. 사마천의 『사기』등에 짤막한 기록이 남아 있긴 하나, 그나마도 정 확한 것이 아니다. 심지어 몇 년에 태어나서 몇 년에 죽었 는지도 분명하지 않아 어떤 이는 그의 생애를 60세로, 어떤 이는 100세 이상으로 보기까지 한다. 맹자와 같은 시대를 살았던 것으로 알려진 순자는 공자와 맹자를 계 승하여 장차 다가올 군현제 왕조국가의 체제 원리를 준 비했던 전국시대 말기의 유교사상가이다. 그는 대략 기 원전 298년 무렵에 태어나 기원전 238년 무렵에 사망한 것으로 되어 있지만, 정확한 연도는 어디에도 나와 있지 않다. 맹자가 성선설 에 입각하여 덕치주의를 주장했다면, 그는 성악설에 근거하여 예치禮治주의 를 주장하였다. 진나라의 재상 이사와 한비자가 그의 제자이다.

어떻든 대략적으로 보아, 순자는 전국칠웅戰國七雄의 각축이 첨예한 시절에 태어나 진나라에 의해 중원 통일의 기운이 무르익어갈 무렵 생을 마감한 것 으로 보인다. 제자백가諸子百家의 다양한 사상이 난무하던 시절 공부를 시작 했으며, 최고의 학자로서 유가의 정통한 계승자로 자임했다. 그는 지금의 중 국 산서성 의씨현 변경에 있던 순나라에서 태어났다. 하지만 이곳은 전국시 대 당시 조趙나라에 속해 있었기 때문에, 순자는 조나라 사람으로 불린다.

순자는 어려서부터 고향 동네의 서당에서 유가의 경전으로 공부하였는데, 열세 살에 수재라는 소리를 들었다. 열다섯 살 무렵 제나라의 서울 직하로 유학을 갔는데, 당시 그곳은 학술 문화의 중심지로서 유가를 비롯하여 도가, 묵가, 명가, 법가 등의 학자들이 구름같이 모여 학문의 대향연을 연출하고 있었다. 그는 이곳 직하학궁에서 유학생활을 시작한다. 그리고 53세 무렵부터 71세 무렵까지 제양왕齊襄王 아래에서 학궁을 책임진다. 그러던 중 전병 등 당시 저명한 원로들이 모두 죽자, 순자는 가장 연로한 어른으로 대접을 받는다. 그 후 제나라에서 실무 부서 없이 작위를 주는 열대부列大夫를 보충할 때, 순자는 직하 학궁의 우두머리인 제주祭主를 10년 동안 세 번이나 역임했다.

그러나 점차 세력을 키워나가던 제나라에 대해 시기와 질투의 눈초리로 지켜보던 주변의 나라들이 힘을 합쳐 공격하기 시작했다. 그러자 직하의 학자들도 사방으로 흩어지고 말았다. 순자 역시 이때 제나라 재상과의 불화로 초나라로 건너갔다.

이때 저명한 재상인 초나라의 춘신군은 순자를 사방 100리의 난릉蘭綾 지방의 현령縣令: 비교적 큰 현을 맡은 지방 장관. 이에 반해, 현감은 작은 현의 수령을 말함으로 삼으려 한다. 이때 어떤 사람이 춘신군에게 "은나라 탕왕은 사방 70리로, 주나라 문왕은 사방 100리로 천하를 얻었습니다. 순자는 그들에 버금가는 현명한 사람입니다. 지금 그에게 100리의 땅을 준다면 장차 초나라가 위태로워지지 않겠습니까?"라고 간했다. 이 소식을 전해들은 순자는 당장 그

직하학궁(稷下學宮)

지금의 산동성에 있던 제나라. 그 수도였던 임치(臨淄)는 성안의 가구 수만 7만이 살았다. 길마다 수레의 바퀴가 서로 맞부딪치고, 행인의 어깨가 서로 맞닿을 정도라 해서 곡격견마(轂擊肩摩)로 불렸다. 바로 이 임치의 도성 남문을 직문(稷門)이라고 불렀다. 그런데 제나라의 위왕(威王)과 선왕(宣王)은 선비들을 좋아하여 이 직문 아래에 학자들을 초빙하고 저택을 마련하여 잘 대접하였다. 그러므로 이 시기(기원전 370~220년)의 학술을 직하(稷下)의 학 또는 직하학궁(稷下學宮)이라고 부른다.

전병(田騈, ?~?)

진병(陳騈)으로도 불린다. 전국시대 제나라 사람으로 직하에 와서 강학했는데, 논변이 뛰어나 '천구병(天口騈)'으로 불렸다. (『중국역대인명사전』, 임종욱, 이회문화사, 2010)

춘신군(春申君, ?~기원전 238년)
중국 전국시대 초나라 정치가. 성은 황(黃), 휘는 헐(歇). 고열왕을 옹립하고 국세가 기울어가던 초를 지탱하였다. 춘신군은 식객 3천 명을 거느리고 상객(上客)은 구슬로 장식한 신발을 신고 있었다. 그 객 가운데에는 순자(荀子)도 있었다. 제나라의 맹상군, 조나라의 평원군, 위나라의 신릉군과 함께 '전국 4공자(戰國四公子)'로 불린다.

직책을 버리고 조나라로 돌아오고 말았다.

일이 이렇게 되자 춘신군은 다시 그를 모시고자 하였다. 이에 순자는 한 통의 편지를 보내 초청을 거절하였던 바, 그 내용은 충신과 간신을 구별하지 못하는 춘신군의 어리석음을 비웃는 것이었다. 춘신군은 화가 잔뜩 났지만 순자는 당시 유명한 4대 공자公子 가운데 한 사람이었기 때문에 다시 한 번 사죄할 수밖에 없었다.

일이 이렇게 되자 차마 뿌리치지 못하고 순자는 다시 난릉 지방으로 돌아가 현령이 되었다. 그러나 얼마 안 되어 초나라 임금이 죽자 정변이 일어났고, 춘신군은 복병에 의해 살해되고 말았다. 여기에서 이 과정을 좀 더 자세히 살펴보도록 하자. 춘신군의 식객 가운데 이원李園이라는 사람이 있었는데, 그의 여동생이 몹시 아름다웠다. 이원은 언젠가 그녀를 고열왕에게 바쳐 출세할 생각을 하고 있었다. 춘신군 또한 그 여동생을 몹시 총애하였는데, 이후 그녀는 춘신군의 아이를 임신하게 되었다. 이에 이원은 고열왕에게 자식이 없음을 들어 춘신군에게 "내 누이동생을 왕에게 바치고 뱃속의 아이를 왕의 아들로서 다음 왕으로 세운다면, 초는 당신 뜻대로 될 것이다."라고 말했다. 춘신군은 이 계책을 좋다 여겨 고열왕에게 이원의 여동생을 바치게 되었고, 그녀가 왕후가 되면서 이원도 높은 지위에 올랐다. 그러나 그 뒤 이원은 일이 탄로 날 것을 두려워하여 춘신군의 목숨을 노리게 되었다. 위기를 느낀 춘신군의 식객 가운데 주영朱英이란 사람이 "내게 이원을 죽이라 명해주십시오."라고 간청하였으나, 춘신군은 이원을 가볍게 보아 듣지 않았다. 주영은 신변의 위협을 느끼고 그대로 도망쳐버린다. 기원전 238년, 고열왕이 병사하여 장례식에 가던 춘신군은 자문棘門에 매복하고 있던 이원의 자객에게 종자從者와 함께 살해되고 말았다. 그 목이 성 밖에 버려졌고, 일족과 따르던 무리들도 모두 살해되고 말았다. 그 후 이원의 여동생이 낳은 춘신군의 아들은 훗날 즉위하여 유왕幽王이 되었다고 한다. (『위키백과』〈우리 모두의 백과사전〉에서)

이처럼 춘신군이 비참하게 최후를 맞이하자 그의 지지를 받고 있던 순자 역시 직을 물러나야만 했다. 물론 이때는 순자도 이미 반백의 늙은이가 되어 있었고, 또한 그의 마음도 두 번 다시 정치무대에 나서 동분서주하고 싶지 않았다. 때문에 그는 난릉에 정착하여 문인 교육과 저술에 전념하며 살다가 죽어 그 곳에 묻혔다.

'볼테르'라는 필명으로 더 유명한 프랑스의 작가 프랑수아 마리 아루에는 1694년 11월 21일 파리에서 태어났다. 부친은 공증인으로 전형적인 부르주아였다. 그러나 볼테르는 언제 어디서 누구의 아들로 태어났는지조차 명확히 알려져 있지 않다는 설이 있다. 다만 그가 태어나자마자 도저히 살아날 가망성이 없다고 여긴 산파가 성급하게 서둘러 세례를 주었고, 이 때문에 훗날 정식으로 세례를 받는데 애를 먹었다는 이야기가 전해져 올뿐이다.

> **공증인(公證人)**
> 당사자 기타 관계인의 촉탁에 의해 공정증서(公正證書)의 작성 및 사서(私署)증서에 대한 인증 등의 사무를 처리하는 자를 말한다. (방경식, 『부동산 용어사전』에서)
>
> **볼테르(1694~1778년)**
> 프랑스 계몽기의 지도적인 자유사상가이며 문학가이다.

어린 시절에는 예수회 학교를 다녔으며, 이때 그를 가르친 신부들은 "총명한 아이이긴 하지만, 비상한 악동"이라고 평가했다. 졸업 후에 볼테르는 아버지의 권유로 잠깐 법률 공부를 했다. 하지만 곧이어 문학에 관심을 두고 여러 살롱에 출입하며 타고난 재치로 많은 사람들을 사로잡는다.

볼테르의 주된 적은 교회였다. 그는 이성종교宗敎에 있어서 이성의 역할을 강조하면서 하나님의 존재 역시 논증에 의해 증명될 수 있다고 봄의 필요성을 주장하는 한편, 역사상에 나타난 타락한 기독교를 공격하였다. 지금의 모든 교회는 우매한 민중에게서 돈과 명예를 빼앗아간다. 그러므로 모든 이성적인 인간은 그러한 파렴치를 타도하기 위해 총궐기하지 않으면 안 된다.

볼테르는 끊임없이 성직자들과 싸웠다. 그뿐 아니라 교회에 무조건 복종하는 속된 권력자들과도 다투면서 살아야 했다. 1717년, 볼테르는 루이 14세의 사후에 섭정으로 있던 오를레앙 공을 비방하는 글을 썼다는 죄목으로 바스티유 감옥에 수감된다. 그렇다면 과연 섭정 오를레앙 공1674~1723년은 어떤 인물인가? 프랑스의 절대군주이자 '태양왕'으로까지 불렸던 루이 14세가 사망한 후, 5살의 증손자가 루이 15세로 즉위한다. 이때 라 팔라틴 공주의 아들 필립 오를레앙 공루이 14세의 조카이자 사위이 고등법원에 가서 루이 14세의 유언을 취소하고, 스스로 절대적 권력을 지닌 섭정으로 즉위한다. 그는 베르사유 궁을 버려두고, 파리에 있는 자신의 궁에서 정사를 보았다. 당시 41세였던 그는 성격이 온화하고 머리가 총명한 데다 문화와 과학에 조예가 깊은, 나무랄 데 없는 인물이었다. 영국, 오스트리아, 네덜란드와 손을 잡고 스페인에 대항하여 전쟁을 성공적으로 이끌었으며, 유럽의 평화를 이룩했다. 교육을 진흥시키고 소르본 대학의 수업료를 없앴으며, 왕실 도서관을 공중에게 개방하기도 했다.1720년 그러나 공공연한 무신론자로서 첩을 100여 명이나 거느렸으며, 경건한 가톨릭 축제 기간 중 흥청망청 주연이나 난교 파티를 벌이기도 하였다. 뿐만 아니라 제도상의 모순이나 사회적 혼란에 관심을 두지 않았던 바, 그가 경제책임자로 기용한 존 로라는 인물이 대공황을 유발하는 등으로 내정의 혼란이 지속되는 가운데 사망하고 말았다. (김복래, 『프랑스 왕과 왕비』, 『프랑스사』에서)

이런 사람을 비방하였다 하여 감옥에 갇히긴 했으되, 볼테르는 수감 생활 동안 집필한 희곡으로 출옥 후 큰 성공을 거두고 명성을 얻게 된다. '아루에'라는 본 이름 대신 '볼테르'라는 유명한 필명을 쓰게 된 것도 이때부터였다.

문학적 성공과 사교계의 명성으로 기고만장해진 볼테르, 그러나 그의 화려한 인생은 1726년에 벌어진 한 사건 때문에 전혀 엉뚱한 방향으로 흘러가고 만다. 그의 명성과 교만을 못마땅해 하던 어느 귀족과 말다툼을 하다가 결국 상대방의 하인들에게 몰매를 맞았던 것. 격노한 볼테르는 결투를 신청했지만, 고작 평민 주제에 귀족에게 대들었다는 이유로 또다시 바스티유에 수감되었다. 당분간 프랑스를 떠나 영국으로 가겠다고 약속함으로써 금세 풀려나긴 했지만.

갖가지 풍자적인 시구詩句로 인하여 당시의 통치자와 충돌을 빚었던 그는 어느 곳에서도 조용하게 안주할 수가 없었다. 사람들은 그를 헐뜯고 배척하고 국외로 추방하기도 했으며, 마치 전염성 세균을 대하듯이 그를 경계하였다.

존 로(J. Law, 1671~1729년)

결투로 살인을 저지르고 네덜란드의 암스테르담으로 도망쳐 은행 경영에 대하여 공부하였다. 영국으로 돌아와 은행개혁안을 제출했으나 거부를 당했다. 그러나 1716년 프랑스 루이 15세로부터 받아들여져 프랑스 총은행과 서방회사(루이지애나 회사)의 설립 허가를 얻어냈다. 1717년 이 회사를 서(西)인도회사로 발전시켜, 북아메리카 미시시피 강 유역의 광대한 프랑스령의 개발을 기도하였다. 이와 같은 로의 재정체계는 프랑스에서 일대 붐을 일으켰다. 하지만 재정총감으로서 프랑스 재정의 중심인물이 되었으나, 지폐를 남발하고 투기를 확대하여 경제공황을 일으키게 되었다.

복잡한 가정사

● 키르케고르 ● 프로이트 ●

키르케고르(1813~1855년)
덴마크의 종교사상가이며 실존주의의
선구자이다.

키르케고르는 덴마크의 수도 코펜하겐의 부유한 집안에서 태어났다. 그런데 그의 어머니 안네는 원래 그 집의 하녀였다. 그녀는 겸손한 태도로 조용하고 평범하게 생활했으나, 정식으로 교육을 받은 것은 아니었다. 아버지는 전처前妻가 슬하에 자식 하나 없이 세상을 떠나자 안네를 강간하여 임신케 하였고, 이듬해에는 당시 교회의 교리에 금지되어 있는 재혼을 감행하였다. 그리고 결혼식 후 다섯 달 만에 안네는 장남을 낳고 말았다. 원래 양심적이고 종교적이었던 그 아버지는 이 사실을 두고 평생 괴로워하였다.

이러한 분위기 속에서 키르케고르는 막내로 태어났는데, 마침 그가 출생한 연도는 덴마크에 새로운 지폐가 발행되었던 해이다. 많은 사람들이 한순간 재산을 잃는가 하면, 소수의 사람들은 부자가 되는 혼란의 해였다. 키르케고르는 자기 자신의 신세를 흡사 그 해에 발행된 지폐와도 같이 생각하였다. 즉, 자기 스스로를 질서의 존재라기보다도 혼돈의 존재로 인식했던 것이다.

여덟 살에 학교에 들어간 쇠렌키르케고르은 비록 몸이 허약하긴 했으나 대단히 머리가 좋았다. 특히 라틴어 문법은 교사마저 눈이 둥그레질 정도로 뛰어났고, 작문 실력 역시 놀라웠다. 그러나 별로 말이 없었을 뿐 아니라 친구를 사귀지도 않았다. 같은 또래의 아이들이 그를 놀려대면, 신랄한 재치와 조소로 응수할 뿐이었다.

열일곱 살에는 아버지의 소원에 따라 코펜하겐 대학 신학과에 입학하였다. 그 해에 친위대에 입대했다가 신체 허약으로 곧 제대하였다. 다시 대학에 들어가 신학을 공부했으나 점차 문학과 철학 쪽으로 관심이 쏠렸다. 그러다가 얼마 후에는 아예 공부에 흥미를 잃어버린 채, 거리를 배회하거나 극장, 다방에 드나들기 시작했다. 국가 신학고시도 포기하였다. 형과의 사이도 좋지 못한 데다, 불과 3년 사이에 어머니1834년 7월 31일, 66세의 나이와 세 형들이 모두 죽고 말았다.

스물 두 살 되던 해의 가을, 키르케고르는 이후 그의 운명을 결정지은 무서운 체험을 하게 된다. 그 스스로가 '대지진'이라고 불렀던 그 사건은 아버지가 하나님께 지은 두 가지 죄를 알게 된 것이었다. 원래 그의 아버지는 우울한 성격에 걱정이 많은 타입이었으되, 종교심이 깊은 데다 매우 총명한 사

유틀란트 반도

유틀란트는 독일어이고, 덴마크 식으로 말하면 이월란 반도이다. 북해와 발트 해를 나누는 북유럽의 반도로, 북쪽 2/3는 덴마크의 영토이고 남쪽 1/3은 독일의 영토이다.

람이었다. 그미카엘는 불우한 소년 시절에 양을 치다가 유틀란트 황야에 있는 언덕에 올라가, 심한 추위와 굶주림을 견디지 못하고 신을 저주하였다. 또 하나의 죄는 앞에서 말했듯이, 하녀와 정식결혼도 하지 않은 채 임신을 시켰다는 사실이다. 미카엘은 자신이 하나님의 진노를 샀다고 확신했기 때문에, 그는 자기 자녀들이 예수 그리스도가 이 세상에서 살다간 나이인 33세를 넘기지 못하리라고 믿었다. 그리하여 집안에 닥친 모든 불행, 말하자면 두 아내와 다섯 자녀를 잃게 된 것은 모두 자신의 죄에 대한 대가라고 생각하였다.

따라서 키르케고르 입장에서는, 지금 살아있는 형이나 자신 역시 몸이 약해져서 곧 죽게 될 것으로 믿었다. 자기의 죽음에 대한 키르케고르의 신념은 너무나 확고하여, 길어야 서른 네 살의 생일을 넘기지 못할 것으로 믿어 의심치 않았다. 때문에 무사히 그 날을 넘기자, 혹시 생일이 잘못 등재된 것이 아닌가 하여 교회에 조사해보러 갈 정도였다. 일곱 형제자매 가운데 상당수가 어린 나이에 죽었지만, 그래도 두 명이 살아 33세를 넘겼을 때 그의 믿음은 틀렸음이 증명되었다. 그 나이를 넘긴 두 사람은, 쇠렌 자신과 그 몇 살 위의 형 페테르 크리스티안이었다. 페테르는 신학자로 정부에서도 활동했으며, 루터교 주교를 지냈다. 키르케고르의 아버지는 무려 82세까지 살았다. 하지만 그의 장수는 차라리 저주에 가까웠다. 긴 생애 동안 두 명의 부인이 죽고, 다섯 자녀가 죽는 것을 차례로 바라보아야 했기 때문이다.

키르케고르의 아버지는 때때로 종교적인 우울증에 시달렸다. 그럼에도 불구하고, 아들과는 상당히 가까운 사이였다. 키르케고르는 그의 아버지와 함께 놀면서 상상력을 키워 나갔다. 아버지 미카엘과 형 페테르의 권유를 받아, 키르케고르는 18세에 코펜하겐 대학교 신학부에 입학한다. 대학교에 들어간 이후 한동안 방탕한 생활을 하며, '기독교는 광기狂氣'라고 말할 정도로 기독교에서 멀어진다. 그의 아버지는 자신의 어린 시절을 떠올리며, 슬픈 마음으로 아들을 바라볼 수밖에 없었다.

그는 아버지를 원망하였고, 술집을 자주 드나들었다. 이때의 모습을 보고, 그의 선생은 "너는 무서울 정도로, 철저하게 부정적이야."라고 걱정하였다. 그런데 스물다섯 살에 맞이한 아버지의 죽음은 그에게 또 하나의 충격으로 다가왔다. 마치 신의 계시인 것처럼 느껴졌다.

상당한 유산을 상속받았으나 불려나가기는커녕 제대로 보존하려고 조차 하지 않았다. 물려받은 집에서 기거하며 저녁이면 언제나 시내 중심가를 산책하곤 하였는데, 이때 골목의 장난꾸러기들이 뒤를 따라다니면서 기묘한 옷차림을 한 그를 웃음거리로 삼았다고 한다. 키르케고르에게 파멸의 시기는 23세 되던 해1836년, 자살미수 사건으로 절정에 이른다. 하지만 이 사건 이후에 그는 점차 안정을 되찾는다. 키르케고르는 1841년 10월 20일 철학박사학위를 받고 졸업했다. 그의 가족은 대략 31,000 덴마크 리그스달러 정도의 유산을 상속했고, 그것은 키르케고르가 교육을 받고 생계를 유지하며 그의 여러 초기 저서를 출판하는 데 밑천이 되었다.

1855년 10월 20일, 『순간』 제10호를 준비하다가 그는 길에서 의식을 잃고 쓰러지고 말았다. 척추병이었다고 한다. 그는 병원으로 옮겨져 치료를 받았으나, 한 달 후에 세상 사람들의 오해와 비웃음 속에서 고독한 '단독자'로서의 짧은 생애를 마쳐야 했다. 이때 그의 나이는 겨우 마흔 둘이었다.

그는 병원에 있는 동안 누이와 매부, 그리고 조카들이 병실에 들어오는 것은 환영했다. 하지만 불화로 발을 끊고 살았던 목사 형키르케고르의 형 페테르는 신학자로서 정부에서도 활동했으며, 루터교 주교를 지냈음은 끝내 들어오지 못하게 하였다.

프로이트(1856~1939년)

오스트리아의 정신의학자이며 정신분석학의 창시자이다.

크림전쟁(1853~1856년)

러시아와 오스만투르크·영국·프랑스·프로이센·사르데냐 연합군이 크림반도·흑해를 둘러싸고 벌인 전쟁이다. 나폴레옹 전쟁 이후 유럽 국가들끼리 처음 벌인 전쟁으로, 이 전쟁에서 패한 러시아는 본격적으로 근대화를 추진한다. '백의의 천사' 나이팅게일이 야전병원에서 근무한 것으로 유명하다.

프라이베르크

독일 드레스덴 공항에서 남서쪽으로 약 48킬로미터 떨어진 오래된 은광 도시, 작센 주 프라이베르크(모라비아 지방의 소도시, 현재는 체코의 프르시보르)에는 프로이트의 생가가 있다.

'프로이트의 성격이나 사상은 다른 모든 인간과 마찬가지로, 그의 특수한 환경의 산물'이라고 보는 것이 그를 아는 사람들의 일치된 견해이다. 스위스 취리히 대학 정신병원에 근무했던 아브라함 브릴 박사는 프로이트가 정신분석학을 창시하게 된 근본적이고 무의식적인 동기는 "머리가 좋고 성적이 뛰어났음에도 불구하고 단지 유태인이라는 이유 때문에 그에 상응한 충분한 대우를 받지 못했으며, 바로 이러한 부당성을 증명하려는 데 있다."고 지적하고 있다.

프로이트는 유럽에서 크림전쟁이 끝나던 해인 1856년 5월 6일, 오스트리아 모라비아의 프라이베르크에서 출생하였다. 당시 유대계 사업가인 아버지40세와 젊은 아말리아 나탄존20세 사이에는 20년이라는 커다란 연령 차이가 있었는데, 그것은 아버지가 초혼의 아내를 여의고 재혼하였기 때문이다. 둘 사이에 7명의 자녀가 태어났고, 그 가운데 맏이가 바로 프로이트였다. 그러나 아버지의 전처가 낳은 아들 임마누엘에게는 이미 한 살 된 아들 요한네스와 그 누이동생 파울리네가 있었다. 임마누엘은 아버지의 집 근처에서 생활하고 있었는데, 이것이 프로이트의 생애에 상당히 큰 영향을 미친 것 같다. 그보다 나이가 많은 조카 요한네스는 프로이트의 친한 친구이면서 심한 싸움의 상대였다. 프로이트는 그와 세 살이 될 때까지 서로 헤어질 수 없었다고 고백한다.

"둘은 서로 사랑하면서 싸웠다. 나는 이 어린 시절의 인간관계 속에서 어른들이 느끼는 모든 감정을 알게 되었다. 친한 친구와 미워하는 적을 동시에 갖고 있는 것이 필요했다. 나는 항상 이런 인물을 만들어냈다."

그리고 여자조카인 파울리네는 두 사람 사이에 낀, 짓궂은 장난의 피해자임과 동시에 어린 프로이트에게는 지대한 성적 관심의 대상이었다.

또한 프로이트에게는 배가 같은 누이동생 다섯 명과 남동생이 있었는데, 바로 아래의 남동생 율리우스는 그가 만 한 살이 되기 전에 태어났다. 그는 한 편지에서 "나보다 어머니에게 더 가깝다고 보였던 바로 아래 동생 율리우스와 나는 어머니의 사랑과 젖통을 놓고 서로 다투었다. 더구나 율리우스가 생후 여덟 달만에 병으로 죽었을 때는, 심한 경쟁자가 없어졌을 때 느끼는 기쁨을 경험했다."라고 쓰고 있다. 또한 같은 편지에서 그는 "아버지가 그의 아내프로이트의 어머니에 대해서 자기보다 나프로이트에게 더 정신이 팔려 있다고 비난하며 다툰 것을 기억하고 있다."고 말한다. 이 특이한 부자父子 관계는 그의 정신분석학설인 오이디푸스 콤플렉스를 상기시킨다.

오이디푸스Oedipus 신화의 대략적인 줄거리는 다음과 같다.

고대 그리스 도시 테베의 왕 라이오스는 왕비 이오카스테와의 사이에서 자식이 없는 것을 고민하던 중 도움을 얻고자 신전을 찾아갔다. 그러나 사제는 "만일 왕비가 아들을 낳는다면, 그 아이가 장차 아버지의 몰락을 가져올 것이다."라는 불길한 신탁을 전해주었다. 얼마 뒤 이오카스테는 임신을 하였고, 아들을 낳았다. 걱정에 휩싸인 왕은 아들을 죽이기로 결심했다. 그는 아이의 발목을 가죽 끈으로 묶어 못질을 하고는 양치기들의 우두머리를 시켜 키타이론 산에 갖다 버리라고 명령한다. 그러나 마음 약한 양치기는 갓난아이를 죽이지 못하고, 코린토스에서 온 다른 양치기들에게 넘겨주었다. 코린토스의 양치기들은 아이를 자신들의 왕인 폴리보스에게 데려갔고, 그는 아이를 양자로 삼기로 결심한다. 발견 당시 아이의 발이 상처로 인해 너무나 부풀어 올라 있었기 때문에 폴리보스와 그의 아내 메로페는 아이에게 고대 그리스어로 '퉁퉁 부은 발'이라는 뜻의 '오이디푸스'라는 이름을 붙여 주었다. 코린토스의 왕자로 자라난 오이디푸스는 델포이 신전을 찾아갔다가 자신이 아버지를 죽이고 어머니와 결혼할 것이라는 신탁을 듣게 되었다. 폴리보스를 자신의 친아버지로 알고 있던 오이디푸스는 가혹한 운명을 피하고자 코린토스를 떠난다.

그러던 어느 날. 테베로 가는 좁은 길목에서 그는 라이오스 왕 일행과 마주쳤고, 누가 먼저 지나갈 것인가를 두고 시비가 붙었다. 오이디푸스는 라이오스 왕의 시종 하나가 자신의 말을 죽이는 것을 보고 분노해 그들 모두를 죽이고 말았다. 진실을 모른 채 테베에 도착한 오이디푸스는 '머리는 여자이고, 몸은 사자이며, 독수리의 날개를 가진 괴물' 스핑크스와 마주쳤다. 그 괴물은 높은 바위 위에 앉아 지나가는 사람에게 수수께끼를 내고 풀지 못하면 바로 잡아먹었기 때문에, 당시 테베 전역은 큰 두려움에 떨고 있었다. 다행히 오이디푸스는 수수께끼를 모두 풀었고, 스핑크스는 분을 참지 못하고 절벽에서 뛰어내려 죽고 말았다. 오이디푸스가 직접 스핑크스를 죽였다는 이야기도 있다. 테베인들의 환호를 받으며 왕위에 오른 오이디푸스는 어머니인 줄도 모르고 과부가 된 이오카스테 왕비를 아내로 삼아 자식들까지 낳았다. 그러자 테베에는 원인 모를 전염병이 돌기 시작했다. 오이디푸스는 걱정스런 마음에 신전을 찾았고, '라이오스 왕의 죽음에 관한 진실을 밝혀야지만 역병이 그칠 것'이라는 신탁을 전해 들었다. 그는 사건을 파헤치던 중, 자신이 저지른 일을 알게 되었다. 충격과 고통 속에서 오이디푸스는 스스로 두 눈을 뽑았고, 왕비이자 아내인 이오카스테는 자살하고 만다.

이후 오이디푸스의 운명에 대해서는 여러 가지 설들이 전해오고 있다. 그가 딸 안티고네와 함께 방랑의 길을 떠났다가 아테네 근방의 콜로노스에서 죽음을 맞이하여 그곳의 수호신이 되었다는 이야기도 있고, 계속해서 테베를 통치하다 다시 새 부인을 맞이했다는 설도 있다. 한편, 정신분석학자들은 이 이야기에서 '오이디푸스 콤플렉스Oedipus complex' 이론의 명칭을 따오기도 했다. 그것은 사내아이가 유아기 때 무의식적으로 이성인 어머니에게 독점욕과 일종의 성적 애착을 가지며, 반대로 동성同性인 아버지는 경쟁자로 인식해 질투와 반감의 감정을 갖게 된다는 학설이다. (프로이트, 『꿈의 해석』에서)

프로이트는 40대 무렵 수많은 심신증 장애와 더불어 죽음에 대한 지나친 공포에 시달렸다. 이때 그는 자신의 꿈, 기억 그리고 본인의 인격발달의 변천에 대해 탐색하는 데 몰두하였다. 이렇게 스스로를 분석하는 동안 죽은 아버지 야콥 프로이트에 대해 적대감을 느꼈으며, 또 어린 시절 매력적이고 따뜻하며 포근했던 어머니 아말리아 프로이트에게 느낀 성적性的 감정을 상기하였다. 그는 지금까지 수집한 자료들을 모아 1899년 11월, 라이프치히와 비엔나에서 동시에 『꿈의 해석』을 출판하였고, 이 책은 오늘날 20세기 최고의 문제작으로 평가받고 있다.

바로 이 책에서 오이디푸스 콤플렉스 이론을 처음 소개하였는데, 프로이트가 활동했을 당시인 19세기 말은 파리와 오스트리아 등지에서 소포클레스의 비극작품 『오이디푸스 왕』이 상연되어 큰 인기를 끌고 있던 때였다. 한

때 프로이트의 동료였던 심리학자 칼 융은 거꾸로 여성이 아버지에게 갖는 성적인 동경과 어머니에 대한 경쟁의식을 '엘렉트라 콤플렉스'라 이름 붙이기도 했다.

결론적으로 프로이트는 이 신화를 '아들이 아버지를 적대시하고 어머니를 좋아하는 본능의 표현'으로 보았던 것이다. 프로이트는 두 살이 좀 지났을 무렵, 어머니의 나체를 보고 강하게 마음이 끌렸다고 적고 있다. 어쨌든 어린 시절의 이러한 경험이 그의 학설 형성과 밀접한 관계가 있으리라는 것은 분명해 보인다.

그의 고향 프라이베르크는 당시 인구가 5천정도 밖에 안 되는 작은 읍이었다. 주민은 주로 천주교도였고, 유태교도는 겨우 2퍼센트 밖에 안 되었다. 이것은 그의 조상들이 유태인으로서 얼마나 박해를 받았는가 짐작케 해준다. 또한 그가 비인 대학에서 공부할 때에 유태인으로서 부당한 대우를 받은 것에 대해 분개하고 있었다는 사실과 연관하여 이러한 분노가 바로 그의 정신분석학을 창시케 한 원동력이 아닌가 보이는 것이다.

3 전설적인 탄생설화

• 석가모니 • 이이 • 전봉준 • 원효 •

대개 건국신화들에서 보면 시조의 탄생 과정이 상식적으로 믿을 수 없는 경우가 대부분이다. 이와 마찬가지로, 철학자들에 있어서도 전설적인 탄생설화를 갖고 있는 경우들이 있다. 석가모니를 잉태하였을 때, 마야 부인은 다음과 같은 태몽을 꾸었다.

석가모니(기원전 563~483년)
불교의 교조. 도를 깨달은 후에 부처 혹은 붓다라 불렸다.

룸비니(Lumbini)

네팔 남동부 테라이(Terai) 평원에 있는 유
네스코 세계문화유산. 1895년 독일 고고
학자 포이러가 히말라야 산기슭의 작은 언
덕을 배회하다가 석주(石柱: 돌기둥) 하나
를 발견하면서 세상에 알려지기 시작하였
으며 그 전까지는 그냥 폐허로 방치되어 있
었다. 석가모니가 태어난 곳으로 불교 4대
성지 중 하나이다.

은산銀山

여기에서는 신화적 색채를 더하여 '온통 은
으로 만들어진 산'의 의미로 쓰인 것 같다.

어느 날 네 명의 왕에게 유괴되어 은산의 정상
에 자리한 황금의 궁전에 끌려갔는데, 거기서 은
색의 콧등에 연꽃을 달고 있는 하얀 코끼리가 그
녀의 주변을 세 번 돌고 나서는 오른쪽 무릎에 앉
았다는 것이다.

이에 정반왕은 예순네 명의 지혜로운 승려들
을 불러 왕비의 꿈 이야기를 털어놓았는데, 그 해
몽解夢은 이것이었다. "왕비가 사내아이를 낳을 것
이며, 이 아이가 집에만 머물러 있으면 능히 왕이
나 세계의 지배자가 되겠지만, 그가 자기 아버지 곁을 떠난다면 세계에 관한
무지를 벗겨버릴 만한 대각자大覺者: 크게 깨달은 자가 될 것이외다."

드디어 출산을 위해 마야 부인이 친정으로 돌아가던 중, 룸비니라는 동산

에 이르렀다. 잠시 휴식하는 동안 무우수에 오른팔을 뻗어 나뭇가지를 잡는 순간, 석가가 오른쪽 겨드랑이 밑을 뚫고 탄생하였다고 한다. 그는 태어나자마자 육방, 혹은 팔방으로 일곱 걸음을 떼고 나서, "천상천하 유아독존"이라 외쳤다고 한다. 하지만 마야 부인은 출산 7일 뒤 숨을 거두고 만다.

여기에서 '천상천하유아독존天上天下唯我獨尊'이란 말은 석가모니가 어머니 뱃속에서 태어나자마자 외쳤다는 탄생게로, "하늘 위와 하늘 아래에서 오직 내가 홀로 존귀하다."라고 풀이된다. 이 말은 경전에 따라 다소 차이가 있는데, 『전등록傳燈錄』에는 "석가모니불이 태어나자마자 한 손은 하늘을, 한 손은 땅을 가리키고 사방으로 일곱 걸음을 걸으며 사방을 둘러보며, '하늘 위와 하늘 아래 오직 내가 홀로 존귀하다'고 말하였다."라고 기록되어 있다. 또 『수행본기경修行本起經』에는 "하늘 위와 하늘 아래 오직 내가 홀로 존귀하다. 삼계가 모두 고통이니, 내 마땅히 이를 편안케 하리라.(天上天下 唯我獨尊 三界皆苦 我當安之)."라고 하였다 하고, 『서응경瑞應經』에는 "하늘 위와 하늘 아래 오직 내가 홀로 존귀하다. 삼계가 모두 괴로움뿐인데, 무엇이 즐겁겠는가?"(天上天下 唯我獨尊 三界皆苦 何可樂者?)라고 하였다는 등, 표현상 조금씩 차이를 보이고 있다. 하지만 그 의미는 동일하다고 하겠다. 여기에 등장하는 삼계三界란 천상·인간·지옥계를 말하며, 석가모니가 일곱 걸음을 걸어갔다는 것은 지옥도·아귀도·축생도·수라도·인간도·천상도 등 육도의 윤회에서 벗어났음을 의미한다고 한다.

무우수(無憂樹)

인도에서는 사랑에 빠진 소녀의 소원을 들어주고 인생의 행복을 상징하는 나무로 알려져 있다. 마야 왕비가 아이를 낳기 위해 친정으로 가던 중, 소복하게 핀 자줏빛 꽃의 아름다움에 홀려 이 나무를 잡게 되고, 그때 산기(産氣)를 느껴 이 나무 밑에서 석가가 탄생했다는 전설이 있다.

육도윤회(六道輪廻)

살아생전 중생의 행보에 따라 지옥도, 아귀도, 축생도, 수라도, 인간도, 천상도로 나뉘는 육도. 여섯 가지 고통의 길은 사람이 고통 받는 원인이자 해탈을 방해하는 총체적인 고통과 쾌락을 상징화한 것이다. 한 마디로 고통종합선물세트. 탐욕을 버리지 못하면 아귀처럼 살고, 분노를 안고 살면 수라도에 떨어지며, 참된 지혜가 없으면 짐승처럼 우둔하게 살아간다. (웹문서 나무위키, 2017-12-21 참조)

또한 '유아독존'에서의 '나'는 석가 개인을 가리키는 것이 아니라, 천상천하에 있는 모든 개개의 존재를 가리키는 것으로서 모든 생명의 존엄성과 인간의 존귀한 실존성을 상징한다고 보아야 하겠다. 석가가 이 땅에 온 뜻은 바로 이를 깨우쳐 고통 속에 헤매는 중생을 구제하고, 인간 본래의 성품인 '참된 나(眞我)'를 실현할 수 있도록 하기 위함이다. 물론 이 이야기는 후대의 불교인들이 창작해 낸 설화로 보는 것이 타당하다 하겠다. (곽철환, 『시공 불교사전』에서)

율곡 이이(李珥, 1536년 중종 31~1584년 선조 17년)
조선 중기의 학자이며 문신이다.

신사임당(申師任堂, 1504~1551년)
조선의 문인, 강릉 출신 서화가. 율곡 이이의 어머니. 호는 사임당(師任堂). 산수와 포도 등의 그림에 능하였고, 경사(經史)에도 널리 통하였다. 침공(針工: 바느질)과 자수에 뛰어난 솜씨를 발휘하였을 뿐 아니라, 부덕(婦德)이 또한 높았다.

이번에는 율곡 이이의 이야기이다. 그의 어머니 신사임당은 율곡을 낳기 전, 동해의 검은 용이 날아와 집 마루에 스며드는 꿈을 꾸었다고 한다. 그래서 율곡의 어린 시절 이름은 '용을 뵈었다'는 뜻으로 현룡見龍이라 불렸고, 그가 태어난 방에는 지금도 몽룡실이라는 현판이 붙어있다.

이이는 여섯 살 때까지 외가인 이곳에서 자랐다. 용 꿈이라는 흔하지 않은 태몽을 꾸고 낳은 아이답게, 그는 아주 똑똑하고 영리하였다. 세 살 때 이미 읽고 쓸 줄 알았고, 일곱 살 때에는 읽지 않은 책이 없었으며, 열 살 때에는 유교 경전을 비롯한 모든 책을 독파하였다 한다. 그는 참으로 신동이었던 셈이다.

율곡 이이는 8세 때에 파주 율곡리에 있는 화석정에 올라 시를 지을 정도로 문학적 재능이 뛰어났다. 13세 때 진사 초시에 합격하였다. 16세 때 어머니가 돌아가시자, 파주 두문리 자운산에 장례를 지내고 3년 동안 시묘侍墓살이를 하였다. 그 후 금강산에 들어가 불교를 공부하고, 20세 때 하산하

오죽헌(烏竹軒)

보물 제165호. 강원도 강릉시 죽헌동에 위치. 별당 뒤로 검은 대나무 숲이 무성하게 우거졌다는 뜻이다. 건물의 맨 오른쪽에 율곡이 태어난 몽룡실(夢龍室)이 있다.

여 다시 유학에 전심하였다. 1558년 이황을 방문했고, 그 해 겨울의 별시문과 초시에서 장원급제하였다. 이를 전후하여 아홉 차례의 과거에 모두 장원하였기 때문에 '구도장원공九度壯元公'이라 일컬어졌다. 호조좌랑을 시작으로 예조좌랑·이조좌랑 등을 역임하고, 1568년 천추사千秋使의 서장관으로 명나라에 다녀왔다. 1569년 임금에게 『동호문답東湖問答』을 지어 올렸다. 1582년 이조판서에 임명되었고, 1583년에는 『시무육조時務六條』를 올려 외적의 침입을 대비한 '10만 양병설'을 주청하였다. 1584년 서울 대사동에서 영면하여, 파주 자운산 선영에 안장되었다.

율곡과 관련하여 가장 유명한 사건은 '10만 양병설'이 아닐까 한다. 임진왜란이 일어나기 10년 전, 병조판서 이이는 경연에 들어가 선조에게 10만 양병養兵을 건의했다. 문치文治의 극성으로 국방과 군역제도가 허물어진 상황에서 외침外侵이 일어나면 제대로 대응할 수 없다는 판단에 따른 것이었다.

"나라의 형세가 부실함이 오래되어 앞으로 닥쳐올 화를 염려하지 않을 수 없습니다. 도성에 2만 명, 각 도에 1만 명씩 10만 명을 양병해 위급한 일에 대비해야 합니다.(……)이하 생략." (안방준, 『임진록』에서)

하지만 당시 경연장에서는 아무도 이 말에 찬성하지 않았다고 한다. 경연 직후 동인 출신 유성룡은 "지금처럼 태평무사한 때는 경연의 자리에서 성인聖人의 학문을 우선으로 삼아 힘써 권해야 마땅하지, 군대의 일은 급한 일이 아니다." 하고 반박하기까지 했다. 그로부터 얼마 뒤, 이이는 세상을 떠났다. 그리고 1592년, 마침내 왜란이 일어났다. 그때서야 유성룡은 "우리는 만고의 죄인"이라며, 이이의 10만 양병설을 가볍게 여긴 데 대해 크게 후회했다고 한다. (이근호, 『한국사를 움직인 100대 사건』에서)

전봉준에 대해서도 탄생과 관련하여, 이런 말이 전해져온다. 즉, 그 아버지가 흥덕 소요산전북 고창군 부안면 선운리 암자에서 글공부를 할 때 소요산 만장봉이 목구멍으로 들어오는 꿈을 꾸었으며, 그 후 광산 김씨를 어머니로 하여 그가 태어났다는 것이다.

'녹두장군'이라는 별칭으로 잘 알려져 있는 전봉준은 전라북도 태인에서 태어났으며, 아버지가 민란의 주모자로 처형된 후부터 사회개혁에 대한 뜻을 품게 되었다. 30여 세에 동학에 입교하여 고부 접주로 임명되었고, 은거 중인 흥선대원군과도 접촉하여 국정 개혁에 대한 의견을 교환하였다. 1892년고종 29년 고부 군수로 부임한 조병갑이 농민들로부터 과중한 세금을 징수하고 양민의 재산을 갈취하는 등 탐학貪虐을 자행하고 만석보전북정읍시 이평면에 있던 저수지 아래에 다시 보를 축조, 불법으로 700섬

전봉준(1855~1895년)

조선 후기 동학농민운동 지도자. 부패 관리를 처단하고 시정개혁을 도모하고 전라도 지방에 집강소를 설치하여 동학의 조직강화에 힘썼다. 일본의 침략에 맞서 싸우다가 체포되어 교수형을 당하였다.

접주

동학 교구 또는 포교소, 즉 접(接)의 책임자를 말한다. 포주(包主)·장주(帳主)라고도 한다. 그 지방 교도들의 관할과 새로운 교인에 대한 강도(講道) 및 포교활동 등을 담당하였다.

의 수세水稅: 물세를 징수하였다.

이에 전봉준은 농민 대표와 함께 그 시정을 진정하였으나 거부를 당하였다. 그러자 1894년 1월, 1000여 명의 농민과 동학교도를 이끌고 관아를 습격, 무기를 탈취하고 강탈당하였던 세곡을 농민에게 배분하고 부패한 관원들을 감금하였다. 이 보고를 받은 정부는 조병갑 등 부패한 관리를 처벌하고, 이용태를 안핵사로 보내어 사태를 조사·수습하도록 하였다. 그러나 이용태는 민란의 책임을 동학교도에게 돌려 사람들을 마구 체포·투옥·살해하고 가산을 불태우고 약탈까지 자행하였으며, 심지어 가족을 살해하는 등 만행을 저질렀다. 이 일로 그는 경북 금산군에 유배되었으며, 동학교도들은 재궐기에 나서게 되었다. 이때 전봉준은 보국안민輔國安民: 나랏일을 돕고 백성을 편안하게 함의 기치를 내걸고 인근 각지의 동학 접주들에게 통문을 보내어 궐기할 것을 호소하였다. 고부에 인접한 태인, 무장, 금구, 정읍, 부안 등지의 동학교도와 농민들이 이에 호응하여 봉기하였으며, 8000여 명이 고부 백산에 모여 제폭구민除暴救民: 포악한 것을 물리치고 백성을 구원함·진멸권귀盡滅權貴: 권세 있고 부귀한 무리들을 멸함·축멸왜이逐滅倭夷: 왜적과 양이들을 구축하여 없앰를 내세우고 금구·부안을 점령하였다.

이어 전주를 향하여 진격하다가 황토현전북 정읍시 덕천면 하학리에 있는 고개. 해발고도 35.5m에서 관군을 격파하고, 정읍·고

흥선대원군(1820~1898년)

본명은 이하응(李昰應)으로 영조의 현손 남연군 이구의 넷째 아들이자 조선 제26대 왕 고종의 아버지이다. 일찍 부모를 여의고 안동 김씨의 세도정치 아래 불우한 청년기를 보냈다. 조대비에게 접근하여 철종의 후계자로 자신의 둘째 아들(훗날 고종)을 왕위계승자로 지명하기로 약속한다. 그 후 고종이 왕위에 오르자 그는 수렴청정으로 국정을 거머쥐었다. 여흥 민씨 집안에서 고종의 비를 맞이하였으나 며느리 민비와 정치적으로 갈등을 빚는다. 명성황후(민비)는 최익현의 상소를 계기로 대원군을 축출하는데 성공하고 후에 대원군도 재집권에 성공하지만 3년 동안 청나라로 유폐된다. 1894년 동학농민운동이 벌어지자 동학과 통하기도 하였다. 안으로는 세도정치를 부수고 왕권을 공고화하며 밖으로는 외세를 물리치고자 했던 대원군의 입장에서 동학운동은 하나의 가능성으로 다가왔을 지도 모른다. 그러나 명성황후를 살해한 일본이 친일내각을 수립하고 대원군의 위세를 빌려 만행을 은폐하고자 하였다. 이에 러시아의 반격으로 국왕이 러시아 공관으로 옮겨가 아관파천이 단행된다. 바로 친러 정부가 들어서고 대원군은 양주로 돌아가 은거하다 죽었다. 그는 아내인 부대부인 민씨와 함께 공덕리에 안장되었다. (한국민족문화대백과, 한국학중앙연구원)

안핵사(按覈使)

대개 민란이 발생했을 시, 그 수습을 위한 긴급대책으로 파견된 임시관직. 목사·군수 등 인접 지역의 수령이 주로 임명되었다.

텐진 조약

1884년 갑신정변 후 일본과 청나라가 맺은 조약으로, "조선에서 청·일 양국 군대는 동시 철수하고, 동시에 파병한다."는 내용으로 되어 있다. 1894년 동학 농민운동이 발생하자 조선 정부는 청에게 원군을 요청하였고, 이에 일본 역시 텐진조약에 의거해 군대를 조선에 파병하였다. 이 청·일 전쟁에서 승리한 일본은 조선의 정치적 주도권을 장악하였다. (황병석, 『Basic 고교생을 위한 국사용어사전』에서)

우금치전투

1894년(고종 31년) 동학농민운동 당시 농민군과 조선·일본 연합군이 공주 남쪽을 지키는 관문 우금치(충남 공주시 금학동에 있는 고개 이름)에서 관군과 싸우다가 크게 패하여 10여만 명이 전사한 역사적 장소다. 동학군은 우금치를 주 공격로로 삼아 공주를 협공하였으나 뛰어난 화력의 최신식 무기로 무장한 조선, 일본 연합군에 대패함. 동학농민군이 벌인 전투 가운데 최대 규모였으며 농민군이 크게 패배하여 동학농민운동이 실패한 결정적 계기가 되었다.

창·무장 등지까지 장악한 뒤 4월 28일 전주를 점령하였다. 그러나 정부의 요청으로 청나라 군대가 인천에 상륙한 데다 텐진조약을 빙자하여 일본 군대도 입국하여 국가의 운명이 위태롭게 되었다. 이에 전봉준은 장위영군사 800명을 이끌고 출전한 양호초토사兩湖招討使: 전라병사 홍계훈에게 주었던 임시벼슬 홍계훈의 선무宣撫에 응하기로 결정하고, 탐관오리 응징, 노비 해방, 토지균분제 실시 등 12개 조목의 시정개혁에 대한 확실한 약속을 받고 휴전하였다. 이후 전라도 지방에 집강소를 설치하여 동학의 조직 강화에 힘쓰고 도정道政에 참여하여 감시하였다. 그러나 근본적 시정개혁이 실현되지 않음에 따라 재궐기를 계획하던 중, 청일전쟁의 우세를 이용하여 침략행위를 노골화하는 일본의 행태에 격분하여 다시 봉기하였다. 이때 전봉준은 남도南道 접주로서 12만의 농민군을 지휘하였으며, 북도北道접주 손병희의 10만 농민군과 연합하여 교주 최시형의 총지휘 하에 구국救國의 대일본전對日本戰을 개시하였다. 항쟁의 규모는 한때 중부·남부 전역을 비롯하여 함경남도와 평안남도까지 확대되었다. 그러나 근대적 무기와 화력을 앞세운 일본군과 관군의 반격에 패배를 거듭하다가 공주 우금치전투에서 대패하고 말았다. 이로써 패색이 짙어지자 전봉준은 농민군을 해산하고, 순창에 은신하여 동지 손화중, 김덕명, 최경선 등과 재거再擧를 모의하였다. 그러던 중 부하였던 김경천의 밀고로 12월 2일 체포되어 서울로 압송된 뒤, 1895년 교수형을 당하였다.

원효의 출생 상황은 바로 석가의 그것과 비슷하였다. 그의 어머니는 어느 날, 유성流星: 흔히 말하는 별똥별이 뱃속으로 들어와 요동을 치는 바람에 깜짝 놀라 꿈을 깼다. 그 직후 그녀는 아기를 잉태하였으며, 친정집으로 가던 도중 아랫배가 아파 어느 곳압량군 자인면 불지촌 밤나무 아래에서 쉬다가 아이를 해산하였다.

순간, 오색구름이 땅을 뒤덮고 향기가 진동하였다고 한다. 그때 남편의 옷을 그 밤나무에 걸어놓은 채 해산하였다고 해서, 그 밤나무를 '사라수'라고 불렀다. 그리고 나중에 여기에 절을 지어 '사라사'라 이름 지었으며, 자택까지 절로 개조하여 초개사라 불렀다.

지금도 경상북도 경산시 자인면의 한 언덕에는 신문왕 당시 원효가 지었다는 금당金堂: 석가모니를 모시는 대웅전을 가리킴 자리가 있고, 그 밑 골짜기에는 그의 아들 설총의 출생지로 전하는 자리가 남아 있다. 바로 이 자리가 원효가 태어난 곳이 아닐까 추측되기도 한다.

그런데 '사라밤'이라 불렸던 사라수의 밤栗은 유난히 커서, 다음과 같은 일화가 전해오고 있을 정도이다. 말하자면 후세에 이곳 사라사의 노비가 "한 끼의 식사로 주는 밤 두 알이 너무 적다."는 이유로 관가에 고발하였다. 그리하여 관리가 조사하여 보니, 밤 하나가 큰 사발에 가득 차지 않은가? 이 때문에 도리어 "한 끼에 밤 두 알은 너무 많으니, 한 알씩만 주라."고 판결했다는 것.

사라수(裟羅樹)

용뇌향과에 딸린 늘푸른큰키나무. 높이는 30미터 가량이고 인도 원산으로 히말라야, 인도 중서부에 분포한다. 옅은 갈색의 목재는 굵고 단단하고 잘 썩지도 않아, 건축재나 가구재로 쓰인다. 나무의 진은 역청 대용의 약재이고, 씨는 기름을 짜고 열매는 먹는다.

초개사(草係寺)

한 살 때부터 장부처럼 의젓한 자태를 풍겼던 원효는 일곱 살이 되자 산에 있기를 좋아하였다. 이에 조부가 초막을 지어주었는데, 초계사라 하였다는 설이 있다. 그러나 『삼국유사』에는 원효가 출가한 뒤 자신의 집을 '초개사(初開寺)'라 이름 지었다고 전해온다. 원효의 집터에 지었다는 초개사 터는 아직 확인되지 않고 있으나, 경산의 남쪽 삼성산 줄기 아래에 위치하고 있음은 분명해 보인다. 현재의 초개사가 있는 곳은 오래된 암자 터로 1907년 화재로 소실된 것을 최근에 중건한 것이다. (한국콘텐츠진흥원, 『문화원형백과』에서)

설총(薛聰, 655년~?)

원효와 요석공주 사이에 태어나 부친인 원효 버금가는 성인(聖人)으로 추앙받았다. 아버지가 불교에서 거목이었다면, 아들은 유교에서 거장이었다. 강수, 최치원과 함께 신라의 3대 문장가로 꼽히며, 이두(吏讀-한자의 음과 훈을 빌려 한국어를 적던 표기법)를 만든 이로 널리 알려져 있다.

4장

좋은 부모와 나쁜 부모

한 사람의 인격에 영향을 미치는 요인 중 부모만한 것이 또 있을까? 집안 환경이 좋거나 나쁘거나 부유하거나 가난하거나 간에, 부모가 어떠한 삶을 살고 또 어떻게 자녀를 대하느냐에 따라 많은 차이가 있다. 물론 철학자들 가운데에도 부모와의 관계가 원만하고 좋은 경우가 있고, 그렇지 못한 경우도 있다. 그런데 대개 동양 철학자들은 부모로부터 엄격한 교육을 받고 부모에 대해 공손했던 반면, 서양 철학자들은 부모로부터 사랑(혹은 냉대)을 받고 역시 부모에 대한 태도에 있어서도 자유분방한 모습을 보인 경우가 많았다.

아버지의 선한 영향력

●증자 ● 파스칼 ●

미국의 오바마 대통령은 2011년 '미국 아버지의 날'을 맞이하여, "나는 아버지 없이 자랐어요. 그래서 언제나 아버지의 빈자리를 느꼈습니다."라고 말한 바 있다. 그의 아버지 버락 후세인 오바마 시니어는 케냐 출신 경제학자였다. 그런데 오바마 대통령이 태어난 지 3년만인 1964년, 오바마 대통령의 친어머니와 헤어졌다. 오바마 대통령은 자서전에서 자신의 부친을 '재능이 있으나, 가족에 대한 책임 의식이 없는 사람'으로 묘사하였다.

그러면서도 자신을 처음으로 재즈 콘서트 장에 데려가주고, 크리스마스 선물로 농구공을 사주었던 것으로 기억한다. 아버지의 부재不在가 몰아온 공허함과 아버지의 존재가 선물한 그 충만함이 그가 '자녀들과 더 함께 있고자 노력하는 이유'가 아닐까 추측해본다. 그가 오랜 경험을 통하여 확실히 깨달은 것은 '좋은 아버지가 되려면, 아이들과 함께 있어야 한다.'는 것이다.

이 글을 쓰고 있는 필자 역시 괄괄한 성격의 부친을 두었고, 그래서 어린 시절 마음의 상처를 받기도 했다. 하지만 나의 아버지는 초등학교 5학년인 필자에게 『빨강머리 앤』이라는 책을 깜짝 선물하였고, 어느 여름밤 야외에 설치된 가설극장에 함께갈 때에는 두 손을 꼭 잡아주었다.

증자는 일찍부터 아버지 증석曾皙, =증점을 따라 공자의 문하에 들어갔다. 그런데 증자가 어렸을 때, 한번은 참외밭을 매고 있는 아버지 곁을 지나다가 참외 줄기를 상하게 만들었다. 이에 화가 난 아버지 증석은 작대기로 그

증자(曾子, 기원전 505~435년)
중국 전국시대의 유가사상가. 이름은 삼(參)이다.

를 때려, 그는 그 자리에서 정신을 잃은 채 쓰러지고 말았다. 온 집안 식구들이 놀라서 물을 끼얹고 야단법석을 떨었다. 그러나 그의 아버지는 하나 뿐인 자기 아들이 죽는다는 사실 자체보다도 스승의 가르침에 따르지 못했다는 사실을 더 부끄러워하였다.

"선생님이 아시면, 제자 중의 한 사람이 자기 자식을 죽였다고 얼마나 슬퍼하시겠는가? 설령 그것이 실수였다 할지라도 말이다. 과실過失이 없게 하려는 것이 선생님의 평생에 걸친 가르침이 아니었던가? 아, 나는 죄인이로다."

그렇다면, 증석은 과연 어떤 사람인가? 그의 성은 曾증이요, 이름은 蒧점. 자는 皙석이다. 노나라 남무성 사람으로, 증삼曾參=증자의 아버지이다. 공자보

다 6세 연하로 공자의 72 수제자 가운데 한 사람에 속한 그는 아들 증자와 함께 공자를 스승으로 모시고 배웠다. 그와 관련하여, 『논어』「선진先進」편에는 이런 내용이 나온다. 어느 해 봄날 공자가 20대 때부터 자신을 따라다닌 동향同鄉의 제자 자로, 증점, 염구, 공서화 등과 둘러앉아 각자의 포부를 말하게 하였다. 군사에 밝은 자로子路가 먼저 말했다 "어느 정도의 기반이 갖추어진 제후에게 발탁이 된다면, 3년 정도면 군사를 정비해서 이웃나라가 감히 얕잡아 볼 수 없는 강한 나라로 만들 자신이 있습니다." 경제에 밝은 염구冉求가 말했다. "그보다 좀 더 작은 제후국일지라도 나를 기용해서 일하게 해준다면, 경제적으로 풍족한 나라를 만들 자신이 있습니다." 그러자 또 예禮에 밝은 공서화가 말했다. "저는 예법을 통해 흐트러진 국가 기강을 바로잡겠습니다."

이때 한쪽에서 비파를 뜯고 있던 증석曾晳이 비파를 내려놓으며 말했다. "늦은 봄에 봄옷이 만들어지면 산뜻한 옷을 입은 친구 대여섯 명과 아이들 예닐곱 명을 데리고 기수沂水: 지금의 산둥성 린이 이수이 현에 가서 목욕을 하고, 무대 기우제 드리는 곳에서 바람을 쏘인 뒤에 노래하며 돌아오고 싶습니다."라고 대답했다. 이에 공자가 감탄하며, "나도 증석과 뜻이 같다."라고 동의한다.

기(沂)는 중국의 산둥성에 있는 기수(沂水)라는 강의 이름이고, 무우(舞雩)는 비를 내려달라고 하늘에 제사, 즉 기우제를 지내던 무우대(舞雩臺)를 지칭함. 곡부성 남쪽에 위치함. 고사성어에 "기수에서 목욕하고, 무우대에서 바람을 맞는다."는 표현이 있다.

평생 공자를 따라 다녔던 증석은 풍파를 겪을 때마다 어린 시절 친구들과 거리낌 없이 기수에서 물고기 잡고 물장구를 치면서 놀던 때를 그리워하였다. 그리고 바로 그 점에서 공자는 전적으로 공감을 표시한 것이다. 먼저의 세 사람이 인간사에 찌든 사람들이었다면, 증석은 전원의 소박한 생활을 잊지 않은 순수한 사람이었다고나 할까.

이처럼 마음에 들어 했던 제자의 아들이면서 또한 가장 어린 제자에 속한 증자에 대해서도 공자가 각별히 총애했으리라 충분히 짐작할 수 있다. 공자가 증자를 귀여워한 데는 또 다른 이유가 있었는데, 그것은 증자가 스승의 가르침에 충실하였을 뿐만 아니라 특히 효성이 지극했기 때문이다.

얼마 후, 의원의 치료로 증자가 깨어났다. 모든 사람들이 한결같이 "삼參이 효자이기 때문에 하늘이 살려준 것이다."고 하였다. 그런데 증자는 깨어나자마자 고통을 무릅쓰고 일어나 아버지에게로 갔다. 그리고는 "저의 주의가 게을러서 저지른 실수이기 때문에 아버지께서 힘들여 교훈을 주셨습니다. 손이 몹시 아프셨겠습니다. 근심을 끼쳐드려 죄송합니다."라고 빌었다. 그리고 나서 자기 방으로 들어가더니, 거문고를 뜯으며 명랑하게 노래를 불렀다. 이것을 보고, 사람들은 눈물을 흘리며 칭찬했다고 한다.

오늘날의 기준으로 보았을 때, 과연 이것이 올바른 교육방법인지에 대해서는 논란의 여지가 있으리라 생각한다. 하지만 결과적으로 아들이 훌륭한 학자로 성장했으니, 아버지의 영향력이 선하게 미친 것으로 봐야 하지 않을까?

서양 철학자들 중에도 아버지의 선한 영향력을 받은 경우는 얼마든지 있다. "인간은 생각하는 갈대다."라는 말로 잘 알려진 프랑스 출신 파스칼 1623~1662년은 유명한 명상록 『팡세』를 남긴 철학자임과 동시에 뛰어난 수학자이자 물리학자였고, 또한 독실한 신앙을 가진 경건한 금욕주의자였다. 그런데 그의 어머니는 세 자녀를 남겨두고, 뜻하지 않게 일찍 세상을 떠나고 말았다. 이에 그의 아버지에티엔 파스칼, 판사 출신 세무감독관는 대단히 상심하였다. 그러나 당시의 일상적인 관례와는 달리, 재혼하지는 않았다. 고등법원 부원장의 자리를 동생에게 넘겨주고 재산을 정리하여 파리로 옮겨간 그는 외아들(파스칼)의 교육에 온 정성을 기울였다.

파스칼은 날 때부터 허약한 체질을 가지고 있었다. 그러나 정신력만큼은 아주 비상하였다. 아버지는 그를 한없이 사랑하였고, 몸소 아들의 교육을 담당하였다. 그런데 그 교육의 근본원칙은 '어떤 경우에도, 아들에게 정도 이상의 교육을 시키지 않는다.'는 것이었다. 결코 천재교육 같은 것은 시도하지 않았던 것이다. 여덟 살 때 라틴어를 가르치는 것이 당시의 관례였지만, 아버지는 파스칼이 열두 살이 될 때까지 그 교육을 연기하였다. 그리고 무조건 라틴어를 습득하기에 앞서, 우선 '언어의 구조가 어떤 것이며, 왜 문법을 배울 필요가 있는지'부터 가르쳤다. 평생에 학교를 가본 일이 없는 파스칼이었지만, 이러한 아버지의 교육 속에서 그의 정신은 빠르게 성장할 수 있었던 것이다.

유클리드 기하학

그리스의 수학자 유클리드가 전개한 기하학. 고대 이집트에서 측량기술에 의해 얻은 도형에 관한 경험적 지식이 그리스로 전파되어, 이론적으로 정리되고 체계화되어 기하학이 되었다. 기원전 300년경, 유클리드는 이것을 집대성하여 『기하학원본』전 13권을 펴냈다. 중·고등학교에서 배우는 도형에 관한 성질을 주요 내용으로 하고 있으며, 초등기하학이라고도 한다. 19세기 초까지 다른 종류의 기하학은 한 번도 생각된 적이 없었기 때문에, 2천년 동안 '유클리드'라는 수식어조차 필요치 않았다.

또한 그의 아버지는 아들이 희랍어와 라틴어를 완전히 배울 때까지는 기하학을 가르치지 않을 생각이었다. 그래서 아들이 기하학에 대해 물었을 때, 그 일반적 개념을 건성으로 말해주었을 뿐이다. 그런데 어느 날, 그는 열두 살 된 아들이 원과 직선을 그리면서, 혼자 유클리드 기하학을 풀고 있는 것을 발견하였다. 그 명칭들을 모르는 까닭에 직선은 '막대기', 원은 '동그라미'라고 제멋대로 부르면서도 혼자 힘으로 '삼각형의 내각의 합은 2직각이다'라는 명제와 유클리드의 23가지 공리를 풀어냈던 것이다. 이에 눈물이 날만큼 감격한 아버지는 아들의 천재성에 경탄하고, 그 후부터 아들이 자유로이 수학공부를 할 수 있도록 도와주었다.

아버지는 열 네 살의 아들을 마랭 메르센느 신부가 주도하는 수학자 모임에 데려갔다. 그 모임에서 발표한 첫 작품이 바로 『원추곡선의 기하학』이었다. 이 소식을 들은 데카르트는 "믿을 수 없다. 이건 틀림없이 그 아이의 아버지가 써준 걸 거야."라고 힘주어 말했다. '수학의 천재' 파스칼은 아버지의 세금 징수를 도와주려고 계산기를 발명하였다. '파스칼리느'라 이름 붙여진, 세계 최초의 디지털 계산기였다.

파스칼은 "클레오파트라의 코가 1센티미터만 낮았더라면, 세계의 역사는 지금과 달라졌을 것이다"라는 유명한 말을 했다. 천하일색인 클레오파트라는 세기의 영웅 카이사르시저와 안토니우스를 사랑의 노예로 만들어, 이집트 왕국을 20년 동안 꿋꿋하게 지켜낸 여걸이었다. 카이사르로마 공화정 말기의 정치가이자 장군와 안토니우스클레오파트라를 아내로 삼았지만, 악티움해전에서 패하여 자살는 세계 최강의 군대를 가지고 있었지만, 봄바람 같은 클레오파트라의 유혹에 쉽게 무너졌다. 파스칼은 '아주 작은 사건 하나가 역사의 큰 줄기를 바꿔놓을 수 있다'는 의미로 이 말을 사용했다. 하지만 안토니우스가 클레오파트라를 위해 만들었다는 로마의 동전, 거기에 나타난 그녀의 형상은 그리 아름답지 않았다. 매부리코에 살이 찐 도톰한 모습. 특히 그녀의 코는 이상적인 로마 미인과 비교할 때, 상당

파스칼리느(Pascaline)

1642년 파스칼이 고안하여 제작한 계산 기계. 톱니바퀴가 서로 맞물려 돌아갈 때마다 덧셈의 '받아 올림'을 하거나 '받아 내림'을 하여 계산했다. 덧셈과 뺄셈은 가능했으나, 곱셈과 나눗셈은 되지 않았다. 몇 대가 제작되었는지는 불명하지만 7대가 현존하고 있으며, 1652년 파스칼이 직접 만든 개량형이 현재 파리공예학교 박물관에 있다. (정보과학용어연구회, 『컴퓨터 정보용어대사전』에서)

**클레오파트라 7세 필로파토르
(기원전 69~기원전 30년)**

이집트 프톨레마이오스 왕조의 마지막 파라오. 클레오파트라는 부왕이 죽은 후 18세가 되었을 때 남동생 프톨레마이오스 13세와 결혼하여 공동 파라오가 되었다. 처음에는 클레오파트라 7세가 이집트의 정치를 모두 관장하다시피 했지만 또 다른 남동생인 프톨레마이오스 14세와 프톨레마이오스 왕조의 권력 기반인 그리스계의 반대로 파라오 자리에서 일시 물러났다. 기원전 48년, 클레오파트라는 폼페이우스와 권력 투쟁을 벌이다가 이집트에 온 로마의 실력자 카이사르와 협상하여 파라오의 자리에 복귀했다. 그러나 옥타비아누스와의 전쟁에서 패한 후, 스스로 목숨을 끊었다.

히 긴 편이었다. 이에 더하여, 피부마저 좋은 편은 아니었다고 한다. 이런 점
에서 보았을 때, 클레오파트라는 미모보다는 세련된 매너와 현란한 화술을
이용하여 세계적인 영웅들을 무력화시킨 것이 아닐까 추측해본다.

2

아버지의 나쁜 영향력

• 밀 • 키르케고르 • 사르트르 • 마하비라 •

아버지의 영재천재교육이 반드시 좋은 결과를 가져오는 것만은 아닌 듯하다. 이 경우에 해당하는 첫 번째 철학자는 존 스튜어트 밀이다. 제임스 밀의 아이들 아홉 명 가운데 장남으로 태어난 존 스튜어트 밀처럼 특이한 교육을 받은 사람은 아마 없을 것이다.

벤담의 도움으로 마침내 경제 및 윤리학자로 명성을 떨치게 된 존의 아버지는 아들을 자기의 후계자로 키우기 위해, 어릴 때부터 그에게 철저한 천재교육을 시켰다.

존 스튜어트 밀(1806~1873년)

영국의 철학자, 제임스 밀의 장남. 공리주의를 신봉하였으나, "만족한 돼지보다는 불만족한 인간이 더 낫고, 배부른 돼지보다는 배고픈 소크라테스가 더 낫다"고 하여, 쾌락의 질적 차이를 인정하였다.

때문에 존은 이미 세 살 때 희랍어를 배웠는데, 그의 아버지는 아들에게 손수 단어장을 만들어주고 옆에서 꼭 붙든 채 모르는 게 있으면 물어보도록 했다고 한다. 존은 아침 소풍에 아버지를 따라 다니면서 전날의 독서 내용을 보고하고, 또 아버지의 질문에 대답을 해야만 했다. 만일 존이 대답을 잘 하지 못하면, 아버지는 때때로 화를 내기도 했다. 존은 아버지의 꾸중을 듣지 않기 위해 휴일도 없이 독서에 열중해야 했으며, 그리하여 같은 또래의 친구하고 놀 수도 없었다.

세 살 때부터 이솝이야기를 읽기 시작한 존은 다섯 살 때 그리스의 고전들을 독파하고, 여섯 살 때 기하학과 대수를 익혔으며, 일곱 살 때에는 플라톤을 원서로 읽었다. 여덟 살 때에 라틴어를 배워 4년 후에는 이에 능통했다고 한다. 열 살 때 뉴턴의 저서를 공부하고, 로마정부의 기본이념에 관한 책을 썼다. 그리고 열 살 이전부터 동생들에게 자신이 3살 때부터 배운 그리스어를 가르쳤는데, 이는 배운 것을 더 잘 이해할 수 있도록 하기 위한 아버지의 특별한 배려였다. 열한 살 무렵에는 물리학과 화학에 관한 논문들을 두루 읽었으며, 열두 살 때에는 아리스토텔레스, 열세 살 때에는 애덤 스미스, 그리고 열여섯 살 때에는 계몽주의 철학을 공부했다. 그리고 열일곱 살에

동인도 회사(東印度會社)
17세기 초 영국·프랑스·네덜란드 등이 동인도에 설립한 무역회사이다.

동인도 회사의 공무원이 되었다. 이곳에서는 아버지와 마찬가지로 인도에 보내는 통신문을 책임지는 수석조사관의 일을 했는데, 사실 이는 전문적 지식을 갖춘 당대 일류의 인재들이 기용되는 자리여서 연봉이 인도청 장관과 거의 맞먹는 수준이었다. 밀은 이를 기회로 삼아, 자신의 사상을 동인도회사의 인도 통치정책에 반영하기도 했다. 이상에서 보듯, 밀은 한 번도 정규교육을 받지 못했다.

지식을 위주로 한 그 교육은 그 자신에게 마침내 정신적 공황상태를 몰아왔다. 스무 살 무렵, '아무런 삶의 목적을 찾을 수 없다.'는 일종의 무력감에 빠지고 만 것이다. 그는 자신이 받은 교육에 대해 "많은 분량의 지식을 주입받은 대부분의 소년·청년은 정신 능력이 강화되기보다는 오히려 많은 지식 때문에 지나치게 무거운 짐을 진 셈이 되고, 남들을 따라 할 줄 밖에 모르는 앵무새가 되기 쉬우며 남들이 만든 길 위에서만 자신들의 지식을 써먹는 경우가 많다"고 밝히고 있다. 다행히 이후 시를 비롯한 예술 등 아름다운 것들에 취미를 붙이고, 남편과 사별한 핼리엇 테일러와 결혼을 함으로써 정신적으로 회복되긴 했다.

그런데 일반인들의 예상과는 달리, 밀 그 자신은 어린 시절에 대해 감사해했다. 아버지가 자신의 교육에 할애한 시간을 그 분의 '희생'이라고 표현하면서, "영어도 완벽하게 구사하지 못한 3살짜리 어린아이에게 그리스어까지 이해시키면서 단어장을 만들어 가르치는 것은 학자의 한 사람으로서 대단한 시간낭비였을 것이다. 그가 아무리 천재라 해도."라고 말하고 있다. (나무위키, 『존 스튜어트 밀』에서)

존밀이 이렇게 표현한 데에는 아버지의 교육이 실제로는 주입식이 아니었다는 의미도 들어있는 것 같다. 물론 주입식 측면이 없는 것은 아니지만, 궁극적인 방향은 그것과 정반대였다는 것. 존밀 자신의 말에 의하면, "아버지는 배운 것을 기억력 연습으로 끝나게 두지 않았으며, 내가 받은 교육은 주입식 교육이 아니었다." 아버지는 가르치기 전에 아들이 스스로 그러한 개념들을 이해하도록 혼자 생각할 시간을 주었고, 아들이 다방면으로 이해하기 전까지는 가르치지 않았다고 한다. 가르치려는 분야와 관련된 책을 건네주며 여러 번 읽게 하여, 그 안에 담긴 저자의 뜻을 완전히 파악하도록 했다.

그리고 그에 대한 의견 및 이해도를 정확히 측정할만한 질문을 던지는, 이른바 질의응답 식 교육을 시행하였던 것이다 .

그리고 아들의 나이가 10살이 넘어갔을 때에는 여러 가지 논점에 대하여 토론하는 시간을 많이 가졌다. 풍성한 표현력을 발달시키기 위해 유명한 고전 시들을 읽게 하고 또한 자신만의 시를 쓰도록 하였으며, 물리학이나 화학 같은 자연과학의 분야에 대해서도 논문을 읽고 그에 대한 의견을 피력할 수 있게 하였다. 또한 (앞에서 말한 것처럼) 더 나은 이해를 돕기 위해, 틈이 나는 대로 동생들을 가르치게 하였다. 그럼에도 존이 싫어하는 공부가 있었는데, 그것은 바로 산술算術이었다. 아버지는 학습에 흥미를 돋우기 위해 『아라비안나이트』나 『돈키호테』 같은 재미있는 작품들도 빌려다주었다.

이 뿐만이 아니라, 아들이 교만하게 될까봐 늘 경계하였기 때문에 어린 시절의 존은 자신이 남들보다 특출하다고 생각해본 적이 없다고 한다. "나는 오히려 타고난 재주에 있어서는 평균 이하였으며, 누구라도 할 수 있는 일이었다." 또 아버지는 아들이 또래들에게서 나쁜 영향을 받거나 세상의 나쁜 풍조에 물드는 것을 경계하여, 또래들이 관심을 쏟는 예체능 방면은 그냥 내버려두었다고 한다. 이 때문에 존은 성장 과정에서 지적인 정신활동 이외의 부분에서는 거의 자극을 받지 못했다고 회상하고 있다. 이와 관련하여, 존은 손재주와 같은 일상적인 일에 서툴러, "부주의하고 똑똑하지 못하며, 또 대체로 생각이 느릿하다고 늘 꾸중을 들었다."라고 고백하고 있다. (나무위키, 『존 스튜어트 밀』에서)

앞서 말한 대로, 쇠렌 키르케고르의 어머니 안네는 원래 그 집의 하녀였다. 여덟 살에 학교에 들어간 쇠렌키르케고르은 비록 몸이 허약하긴 했으나 대단히 머리가 좋았다. 그러나 별로 말이 없었을 뿐 아니라 친구를 사귀지도 않았다. 열일곱 살에는 아버지의 소원에 따라 코펜하겐 대학 신학과에 입학하였다. 그 해에 친위대에 입대했다가 신체 허약으로 곧 제대하였다. 다시 대학에 들어가 신학을 공부했으나 점차 문학과 철학 쪽에 관심이 쏠렸다. 그러다가 얼마 후에는 아예 공부에 흥미를 잃어버리고 거리를 배회하거나 극장, 다방에 출입하기 시작했다. 국가 신학고시도 포기하였다. 형과의 사이도 좋지 못하였는데, 또 불과 3년 사이에 어머니와 세 형들이 죽고 말았다.

키르케고르는 스물세 살에 무서운 비밀을 알게 된다. 바로 아버지에 대한 비밀. 아버지 미카엘 페데르센 키르케고르는 우울한 성격에 늘 근심걱정이 많았다. 하지만 종교심이 깊은 데다 매우 총명한 사람이기도 했다. 때문에 미카엘은 자신이 저지른 죄과를 하루도 잊은 적이 없었다. 그 죄란 어린 시절 유틀란트 황야에서 심한 추위와 배고픔에 시달린 나머지 하나님을 저주했다는 것과 하녀와의 혼외정사로 아이를 낳게 한 죄였다. 이 부분에서 하나님의 진노를 샀기 때문에, 어떤 형태로든지 처벌을 받을 수밖에 없다고 여겼다. 때문에 그는 자기 자녀들이 예수가 이 세상에 살다 간 나이인 33세를 넘기지 못하리라고 믿었다. 더욱이 그의 일곱 자녀 중 상당수가 어린 나이에 죽음으로써 그의 믿음을 공고히 해주었다. 그러나 자녀 가운데 두 명, 쇠렌과 그의 몇 살 위의 형 페테르 크리스티안이 33세를 넘어서까지 생존했을 때, 비로소 자신의 믿음이 틀렸음을 깨달았다. 페테르는 나중에 신학자가 되어 정부에서 활동했을 뿐 아니라, 루터교 주교를 지내기도 했던 사람이다.

쇠렌의 아버지는 죄책감에 시달리면서도 예수 그리스도의 은총으로 죄를 용서받고 영혼의 구원을 받고자 했던 독실한 개신교 신자였다. 그는 종교적인 우울증에 시달렸음에도 불구하고, 막내아들과의 관계는 매우 친밀한 편이었다. 막내인 키르케고르는 아버지와 함께 놀면서 상상력을 맘껏 키워나갔다. 신실한 크리스천으로서의 미카엘은 막내아들 쇠렌(키르케고르)에게 엄격한 개신교 교육을 베풀며, 마음속으로는 그가 신학교를 나와 목사가 되기를 간절히 원했다. 쇠렌은 누구보다 아버지를 따랐기 때문에 그의 암울한 성격, 신앙심, 그리고 가르침에 의해 많은 영향을 받았다. 그러므로 쇠렌의 암울한 성격과 '어떻게 진실한 그리스도인이 될 수 있을까?'라고 하는 평생의 문제의식은 아버지로부터 고스란히 물려받은 것이라 말할 수 있다. 이런 의미에서, 그의 위대한 저작들은 아버지로부터 물려받은 유산의 산물이라고 해도 과언이 아닐 것이다.

임종을 맞이한 미카엘은 막내아들에게 "개신교 목사가 될 것이냐?"고 물었다. 그리고 82세의 나이로, 1838년 8월 9일 사망하였다. 아버지의 종교적 체험과 삶에 깊은 영향을 받았던 쇠렌은 어쩐지 아버지의 말씀에 따라야 할 것 같은 생각이 들었다. 이틀이 지난 8월 11일, 키르케고르는 자신의 심정을 다음과 같이 기록하였다.

"나의 아버지는 수요일에 돌아가셨다. 나는 정말로 그 분이 몇 해라도 좀 더 오래 살아 있었으면 하고 바랐다. 그리고 나는 그 분의 죽음이 그 분이 나를 사랑해서, 나를 위해 바치는 최후의 희생제사인 듯이 지켜보았다. … 만약 가능하다면, 그 분은 내가 조용히 무엇인가로 변화하게 하기 위해서, 나를 위해 죽었을 것이다. 나는 그 분에게서 모든 것을 물려받았고, 나는 그 분의 모든 것이 흩어졌다가 다시 모여 합쳐진 존재이고, 나는 그를 쏙 빼닮아 약간 변형된 그의 초상화처럼 보인다. … 나에게 소원이 하나 있다면, 내가 신중하게 해야만 하는 일이 있다면, 그것은 이 세상으로부터 그의 기억을 안전하게 숨겨서 보호하는 일이다." (위키백과, 『쇠렌 키르케고르』에서)

장 폴 사르트르의 아버지는 해군 장교였고, 어머니는 '원시림의 성자'로 유명한 슈바이처의 사촌으로 자존심 강한 여인이었다. 하지만 그의 아버지는 사르트르가 두 살 때 인도차이나 전쟁에서 얻은 열병 후유증으로 죽었기 때문에, 처음부터 그에게는 아버지가 없는 것이나 다름없었다. 그럼에도, 사르트르는 아버지 없는 어린 시절을 오히려 축복이었다고 말한 적이 있다.

"좋은 아버지란 이 세상에 존재하지 않는다. 만일 나의 아버지가 오래 살았다면, 그는 나의 머리 위에 군림하며 나를 억압하고 있었으리라…나는 내 위의 어떤 존재도 인정하지 않는다."

아버지가 죽은 뒤, 사르트르는 외가로 갔다. 뒷날 사르트르는 그의 자서전에서 선천적 근시와 사시斜視, 외갓집의 생소함 등 이때 겪은 심리적 부담에 대해 밝히고 있다. 여섯 살 때에는 외할아버지 샤를 슈웨체르가 파리에 외국어연구소를 설립하여 그곳으로 이사했기 때문에 다시 파리로 돌아왔다. 외할아버지는 사르트르를 몹시 귀여워하였고, 그에게 문학에 대한 호기심을 심어주었다. 굉장한 독서가였던 외할아버지의 커다란 서재 안에서, 사르트르는 마음껏 책을 꺼내 보았다. 책 속에서 어린 시절을 보낸 것이다. 아홉 살이 되자 센 강가의 헌 책방을 뒤져 모험소설을 비롯한 문학 서적을 500여 권이나 구입하여 읽어나갔다.

그러나 열한 살 때1916년 어머니가 재혼함으로써 그는 의붓아버지 밑에서 살아야 했다. 그의 생애 가운데 '가장 불행한 3~4년'을 보내는 동안 그가 특별히 구박을 받았다거나 미움을 샀다는 증거는 없다. 하지만 지성적으로나

장 폴 사르트르(1905~1980년)

프랑스의 철학자이자 작가. 1964년 노벨문학상 수상자로 지목되었으나 수상을 거부했다.

슈바이처

독일의 의사, 음악가, 철학자, 목사. '생명에 대한 경외'라는 철학이 인류의 형제애를 발전시키는데 기여했다는 이유로 1952년 노벨평화상을 받았다.

샤를 슈웨체르

프랑스 파리 소르본 대학교의 독문학 교수이며 슈바이처 박사의 백부이다.

감성적으로 매우 예민한 감각을 가진 이 소년이 자신의 존재에 대해 무력감을 강하게 느꼈을 것만은 분명해 보인다. 그의 작품 가운데 유난히 자유를 주제로 한 것이 많은 까닭은 이러한 개인적인 체험에서 비롯된 것이 아닐까? 가령, 그의 어머니는 그가 조금이라도 떠들며 장난을 치면 "애야, 조용히 해라. 여기는 우리 집이 아니야!"한다거나, 혹은 "그것은 만지지 마라! 우리 것이 아니니까."하고 억압했던 것이다.

그러나 '자유'와 관련하여, 어린 사르트르가 다른 아이들보다 더 많은 자유를 누렸다는 관점도 있다. 예컨대, 그는 아버지의 속박으로부터 일찌감치 벗어나 있었으며, 외할아버지 댁에 얹혀사는 처지에서 특별히 자신의 존재를 눈여겨보거나 자신에게 기대를 거는 사람이 없었을 수도 있다. 그 덕분에 어머니를 따라 고서점에 가서 독일어 책을 읽고 수백 쪽의 이야기를 쓸 수 있었는지도 모른다. 스스로를 '잉여 인간'으로 간주한 사르트르는 자신의 운명은 스스로 개척해나가야 한다는 신념을 일찍부터 가졌을 수 있다는 뜻이다. 『실존주의는 휴머니즘이다』라는 조그만 책자에서, 그는 실존주의 사상을 이렇게 설명하고 있다.

"도구와 같은 존재에 있어서는 본질이 존재에 앞선다. 하지만 개별적 단독자인 실존에 있어서는 존재(실존)가 본질에 앞선다. 인간은 우선 실존하고, 그 후에 스스로 자유로운 선택과 결단의 행동을 통하여 자기 자신을 만들어나간다."

이는 실존주의 철학의 핵심임과 동시에 사르트르 자신의 평소 가치관이자 인생관기이도 하다.

기원전 1500년경부터 형성된 힌두교 경전 [베다]는 이후 수천 년간 인도

인의 사고방식을 규정하였다. 그러다가 기원전 6세기경에는 상공업이 발전하고 새로운 문화가 일어나며 종교 개혁 운동이 시작되었다. 그중에서도 가장 두각을 나타낸 두 가지 운동은 자이나교와 불교였다.

자이나교의 창시자로 알려진 '마하비라'는 본명이 아니라 "위대한 인물"이나 "영웅"이라는 의미의 경칭이다. 그의 생애는 알려진 바가 많지 않다. 그러나 전승을 따라 정리하면 다음과 같다. 마하비라의 본명은 '바르다마나'이며, 초기 불교 경전에서는 '니간타 나타푸타'로 일컬어졌다. 기원전 599년에 바이살리 인근의 크샤트리아 가문에서 태어났다. 군주의 아들이었던 마하비라는 어려서부터 호화롭고 사치스런 생활을 즐겼다.

그러나 그의 부모는 사후의 영생永生을 저주스럽게 여기고, 동시에 자살을 용인하는 종파에 속해 있었다. 그들은 자살을 심지어 바람직스럽다고 보는 교리에 따라 스스로 굶어죽고 말았다. 이와 같은 일을 눈여겨 보아온 마하비라는 모든 현세의 기쁨을 포기하고, 금욕주의자로서 일생을 보내기로 맘먹는다. 마침내 그는 30세 때 지위와 재산을 버리고 구도자의 길에 접어들었다. 처음에는 다른 교단의 수행자와 함께 수도했지만 나중에는 독자적인 길을 개척했으며, 금욕과 불살생의 원칙을 철저하게 지키며 12년간 고행을 했다.

마하비라는 13년째 해의 여름에 깨달음을 얻었다. 자신의 육체를 비롯한 물질세계, 그리고 모든 욕망에 대한 승리를 거둔 '지나'(Jina), 즉 '정복자'가 된 것이다. 바로 여기서 '자이나교Jainism=Jaina敎. 인도의 금욕주의 종교'라는 명칭이 나왔다. 이후 마하비라는 30년간 신도들을 이끌고 가르치다가 기원전 527년에 72세를 일기로 해탈했다고 전한다.

자이나교에서는 인간의 행위 하나하나마다 쌓인 업業이 마치 티끌처럼 영혼에 달라붙기 때문에, 생애 중에 엄격한 금욕과 고행을 통해서 영혼을 정화淨化할 필요가 있다고 주장한다. 영혼은 불멸의 존재이지만, 물질계를 벗어난 상태에서만 순수하다고 보았다. 불교와 마찬가지로, 윤회에서 벗어나 해탈을 성취하는 것을 급선무로 여겼다. 심지어 단식을 통한 자살까지도 해탈을 성취하는 방법 가운데 하나로 인정하였던 것이다.

그래도 해탈을 성취하는 가장 확실하고 빠른 길은 금욕과 고행이었다. 마하비라의 가르침은 후대에 '다섯 가지 서약五大誓約'으로 요약되었는데, 첫째, 어떤 생물도 죽이지 않는다불살생. 둘째, 어떤 거짓말도 하지 않는다. 셋째, 어떤 탐욕도 지니지 않는다무소유. 넷째, 어떤 음욕도 품지 않는다. 다섯째, 어떤 집착도 갖지 않는다. 보다시피, 다른 종교들과 그 뜻은 흡사하다. 하지만 구체적인 세부항목에 들어가면 이야기가 달라진다. 워낙 엄격하다 보니, 수도자가 아닌 일반 신도는 차마 지킬 수가 없을 정도.

"승려들은 대지의 육신을 해치지 않기 위해 땅을 파지 않는다. 그들은 물의 육신을 해치지 않기 위해 수영과 목욕, 또는 빗속에 걷는 것을 피한다. 불의 육신을 해치지 않도록 불을 켜거나 끄지 않는다. 공기의 육신을 해치지 않기 위해 갑작스런 운동을 하지 않는다. 길가에 자라고 있는 식물을 해치지 않기 위해 걸을 때에도 극도로 조심하고 있다. 그들은 보통 작은 식물들이 밟히지 않도록 옆으로 치우기 위해 앞길을 [빗자루로] 쓸고 간다. 그리고 공중에 있는 생명체를 들이마셔 파괴하지 않도록 코를 헝겊으로 가리고 있다." (존 M. 콜러, 『인도인의 길』에서)

20세기의 인물 중에서 자이나교의 영향을 크게 받았을 것으로 추정되는 대표적인 인물은 바로 '마하트마' 간디다. 어린 시절의 간디는 자이나교의 세력이 두드러진 뭄바이 인근에서 자라났고, 종종 집안을 드나들던 자이나교 성직자들로부터 이런저런 도움과 조언을 얻었다고 회고한 바 있다. 따라서 간디가 고수한 철저한 채식주의와 비폭력 사상 역시 자이나교에서 상당 부분 영향을 받았으리라 추측된다.

그야 어떠하든, 자살을 용인하는 부모 밑에서 어떻게 이런 교리를 주창한 교주가 나왔는지 알다가도 모를 일이다. 수도사들은 기본적으로 채식주의자이다. 하지만 무화과처럼 작은 씨앗이 많이 들어있는 과일은 먹을 수 없었는데, 왜냐하면 그런 씨앗 하나하나가 생명이라고 여겼기 때문이다. 똑같은 이유로 벌꿀도 먹을 수 없었고, 심지어 물을 마실 때에도 헝겊에 걸러 마셨다. 하지만 불살생의 원칙은 여전히 지키기가 쉽지 않았다. 가령 농사를 지을 때 해충이나 가축을 죽이는 일이 비일비재했기 때문이다. 따라서 자이나교 신도들은 점차 농업 이외의 사업, 특히 상업으로 진출하여 상당한 세력을 형성하게 되었다. 아울러 자이나교는 비록 평신도라도 상당히 높은 수준의 도덕을 실천함으로써 사회적으로 큰 존경을 받게 되었다.

지금까지 살펴본 것처럼, 처음에는 '아버지로부터 나쁜 영향력'을 받았을지 몰라도, 그것을 바탕(혹은 교훈)으로 삼아 보다 좋은 방향으로 나아간 철학자들이 제법 많이 있었다.

3

어머니의 선한 영향력

• 맹자 • 구마라습 • 이이 • 아우구스티누스 •

어머니의 선한 영향력을 이야기할 때, 그 첫머리에는 반드시 맹모가 들어가야 할 것으로 생각된다. 맹자는 세 살 때에 아버지를 여의고 편모슬하에서 성장하였다. 그러나 말썽꾸러기였던 데다 특히 모방성이 강한 맹자는 주위 지방의 습속習俗을 곧잘 흉내 냈기 때문에 그 모친이 세 번 이사 다니며 가르쳤다고 하는 맹모삼천지교孟母三遷之教가 유명하다. 전한前漢 말의 학자 유향劉向이 지은 『열녀전』에 나온 내용을 보면, 다음과 같다.

맹자가 어렸을 때, 그 집이 공동묘지 근처에 있었다. 그가 노는 모양을 보니, 무덤을 만들고 발로 달공하는 흉내를 내었으므로 맹자 어머니는 "이곳은 아이를 기를 만한 데가 못된다."고 하고는, 시장 근처로 이사를 하였다. 그

달공
장례절차의 마지막 의식으로, 관을 내린 다음 흙을 덮고 땅을 다질 때 부르는 노동가요. "에헤이 달공~"으로 시작된다.

런데 여기서는 놀이를 하되, 물건을 사고파는 장사꾼의 흉내를 내는 것이 아
닌가? 이에 맹모는 "이곳도 아이를 교육할 만한 곳이 못된다."고 하여, 이번
에는 학교 근처로 이사하였다. 그러자 여기서는 놀이를 하되, 제기祭器: 제사 의
식에서 사용되는 그릇 및 관련 도구들를 차려놓고 어른에게 인사하거나 겸손하게 양보
하는 예절을 다하는지라. 이때에 맹모는 비로소 마음을 놓고, "이 곳이야말
로 참 자식을 가르칠 만한 곳이구나."하고, 그곳에서 살게 되었다.

이러한 어머니의 노력으로 맹자는 유가의 뛰어난 학자가 되어 아성亞聖: 공자
다음 가는 성인이라고 불리게 되었으며, 맹자 어머니는 고금에 현모양처賢母良妻의
으뜸으로 꼽히게 되었다. 이 이야기는 자녀교육에 있어서 환경이 미치는 영
향이 얼마나 큰 것인가를 말해주는 것이며, 또한 어린이들이 얼마나 순진무
구한가를 암시하는 것이기도 하다.

맹모가 모성교육의 사표師表: 학식과 인격이 높아 세상 사람의 모범이 되는 일, 또는 그런 사람으로 후세에 길이 빛나는 이유도 여기에 있다고 하겠거니와, 이밖에도 유명한 이야기가 몇 가지 더 있다. 맹자가 어렸을 때, 나가 놀다가 이웃집에서 돼지 잡는 것을 보고 뛰어 들어가서 어머니에게 물었다. "돼지는 왜 잡습니까?" 그때에 어머니는 무심코 "너를 먹이려고 그런다."고 대답하였다.

물론 이때까지만 해도 고기를 사다 먹일 생각은 없었다. 그러나 맹모는 조금 있다가 크게 후회하여 말하기를, "내 듣건대 예전에는 태교(胎教)도 있었다는데, 이 아이가 무엇을 알려고 묻거늘 내가 만일 거짓말을 한다면 이것은 불신을 가르치는 결과가 된다."고 하여, 결국 그 돼지고기를 사다 먹였다.

맹자는 본래 노나라 사람이었으나, 나중에 추나라 땅지금 산동성 추현으로 옮겨와 추나라 사람이 되었다. 그는 얼마 지나지 않아 학교에 나가게 되었고, 공부 또한 열심히 하였다. 몇 년 후 선생님이 그를 불러서 "너는 내게서 배울 것을 다 배웠으니, 이제부터 여기에 나올 필요가 없다."고 하였다.

이리하여 맹자는 노나라 서울인 곡부로 가서 공자의 손자인 자사의 문하에 들어가 배우기 시작하였다. 맹자는 공자가 태어난 곳에서 6리 밖에 안 되는 거리에 있었기 때문에, 일찍이 그를 사숙私淑: 누구를 마음속으로 본받아 그의 저서나 작품 등을 통해 간접적으로 배운다는 뜻하고 그와 같은 성인이 되는 것을 목표로 삼았다고 한다. 얼마 후 맹자는 말 타기를 배우다가 넘어져 팔을 다쳤는데, 어머니와 헤어진 지도 오래고 하여 고향으로 갔다. 그때에 맹모는 마침 길쌈을 하다가 "너의 공부가 얼마나 성취되었느냐?"고 물었다. 맹자는 대답하기를 "별로 나아진 바가 없습니다."라고 하였다. 이 말을

자사(子思, 기원전 483?~402년?)
노나라의 유학자였다. 공자의 손자이자 공리(孔鯉)의 외아들로 할아버지의 제자인 증자의 제자가 되어, 유교의 맥을 이어갔다. 맹자가 자사로부터 직접 배운 것은 아닌 것 같다.

길쌈
누에고치, 삼, 모시, 목화 등의 섬유를 가공하여 명주, 삼베, 모시, 무명 등의 피륙을 짜던 일

들은 맹모는 칼을 들고 길쌈하던 것을 끊으며 말하기를 "네가 공부를 하다가 중단하는 것은, 마치 내가 이 칼로 여태까지 애써서 짜던 이 길쌈을 끊는 것과 같다."고 하니, 맹자는 크게 깨닫고 아침저녁으로 부지런히 공부하며 쉴 줄을 몰랐다. 이것을 맹모의 단기지교斷機之教: 학업을 중간에 그만두는 일은 짜던 베의 날을 끊는 것과 같아 아무런 이익이 없다는 뜻. 학업을 중단해서는 안 된다는 것을 경계하는 말이라고 한다.

『한시외전』에는 맹자가 이미 사회인으로 활동할 때도 그 어머니의 교훈이 의연하였음을 기록하고 있다. 맹자의 아내가 어느 날 방안에 혼자 있을 때에 걸터앉았다. 그때 마침 맹자가 문을 활짝 열고 들어오다가 그 모습을 보았다. 맹자는 곧 모친을 뵈옵고 하는 말이 "아내가 무례하니 버려야 하겠습니다."하고 청하였다. 맹모가 "무슨 이유인가?"라고 묻자, 대답하되 "아내가 걸터앉았습니다."라고 말하였다. 맹모는 다시 묻되 "네가 어떻게 그것을 보았느냐?"고 하니, 맹자는 "제가 그것을 직접 보았습니다."고 대답하였다.

이 말을 듣고 난 맹모는 말하기를 "그것은 네가 무례한 것이지, 네 아내가 무례한 것은 아니다. 오례에 말하지 않았더냐? 장차 대문에 들어갈 때는 누가 있느냐고 묻는 법이고, 대청 위에 올라갈 때는 반드시 기침소리를 내는 법이며, 또 방안에 들어갈 때는 반드시 앞만 보고 남의 좋지 않은 점은 보지 말라고. 그런데 네가 갑자기 방에 들어가면서 사람의 기척도 내지 않았기 때문에 네 아내가 걸터앉은 모습을 보게 된 것이니, 이것은 네가 무례한 것일 뿐 어찌 너의 아내가 무례하단 말이냐? 그런데 또한 네가 무례한 것은

『한시외전(韓詩外傳)』
한나라 때 한영(韓嬰)이 지은 책이다. 한영은 내전(內傳) 4권, 외전 6권을 저술하였으나, 남송(南宋) 이후 겨우 외전만 전해졌다.

오례(五禮)
조선의 사대부가 예(禮)를 실천하는 데 활용된 문헌은 중국의 주자가 쓴 『주자가례』이다. 이곳에는 관혼상제에 관한 내용이 자세히 기록되어 있는데, 예컨대 친족이 죽었을 때 상례 방식, 부모상을 당하면 3년 상을 지낼 것, 가묘나 사당의 설립에 관한 규정 등이다.

너에게 예법을 잘 가르치지 못한 이 어미에게 죄가 있으므로, 그 벌은 내가 받아야 한다.”고 하며 스스로 자신의 종아리를 피가 나도록 때렸다. 이에 맹자는 무안해하며 자신의 잘못을 깊이 뉘우쳤다고 한다.

구마라습344~413년의 아버지 구마라염鳩摩羅炎은 천축天竺, 인도 북부에서 재상의 지위를 버리고 출가하여 서역으로 왔다. 부귀공명을 버리고 출가했다는 그의 소문이 구자국 왕의 귀에 들려왔고, 왕은 그를 영접하여 국사國師로 삼고 자신의 누이동생과 결혼하게 했다. 얼마 후에 구마라습 형제가 태어났다.

나습구마라습의 모친은 그 후 세월의 무상함을 느끼던 차에 묘지 사이를 비집고 나온 백골들을 보고 많은 번뇌 가운데에서 출가를 결심한다. 이에 남편이 반대하자 그녀는 단식으로 항의하였다. 6일 동안의 단식 끝에 허락을 받았고, 이때 일곱 살이었던 나습은 그 모친을 따라 나섰다. 이로 인하여 모자는 구자국을 떠나 주변의 작은 나라들을 떠돌아 다녔다.

구마라습은 이 무렵부터 원시 경전인 『아비달마대비파사론阿毗達磨大毗婆沙論』을 배우기 시작했다. 날마다 1천 개의 게송(부처님의 가르침이나 공덕을 읊은 운문)을 암송했는데, 한 개의 게송이 서른두 자字여서 하루에 외운 글자가 모두 3만 2천 자에 달했고 이를 보고 당시 사람들이 신동神童이라 불렀다고 한다. 구마라습의 나이 9세 때에는 어머니와 천축 북부의 계빈국罽賓國, 지금의 카슈미르 지역에서 불법佛法을 익혔는데, 이때 명승 반두달다盤頭達多에게서 소승 경전을 배웠다. 3년 후 다시 어머니를 따라 고국으로 돌아가는데, 도중에 월지북산月支北山에서 이름을 밝히지 않은 수행승을 만나게 되었다. 그는 구마라습에게 다음과 같은 예언의 말을 던졌다.

“그대는 나이가 35세에 이를 때까지 계율을 깨뜨리지 않아야 한다. 그러면 장차 아육왕기원전 3세기에 인도를 통일한 아소카 왕의 우파굴다아소카 왕을 불교에 귀의시킨 승려와 같이, 불법을 세상에 널리 알릴 것이다."

아버지가 병으로 세상을 떠난 후, 구마라습은 수리야소마須利耶蘇摩를 스승으로 삼아 대승불교를 배웠다. 이때 주로 중관파의 여러 책들을 연구했고, 수리야소마에게 직접 『법화경』 등의 경전을 전수받았다. 20세가 되어 구족계具足戒, 승려로써 지켜야 할 계율를 받았고, 이후 점차 서역에서 명성을 떨쳤다.

379년 승려 승순僧純, 담충曇充 등이 구자국에서 돌아와 "구마라습이 매우 신통하며 대승불교에 정통하다."는 말을 전해주었다. 그러자 장안長安, 지금의 산시성 시안 시의 고승인 도안이 세조 부견에게 구마라습을 초청할 것을 권했다. 그러나 부견의 초청을 받았음에도 구마라습은 이에 응하지 않았다. 그러자 382년 부견은 대장 여광으로 하여금 병사 7만 명을 거느리고 구자국을 공격하도록 명령했다. 그리고 2년 후 여광이 구자국을 멸하고 구마라습을 사로잡아왔다. 하지만 부견은 구마라습의 젊음을 보고 평범한 사람으로 여겨 그를 희롱한 다음, 강제로 구자국의 왕녀를 아내로 맞이하도록 했다. 처음에 구마라습은 이를 수락하지 않고 버텼다. 그러나 여광이 독한 술을 마시게 하여 왕녀와 강제로 관계를 맺게 했다.

여광은 구마라습을 데리고 중국으로 향했다. 그런데 행군 도중 구마라습이 산에 홍수가 날 것이라 예언했다. 여광은 그의 말을 무시했다. 그러나 얼마 후, 갑자기 큰 비가 내려 홍수가 났다. 이때부터 여광은 그의 신통력을 알아보고 두려워하기 시작했다. 여광 일행이 중국에 도

여광(呂光)

중국 5호16국시대 후량의 제1대 왕(재위 386~399) 전진의 부견 아래에서 장수로 활약하는 동안 서역 일대를 평정했다. 그러나 부견이 동진(東晉)에게 크게 패하자 따로 독립하여 후량을 세웠다.

전진(前秦)

중국 5호16국의 하나(351~394년). 진(秦)이라고도 부른다. 351년 저족의 추장 부건이 장안을 공략하여 도읍으로 정하고, 왕이라 칭하며 국호를 대진(大秦)이라 하였다. 제3대 부견 때 5호시대 왕조 중 가장 융성했다. 부견은 다른 호족국가의 군주들과 마찬가지로 불교를 보호하였으며, 특히 승려 도안을 후대한 일은 잘 알려져 있다.

요흥(姚興)

중국 5호16국 시대 후진(後秦)의 제
1대 왕 요장의 맏아들이자 제2대 왕(
재위 394~416년). 전진을 멸망시키
고 관중(關中)의 패권을 장악. 그러나
복속되어 있던 세력들이 다시 각지를
할거하는 가운데 요흥의 아들들이 왕
위 계승을 둘러싸고 대립하면서 후진
의 국력은 점차 약화되었다. 51세로 사
망하였다.

용수(龍樹, 150?~250?)

인도의 승려. 대승불교의 교리를 체계
화하는 데 크게 기여하여 '대승8종의
종조(宗祖)'로 불렸다. 본명은 나가르
주나(Nagarjuna)이며, 용수(龍樹)는
산스크리트어로 용(龍)을 뜻하는 나
가(naga)와 나무(樹)를 뜻하는 아가
르주나(agarjuna)를 한자로 옮겨 표
기한 것이다.

착하기 전에 전진이 멸망하였고, 이 틈을 타 여광은 스
스로 후량의 왕이 되었다. 이후 구마라습은 18년 동안
여광과 그의 아들 여찬에 의해 양주지금의 간쑤성 우웨이시 량저
우구에 연금되었다. 그러던 중 401년 후진後秦의 고조 요
흥이 후량을 멸망시키자 비로소 구마라습은 풀려날 수
있었다. 요흥은 그해 12월 20일에 장안에 도착한 구마
라습을 국사로 예우했다. 이에 구마라습을 따르는 신도
가 수천 명에 달했고 고관대작들도 그를 부처처럼 공양
했다. 구마라습에게는 원치 않는 관계로 태어난 두 아들
이 있었다. 일찍이 요흥은 구마라습의 신통함과 통찰력
이 욕심나 이렇게 말했던 것이니.

"대사의 총명함과 뛰어난 깨달음은 천하에 둘도 없소.
만일 하루아침에 세상을 떠나 법의 씨앗이 될 후사가 없
어서야 어찌 되겠소?"

이 말을 마치고 그는 구마라습으로 하여금 기녀 열 명
을 억지로 받아들이게 했던 것이다. 이러저러한 이유로 환속을 결정한 구마
라습은 불학佛學을 연구하고 경전 번역에 힘을 쏟았다. 또한 틈이 나는 대로
장안에 있는 소요원의 징현당澄玄堂과 초당사草堂寺에서 경전을 강해하고, 용수
의 중관학파 학설을 소개했다. 구마라습이 번역한 삼장경론三藏經論은 74부,
384권에 이른다. 대승불교와 소승불교 모두에 정통했던 그는 중국 불교의
4대 역경가 가운데 한 사람으로 추앙받고 있다. 그가 번역한 경전들은 오역誤
譯이 거의 없어 후세 불교계에 큰 영향을 끼쳤다. 제자로 도생, 승조, 도융, 승
예 등이 있는데, 사람들은 이들을 '십문사성什門四聖'이라 불렀다. 입실제자入

室弟子: 스승과 같은 집에서 먹고 살면서 가족의 일원처럼 지내며 스승의 일거수일투족을 모두 배우는 제자는 3천여 명에 달했다.

어머니의 선한 영향력은 율곡에게도 해당된다. 율곡의 어머니 신사임당의 본관은 평산平山이고, 호는 사임당師任堂이다. 사임당은 중국 주나라 문왕의 어머니인 태임太任을 본받겠다는 뜻에서 사용된 당호로, 임사재任師齋라고 칭하기도 했다. 아버지는 영월군수 신숙권의 아들 신명화이고, 어머니는 세조 때의 공신 이유약의 손자인 이사온의 외동딸 용인 이씨이다. 사헌부 감찰 등을 지낸 이원수와 결혼하여 이선·이번·이이·이우의 네 아들을 두었고, 조대남·윤섭·홍천우에게 출가한 세 딸을 두었다.

신사임당의 삶은 아들인 이이가 기록한 『선비행장先妣行狀』이라는 글을 통해서 비교적 자세히 전해진다. 그 기록에 따르면, 신사임당은 1504년연산군 10년 외가가 있는 강원도 강릉에서 신명화와 용인 이씨의 다섯 딸 가운데 둘째로 태어났다. 신사임당의 외조부인 이사온은 대사헌·한성부좌윤·형조참판 등을 지낸 최응현의 딸 강릉 최씨와 결혼하여 딸 하나만 낳았는데, 그가 신사임당의 어머니인 용인 이씨이다. 외조부 이사온은 결혼한 뒤에 처가로부터 (처조부인 최치운이 지은) 오죽헌烏竹軒을 물려받아 강릉 북평촌에 살았으며, 과거에 급제한 뒤에도 관직에 오르지 않았다. 이사온은 시와 문장이 뛰어났으며, 오죽헌에서 관동 지방의 문인들과 폭넓게 교류하였다. 이사온은 최씨 부인과의 사이에서 딸을 하나 낳았고, 이 딸을 영월군수 신숙권의 아들인 신명화와 결혼시켰다.

식년시(式年試)

조선시대에 3년마다 정기적으로 시행된 과거시험. 12지 가운데 자(子)·묘(卯)·오(午)·유(酉)가 드는 해를 식년(式年)이라고 부르는데, 3년에 한 번씩 돌아오는 이 해에 정기적으로 과거시험을 치렀다. 식년시 외에 부정기적으로 보는 시험으로는 증광시(增廣試, 임금의 즉위 시에 실시), 별시(別試, 나라에 경사가 있을 때 실시), 알성시(謁聖試, 임금이 문묘를 참배할 때 성균관에서 실시) 등이 있었다.

신사임당의 아버지인 신명화도 1516년중종 11년 식년시에 급제하여 진사가 되었으나 벼슬에는 나가지 않았다. 사임당의 외할아버지 이사온이 딸사임당의 어머니을 '아들잡이아들 없는 집에서 아들을 대신하는 딸'로 여겨 출가 후에도 계속 친정에 머물러 살도록 하였기 때문에, 사임당은 외가에서 생활하면서 어머니에게 예의범절과 학문을 배워 부덕과 교양을 갖춘 현부로 성장하였다. 서울에서 주로 생활하는 아버지와는 16년간 떨어져 살았고, 그가 가끔 강릉에 들를 때만 만날 수 있었다. 신사임당은 어려서부터 총명하여 외조부인 이사온의 총애를 받아 그에게 학문과 시·서 등을 배웠다고 전해진다. 특히 그녀가 그림에 재능을 보이자 외조부 이사온이 안견의 그림을 구해다 주기도

안견(安堅)
〈몽유도원도〉로 유명한 조선초기의 화가. 산수화에 가장 특출하였다.

했다는 이야기도 전해진다. 이이의 『선비행장』에는 신사임당이 7세 때에 안견의 그림을 모방해 산수도를 그렸는데, 그때 이미 매우 절묘한 솜씨를 보였다고 기록되어 있다. 그리고 어렸을 때부터 경전에 능통하고 글도 잘 짓고 글씨도 잘 썼으며, 바느질과 자수까지 정묘精妙: 정밀하고 묘함하지 않은 것이 없었다고 전하고 있다.

신사임당은 19세 되던 1522년중종 17년 태종 때 한성부윤오늘날의 서울시장 등을 지낸 이추의 증손이자 홍산현감·판관종5품 관직을 지낸 이의석의 손자인 이원수와 결혼했다. 이원수의 조모할머니는 세종 때 한글 창제에 반대한 인물로 유명한 유학자 최만리의 딸인 해주 최씨이다. 이원수의 아버지인 이천은 관직에 오르지 않았지만, 이천의 사촌들인 이기와 이행 형제들은 1519년 기묘사화로 조광조가 실각한 뒤에 한성부윤과 공조판서 등의 직위에 올라 있었다. 곧 이원수는 조선 건국 초기부터 이어진 유력 가문이며, 특히 중종 때 이후 융성하던 가문 출신이었던 것이다. 신사임당이 결혼하자 그녀의 아버

지인 신명화가 이원수에게 신사임당만큼은 곁에서 떠나보내고 싶지 않다고 말했다고 한다. 사임당은 그 어머니와 마찬가지로 아들 없는 친정의 '아들잡이'였으므로, 남편의 동의를 얻어 시집에 가지 않고 친정에 머물렀다. 하지만 결혼하고 몇 달 지나지 않아 아버지 신명화가 죽자, 친정에서 3년상을 마치고 1524년 강릉을 떠나 시댁이 있는 서울로 올라와 생활했다. 얼마 뒤 선조 때부터 시집의 터전이었던 파주 율곡리에 기거하기도 하였고, 강원도 평창군 봉평면 백옥포리에서도 여러 해 살았다. 이따금 친정에 가서 홀로 사는 어머니와 같이 지내기도 했으며, 이런 연유로 셋째 아들 이이도 강릉에서 낳았다. 그리고 1541년에 다시 서울로 돌아와 수진방지금의 수동동 일대에서 살았다. 언제나 강릉을 그리워하여 한밤에 눈물을 흘리며 새벽이 되도록 잠을 이루지 못하기도 했다고 전해진다.

1550년명종 5년 이원수는 음서蔭敍: 고관의 자제를 과거시험에 의하지 않고 관리로 채용하던 제도로 관직에 올라 한강의 수운水運: 수상 운수을 담당하는 수운판관으로 임명되었다. 그래서 이듬해 봄에 삼청동으로 거처를 옮겼다. 그 해에 이원수는 이선과 이이 두 아들과 함께 조운漕運: 배로 물건을 실어 나름의 일로 평안도로 갔다. 그러나 그 사이에 병이 난 신사임당은 음력 5월 17일 새벽에 사망하고 말았다.

사임당이 교양과 학문을 갖춘 예술인으로서 성장할 수 있었던 배경에는 그의 천부적인 재능과 더불어 그 재능을 발휘할 수 있도록 북돋아준 좋은 환경이 있었다. 또한 남편은 아내의 자질을 인정해주고 아내의 말에 귀를 기울이는 도량 넓은 사나이였다. 다음과 같은 일화가 있다. 사임당의 시당숙 이기李芑가 우의정으로 있을 때, 남편이 그 문하에 가서 노닐었다. 이기는 1545년인종 원년에 윤원형과 결탁하여 을사사화를 일으켜 선비들에게 크게 화를 입혔던 사람이다. 사임당은 남편에게 어진 선비를 모해하고 권세만을 탐하는 당숙의 영광이 오래 갈 수 없음을 상기시키면서, 그 집에 발을 들여놓지 말라고 권하였다. 이원수는 이러한 아내의 말을 받아들여 뒷날 화를 면했다고 한다.

사임당의 자녀들 중 그의 훈도와 감화를 제일 많이 받은 것은 셋째 아들 율곡 이이(李珥)이다. 이이는 그의 어머니 사임당의 행장기일생의 행적을 적은 기록를 저술했는데, 그는 여기에서 사임당의 예술적 재능, 우아한 천품, 정결한 지조, 순효純孝: 지극한 효성한 성품 등을 소상히 밝히고 있다. 윤종섭은 '이이와 같은 대성인이 태어난 것은 태임을 본받은 사임당의 태교胎敎에 있음'을 시로 읊어 예찬하였다. 사임당은 실로 현모賢母로서 아들 이이를 백대百代의 스승으로, 아들 이우와 큰딸 매창은 자신의 재주를 계승한 예술가로 키워냈다.

율곡은 다섯 살 때에 어머니와 함께 서울의 친가로 갔다. 2년 후에는 고향인 경기도 파주의 율곡으로 가서 살았다. 그동안 율곡은 어머니의 지도로 『사서삼경(四書三經)-『논어』, 『맹자』, 『중용』, 『대학』의 네 경전과 『시경』, 『서경』, 『주역』의 세 경서를 이름)』과 서문 등을 읽고 불교서적까지 두루 섭렵하였다. 이때 문리文理: 글의 뜻을 깨달아 아는 힘를 모두 꿰었을 뿐 아니라, 『사서삼경』을 스스로 통달하였다. 열두 살 때에 진사시에 가장 어린 나이로 합격하였다. 그런데 열여섯 살에 어머니가 돌아가시고 말았다. 그의 학문과 인격형성을 위해 정성스러운 교육을 행한 신사임당의 죽음은 그에게, '죽음과 삶이 무엇인가?'라는 근본적인 물음을 던져주었다. 3년 동안의 시묘살이(부모의 상을 당하여 그 무덤 옆에 막을 짓고 3년 동안 지내는 일)를 마친 그는 마침내 간단한 행장을 꾸려가지고, 금강산의 어떤 절로 들어갔다. 그러나 다시 『논어』를 읽고 깨달은 바 있어, 외가로 가서 열심히 유학을 공부하였다. 결

국 그는 아홉 번이나 장원을 차지하였다. 하지만 대과 급
제만은 스물아홉 살이 되어서야 비로소 이루었다. 이는
당시의 기준으로도 그다지 빠른 편이 아닌데, 그 배경에
는 어머니와 아버지의 잇따른 죽음이 있었다. 양친의 죽
음에 따르는 각각 3년 동안의 시묘살이, 그리고 많은 정
신적 갈등과 방황이 있었던 것이다.

모친을 대신하여 새로 들어온 계모는 성품이 고약하였다고 한다. 조금이
라도 비위에 거슬리는 일이 있으면, 문을 닫은 채 늦도록 나오지 않았다. 그
럴 때면 율곡이 문밖에 공손하게 앉아 마음을 풀도록 애원하였다. 그리고
또 계모는 술을 좋아하여 아침 해장술을 들고서야 잠자리에서 일어났는데,
율곡은 항상 약주를 따뜻하게 데워가지고 가서 권하였다. 이러한 정성에 감
동된 그녀는 마침내 착한 사람이 되었고, 율곡이 먼저 죽자 그 고마움에 보
답하기 위하여 3년상을 입었다고 한다.

심사임당이 조선 중기 이후 현모양처의 모범으로 여겨지면서, 그녀의 글씨
와 그림을 상찬賞讚: 기리어 칭찬함하는 유학자들의 글은 많이 전해지고 있다. 하
지만 막상 그녀가 직접 쓰고 그린 글씨와 그림으로 확인되는 작품들은 매우
드물다. 이 면에서 아들인 이이의 영향으로 인해 신사임당에 대한 평가가 실
제보다 부풀려진 것이 아닌가 하는 생각이 들기도 한다. 그야 어떻든, 그녀의
영향으로 조선 후기에 풀·벌레를 그린 초충도草蟲圖가 크게 유행하기도 했으
며, 그녀의 맏딸인 이매창과 넷째아들인 이우도 서화에 능해 명성을 떨쳤다.

어머니의 선한 영향력이 극도로 잘 나타난 경우로 아우구스티누스만한 인
물은 없을 것이다. 초대 기독교 교회의 교부敎父: 2세기 이후 기독교 신학의 주춧돌을 놓은

아우구스티누스(354~430년)

초대 기독교 교회의 교부. 삼위일체설과 원죄설, 구원설 등을 주장하였고, 이것이 기독교의 정통교리로 채택됐다.

마니교

3세기 초엽 페르시아 사람 마니를 교주로 하는 종교. 페르시아의 조로아스터교를 바탕으로 한 일종의 자연종교이다.

마다우라(=마다우로스)

고대의 누미디아의 도시. 오늘날 북아프리카 알제리의 동북부 지중해 연안에 있는 안나바에서 약 90㎞정도 떨어져 있으며, 튀니지와의 국경에 가깝다.

교회 지도자들. '교회의 아버지'라는 뜻으로 후대 교회에서 붙인 경칭인 아우구스티누스. 로마제국의 세금 징수관이기도 했던 그의 아버지는 마니교를 신봉하였던 데 반하여, 어머니 모니카는 훗날 기독교회에서 삼현모三賢母 가운데 한 분으로 손꼽힐 만큼 독실한 신앙인이었다.

아우구스티누스는 354년 북아프리카 지중해 해안에 위치한 작은 도시 타가스테오늘날 알제리의 수크 아라스에서 태어났다. 그러나 집안은 로마인으로서 품위를 지킬 수 없을 정도로 가난했다. 아우구스티누스는 여섯 살 때 문법학교에 입학하였다. 그러나 공부에 취미가 없어 장난과 유희에 몰두하였다. 그런 중에도 시 암송이나 웅변 등에는 소질을 나타내기 시작했다. 그러자 그의 아버지는 아들을 마다우라로 보내 철학자 아플레아우스 밑에서 공부하도록 했다. 하지만 열여섯 살 때에 가정형편이 기울어 학업을 중단한 채, 고향으로 돌아오고 말았다. 이때부터 그는 불량한 친구들과 사귀어 도둑질과 거짓연애 등 나쁜 일을 저지르기 시작하였던 바, 예컨대 남의 집 정원에서 배를 훔쳐 먹는 것 정도는 아무렇지도 않게 여겼다. 그러므로 이렇게 청년기를 방탕하게 보냈던 그를 두고 장차 '서양의 가장 위대한 교부'가 되리라고 예상했던 사람은 아무도 없었다.

그의 아버지는 아들을 빨리 결혼시키려고 하였으나 어머니가 반대하였다. 어머니는 아들을 죄악에서 구하기 위해 온갖 노력을 다하였다. 370년 집안의 사정이 조금 나아지자, 아버지 역시 아들을 훌륭한 법률가로 만들기 위해 돈 많은 친구의 도움을 얻어 그를 카르타고에 있는 평민학교에 입학시켰다.

그러나 여기서도 아우구스티누스는 난폭한 학생
집단과 우정을 맺었다. 그러던 어느 날 우연히 그
는 대철학자 키케로의 『철학의 권유Hortensius』란 책
을 읽고 크게 감명을 받은 후, 철학에 흥미를 느끼
게 되었다. 하지만 그는 당시 대부분의 젊은이들이
그랬듯이, 여자들과 연애하는 일에 매우 열심이어
서 밤이나 낮이나 그 속에 파묻혀 시간을 보냈다.

이 무렵 아버지가 세상을 떠났는데, 그 아우구스티누
스의 아버지는 임종 시에야 (이단종교인 마니교에서)
기독교에 돌아왔다고 한다. 아우구스티누스의 나
이 열아홉 살 때에는 어머니의 허락을 받지 않고
노예출신의 천한 여자와 동거하였고, 그 후 곧 아

들까지 낳았다. 그는 항상 육체적인 유혹과 이상 사이의 괴리에 끼여 고민하였다. 그는 9년 동안 마니교에 충실하여 그 지도자로서 존경을 받기까지 하였다. 고향을 떠난지 4년 만에 그는 아내와 세 살 된 아들을 데리고 다시 고향으로 돌아왔다. 그러나 기독교를 버리고 마니교 신자가 되어 돌아온 아들을 본 어머니는 눈물을 머금고, 아들과 며느리, 그리고 손자를 쫓아내고 말았다.

아우구스티누스는 다시 카르타고로 돌아갔다. 스물아홉 살 때에는 로마의 수사학修辭學, rhetoric: 그리스·로마에서 정치연설이나 법정에서의 변론에 효과를 올리기 위한 화법을 연구 교사로 초빙을 받았는데, 이때 카르타고에 와있던 어머니가 이를 반대했음에도 불구하고 어머니를 속이고 로마로 몰래 도망쳤다. 1년 후에는 다시 수사학 교사로 초빙되어 밀라노에 갔다. 여기서 그는 당시 가장 뛰어난 인물로 알려진 밀라노의 주교 암브로시우스4세기에 활동한 서방교회의 4대 교부 가운데 한 사람의 강론에 큰 감화를 받고, 성경 속에 깊은 계시가 들어있다는 사실을 알게 되었다.

그러던 중 서른 두 살 되던 해의 늦은 여름, 밀라노의 한 정원에서 "펴서 읽어라!"라고 하는 어린이들의 노랫소리를 들었다. 불현듯 느끼는 바가 있어, 신약성서를 집어 우연히 펼친 곳을 읽어 내려갔다. 거기에는 "열락과 술주정, 음란과 방탕, 싸움과 시기를 버리고 낮에 행동하는 사람처럼 단정합시다." (로마서 13:13-14)라고 쓰여 있었다. 그 후 곧 학교에 사직서를 제출하고 퇴거하여 영세준비를 하였다.

한편, 이미 이곳에 와서 함께 살고 있던 어머니의 권유로 열두 살의 양가집 딸과 약혼하였다. 아우구스티누스는 14년 동안 동거하여 아들까지 있는 여자를 버려야만 했다. 그러나 그는 얼마 후 정욕을 억제하지 못하고, 다른 여자를 가까이 하였다. 약혼녀의 나이가 너무 어려서 2년 후가 아니면 결혼할 수 없었기 때문이다. 그는 이 때문에 번민하고 있었는데, 어느 날 폰티키아누스라는 친구가 찾아왔다. 그 친구는 '스무 살 때 부모를 잃고 모든 인간의 욕망과 영화를 내던진 채, 산 속에 들어가 수도사의 생활로 일생을 마친' 안토니우스의 생애에 대한 이야기를 들려주었다. 이야기를 듣는 동안 아우구스티누스는 깊은 자기성찰을 하게 되었다. 그러다가 곁에 있던 친구 알리피우스를 붙들고 소리를 질렀다.

"우리에게 무엇이 잘못되었지? 교육을 받지 못한 사람들도 일어나 천국을 얻는데, 소위 모든 학문을 닦았다고 하는 우리들은 지금도 혈육의 진흙탕에서 뒹굴고 있는 것을 보라!" 아우구스티누스는 "자, 지금이다. 끊을 때는 지금이다!"고 외치면서, 새로운 결심을 하였다. 아들을 위해 30년 동안 정성으로 기도했던 어머니는 너무도 기뻐 어쩔 줄을 몰랐다. 아우구스티누스는 결혼을 기다리던 약혼녀에게 파혼을 선언하였다.

아우구스티누스는 그의 말년에 젊은 시절을 회고하며 자신의 죄를 회개한 적이 있다. 예를 들어 그가 학생시절 공부보다 놀기를 더 좋아한 것, 또는 구구단 외우기에 열중하기보다는 트로이의 화재 이야기를 더 많이 한 것 혹은 극장에 자주 간 것 등도 모두 죄라고 생각하였다. 그는 더 나아가 젖먹이 때 젖을 달라고 너무 보채며

안토니우스(251?~356년?)
이집트의 가톨릭 사제이자 성인이다.

알리피우스
아우구스티누스와 똑같은 타가스테 출신으로, 어렸을 적부터 친구이자 그의 학생이기도 했다. 384년 아우구스티누스가 동거녀와 아들과 함께 밀라노로 갔을 때, 함께 동행했다. 이때 그는 법학 공부를 마치고 변호사 개업을 준비하고 있었다.

트로이(Troy)
소아시아 차나카레 해협에 면하여 있는 그리스의 옛 도시. 호머의 서사시 『일리아드』로 유명하다. 청동기 시대로부터 로마시대에 걸친 9층의 도시유적이 있으며, 유럽과 아시아를 잇는 해륙 교통의 요지로서 번영했다. '트로이의 목마'로 유명하다.

큰 소리로 울었던 일조차 죄를 지은 것이 아닌가 하고 반문할 정도였다. 하지만 사실 그는 소문만큼 그렇게 대단한 악동은 아니라는 평가도 있다. 그가 그토록 후회한, 가령 남의 집 정원에서 배를 서리해먹은 정도의 일들은 그 또래의 아이들이라면 흔히 할 수 있는 일이기 때문이다. 또한 학자들은 그 당시 사람들의 생활은 몰락해가는 로마제국만큼이나 타락해 있었기 때문에, 이런 그의 행동이 그다지 유별난 것도 아니었으리라고 말한다.

그야 어떠하든, 아우구스티누스의 내면세계는 아버지의 교육열보다 어머니 모니카의 훈육을 통해 형성되었다고 봐야 옳을 것 같다. 기독교적 교육에 관심이 없었던 아버지와는 달리, 북아프리카의 철저히 기독교적인 가문에서 자라난 어머니는 확고한 신앙과 엄격한 훈육으로 아들을 모범적인 기독교인으로 키우고자 했던 것이다. 때문에 그녀는 아들이 겪은 젊은 시절의 방황을 '해산의 고통만큼이나' 괴로워했으며, 아우구스티누스는 어머니의 기도를 자신이 기독교로 돌아오게 만든 가장 큰 힘으로 간주했다. 초대 기독교 교회가 낳은 위대한 철학자이자 사상가, 고대문화 최후의 위인임과 동시에 중세의 새로운 문화를 싹트게 한 선구자 아우구스티누스는 이렇게 하여 탄생하였던 것이다.

어머니 부재의 여파
• 루소 • 쇼펜하우어 •

어머니의 존재가 아들 교육에 지대한 영향을 끼친 만큼, 어머니의 부재는 치명적인 손상을 초래하는 경우가 있다고 봐야 한다. 위대한 철학자들에게 어머니의 부재는 어떤 결과를 가져왔을까?

루소1712~1778년, 프랑스의 철학자, 사회학자, 교육론자는 가난한 시계공인 아버지와 목사의 딸이자 재능이 많았던 어머니 사이에서 태어났다. 언뜻 보기에 어울리지 않는 두 사람은 서로를 깊이 사랑하여 결혼했던 것 같다. 하지만 루소가 태어난 지 열흘 만에 그의 어머니는 출산 후유증으로 죽고 말았다. 루소의 일생 가운데 첫 번째 불행이었다.

루소는 자신의 존재로 인하여 어머니가 목숨을 잃었다는 데 대해 무한한 자책감을 느꼈다. 또한 이는 그로 하여금 끝없이 모성애를 찾는 원인이 되기도 하였다. 물론 아버지가 어머니의 역할을 대신 해주는 때도 있었다. 그러나 거기에는 한계가 있었다. 더 나아가 그의 아버지가 아들 교육에 무관심했다는 주장까지 있는 바에야.

그의 아버지는 일자리를 핑계로 집안을 돌보지 않았고, 부인이 세상을 떠난 후로는 스스로의 처지를 비관하며 시간을 보내기도 했다고 한다. 그리고 루소가 열 살이 되던 해 프랑스 군인과의 다툼 때문에 (스위스의) 제네바를 떠났고, 결국 루소는 외삼촌의 보살핌을 받아야 했다. 리옹제네바에서 북동쪽으로 25km 정도 떨어진 도시로 도망간 아버지는 53세의 나이로 재혼을 한다. 14살의 루소는 아버지로부터 버림받았다는 생각에 커다란 정신적 충격을 받는다. 아버지와 아들은 이후, 서로 만나지 않게 된다.

가톨릭 신부의 소개로 루소는 드 바랑 부인을 만나 집사로 일하게 되었는데, 이때부터 두 사람 사이의 비정상적인 관계가 시작되었다. 16세의 소년과 29세의 남작 부인으로 만난 두 사람은 5년 후에 연인 사이로 발전한다. 그러나 남작 부인에게는 한 사람의 애인으로 만족하지 못하는 바람기가 있었다. 불륜 관계가 시작된 지 5년 만에 부인은 다른 남자를 사귀면서 루소를 쫓아내고 말았다. 루소는 한동안 부인에 대한 사랑 때문에 괴로워하며 주위에서 맴돌다 결국 포기하고 파리로 나왔다. 그리고 베네치아 출신의 매춘부와 난잡스런 관계를 맺는다. 이때 그는 매독에 걸리는 것이 아닌가 하고 끊임없이 두려워하였다고 한다. 그의 고백에 따르면, 일생 중 가장 결정적인 체험은 소년시절 여자 가정교사에게 매 맞은 일이다. 그때 맞은 매는 그의 전 생애에 걸쳐 최고의 쾌락이 된다. 그는 또한 평생 그를 따라다녔던 자위행위의 버릇과 음부노출증(이로 인해 그는 몽둥이찜질을 당할 뻔한 일도 있었음)에 대해서도 아주 솔직하게, 그리고 약간은 자랑스럽게까지 기록하고 있다.

그 후 파리의 하숙집에서 하녀로 일하는 한 순박한 처녀를 만나 23년 동안의 동거 끝에 마침내 결혼한다. 두 사람 사이에는 다섯 명의 아이들이 차례로 태어났는데, 루소는 이들을 모두 고아원에 보내버린다. 왜냐하면, 자식들이 너무 소란스러운 데다 양육비가 많이 들기 때문이었다. 당시 파리에서 공립 고아원에 아이를 맡기는 것은 일종의 관행이었다는 이야기도 있다. 아무리 그렇다 하더라도, 당시 유명 인사에 속했던 루소가 그런 행동을 했다는 것은 사람들의 입에 오르내릴만한 일이었음에 틀림없다.

66년 동안에 걸친 루소의 삶은 방황의 연속이었다. 열광적인 활동에 투신하는가 하면, 꿈속을 헤매며 소일消日하거나 빈둥빈둥 게으름을 피우며 세월을 보내기도 하였다. 또 신경쇠약의 좌절 속에서 악의 세계에 빠져들기도 하였다. 그는 당시의 가출한 젊은이가 가질 수 있었던 거의 모든 직업을 다 경험하였다. 그는 매우 혼란스러운 시기동안 온갖 패륜행위를 저질렀다고 고백하고 있다. 루소가 『에밀』이라는 교육론을 쓴 것 역시 이 무렵 자신이 겪었던 방황이 그 토대가 된 것으로 보인다. 아버지로부터 제대로 된 교육을 받지 못한 것에 대한 아쉬움과 본인 또한 그러한 삶을 살 수 밖에 없었던 기이한

음부노출증

음부(陰部)를 드러내어 다른 사람에게 보임으로써 성적 쾌감을 느끼거나, 그 후에 자위행위를 함으로써 만족을 얻는 이상증세를 말한다.

『에밀』

'에밀'이란 이름의 고아가 태어나서부터 결혼에 이르기까지 25년 동안, 현명한 교사의 이상적인 지도를 받는 과정이 그려져 있다.

인생 역정은 루소가 평생 죄책감에 시달리게 된 원천이기도 했다.

루소는 사망하기 10년 전, 20년 동안 동거하던 세탁부 출신 하녀 테레즈 라바쇠르와 정식으로 결혼하고 파리에 정착한다. 애초에는 결혼할 생각까지는 없었던 것 같은데, 그녀의 헌신적인 도움에 감동을 받았는지 정식 아내로 받아들인 것이다.

성장 과정에서 저지른 온갖 비행과 난잡한 성생활, 남작부인 및 세탁부 출신 여자와의 오랜 동거생활, 아이들을 고아원에 보내버린 행동 등은 어머니의 부재가 몰아온 이상행동이었는지도 모른다. 또한 대부분의 사람들이 진보와 낙관주의를 주장하는 때에 역사와 문화의 모든 성과를 비난하고 자연으로 되돌아갈 것을 요구한 그의 철학까지 이의 영향에서 벗어나지 못한 것은 아닌가 하는 생각이 든다.

한자동맹(Hanseatic League)

13~17세기 독일 북쪽과 발트해 연안 도시들 간의 동맹체제. 동맹의 목적은 해상교통 안전 보장, 공동 방호, 상권 확장 등이었다. 12, 13세기경 유럽에 한자(Hansa)라고 불리는 편력상인(遍歷商人: 이곳 저곳을 돌아다니는 상인) 단체가 많이 있었는데 14세기 중반에 이르자 그들 사이에 도시 동맹이 형성되어 중세 상업사상 큰 축을 이루었다. 뤼베크를 맹주로 브레멘·함부르크·쾰른이 4대 주요도시이며 뤼베크에서 한자회의를 열어 다수결로 정책을 결정하였다. 한자 상인들은 주로 사치품을 취급했던 지중해 상인들과 달리 모피, 벌꿀, 생선, 곡물, 양모 등의 상품을 다루었다. 그러나 점차 쇠퇴하여 1597년 런던 상관이 폐쇄되고 1669년 마지막 회의가 열렸다.

독일의 민간철학자 쇼펜하우어1788~1860년는 한자동맹의 자유도시 단치히현, 폴란드령 그다니스크에서 부유한 상인의 1남 1녀 중 장남으로 태어났다. 아버지 하인리히 프플리스는 부유하긴 했으되, 고지식하고 몰취미하였으며 또 추남이었다. 하지만 어머니 요하나는 괴테와도 친교가 있었으며, 또 뛰어난 재능을 가진 미모의 여류작가였다. 그녀는 열아홉 살 때 20년이나 연상인 남편과 결혼하였다. 자유로운 세계 시민으로 키우려고 한 양친의 방침으로 쇼펜하우어는 유년기부터 부친과 함께 프랑스·영국을 여행하고, 그 땅에서 교육도 받았다. 프러시아를 몹시 증오한 쇼펜하우어의 아버지는 프러시아가

브레멘 거리풍경(독일 브레멘주의 주도)

단치히를 점령했을 때, 적지 않은 손해를 보면서도 자유를 찾아 함부르크로 이주하였다.

그는 장사에 상당한 능력을 가지고 있었다. 그리고 하나 뿐인 아들 역시 고귀한 인품을 지닌 훌륭한 상인으로 키우려고 하였다. 그러나 쇼펜하우어 자신은 학자가 되려고 하는 열망에 사로잡혀 있었다. 이것은 어머니와 교제하던 유명한 문인들이 그의 집에 자주 드나든 데서 영향을 받은 것으로 보인다. 반면 그의 아버지는 학자와 가난을 동의어로 생각하여, 아들의 마음을 돌리려고 하나의 책략을 썼다. 그것은 "온 가족이 유럽의 여러 나라를 장기간 여행하려 하는데, 만일 네가 학자가 되려거든 라틴어를 배우기 위해 함부르크에 남아있어야 하고, 상인이 되겠다고 한다면 따라가도 좋다."고 한 것이다. 쇼펜하우어는 이러한 유혹에 못 이겨, 결국 아버지가 원하는 대로 상인이 되겠다고 약속하고 말았다. 2년 동안의 유럽여행을 마치고 돌아온 쇼펜하우어는 아버지와의 약속대로 함부르크의 유명한 상인에게 가서 견습생 노릇을 하였다. 그러나 장사 일에는 관심이 없었고, 대신 틈나는 대로 책을 읽거나 시내에 나와 강연을 들었다. 어느 날 그는 자신이 잘못된 인생항로를 따라가고 있다는 사실을 깨닫고 절망감에 사로잡혔다.

그러던 중 열일곱 살 되던 해인 1805년의 4월 어느 날, 아버지가 상점 창고에서 떨어져 죽는 사건이 일어났다. 이 죽음은 자살로 추정되었다. 당시 쇼펜하우어의 아버지는 점점 악화되는 귀머거리 증세, 부부 갈등, 우울증 등으로 심각하게 괴로워했다고 한다. 쇼펜하우어는 이 사건으로 큰 충격을 받았거니와 아버지에 대한 어머니의 태도를 격렬히 비판하였다.

"아버지가 고독하게 지내는 동안 어머니는 잔치를 베풀었다. 또한 아버지가 극심한 고통으로 괴로워하는 동안 어머니는 즐겁게 지냈다. 그것이 여인들의 사랑이다."

그의 어머니 역시 세상에 대해 끊임없이 한탄해대는 아들을 못 견뎌했다. 연회에 참석한 거물급 손님들과 불쾌한 논쟁을 벌이는 아들 때문에 늘 마음을 졸였다. 그녀에게 아들은 '언짢은 밤과 악몽을 가져다주는 사람'일 뿐이었다. 애초부터 돈만 바라보고 사랑 없이 결혼을 하였던 어머니는 막대한 유산을 챙겨, 연애생활에 가장 적합한 바이마르(독일 튀링겐 주에 있는 도시. 문호 괴테와 실러, 작곡가 리스트, 철학자 니체 등이 이곳에서 활약) 지방으로 옮겨가서는 방탕한 생활에 빠져들었다. 쇼펜하우어는 2년 동안 더 함부르크에 남아 아버지의 사업을 정리했다. 그러고 나서 바라던 김나지움 독일의 인문계 중·고등학교에 입학했다.

오래전부터 어머니에 대해 강한 혐오감을 느껴왔던 쇼펜하우어는 그녀와 한바탕 싸우고 나서 서로 헤어져 살기로 한다. 이때부터 그는 정해진 면회날짜에 여러 사람들 사이에 끼어 손님 가운데 한 사람으로서 어머니를 만나야 했다. 그는 스물 한 살의 성년이 되자 어머니를 상대로 소송을 걸어 유산의 3분지 1을 받아냈다. 쇼펜하우어는 그 유산을 가지고 평생 풍족하게 살 수 있었다. 물론 생계를 짜임새 있게 꾸려나간 때문이겠지만, 그는 이에 그치지 않고 비상한 재능을 발휘하여 유산을 불려나가기까지 하였다.

쇼펜하우어는 1813년 예나 대학에서 박사 학위를 받았다. 그의 논문 『충족 이유율의 네 가지 근거에 관하여』는 별다른 반응을 얻지 못했지만, 이를 주의 깊게 읽은 사람도 몇 있었다. 그들 중에는 대문호 괴테도 끼어 있었다. 괴테는 쇼펜하우어와의 첫 만남을 "학식이 깊고 업적이 많은 쇼펜하우어 박사의 방문은 나를 흥분시켰다. 우리는 서로 배움에 도움이 되었다."라고 회상했다.

이에 반해, 어머니의 반응은 비웃음뿐이었다. "이건 약제사에게나 필요한 책이로군." 이에 대해, 쇼펜하우어는 "어머니의 소설이 헛간에서조차 찾아볼 수 없게 될 때, 그때에도 내 글은 읽힐 거예요."라고 응수했다. 이 말을 듣고, 또 어머니는 이렇게 대꾸했다고 한다. "그런 책은 앞으로도 수없이 쏟아져 나올 텐데 뭘."

어쨌든 결과적으로 두 사람의 말은 모두 적중한 셈이 되었다. "어떤 철학을 선택하느냐는 바로 그가 어떤 사람이냐에 달려있다."고 한 피히테의 말은 쇼펜하우어에게도 해당된다. 왜냐하면, 그의 인품이 특이하게 형성된 것은 이러한 가정환경 탓으로 보이기 때문이다. 지독한 에고이스트(이기주의자)이자 지칠 줄 모르는 욕망에 사로잡혀 있던 쇼펜하우어의 비관주의는 벌써 이때에 그 터전이 마련되어 있었던 것이다.

그가 증오하는 첫 번째 대상은 철학교수들이었고, 그 다음으로 경멸한 대상은 여성이었다. 그는 어머니와의 좋지 않은 관계로 인하여 여자를 인간적 불행의 근원으로 생각하였다.

그에 의하면 여자들의 특징이란 미치광이에 가까운 낭비벽과 본능적인 교활함, 그리고 뿌리 뽑기 어려운 거짓말습관이다. 여자란 어디까지나 하위의 존재로서 어린이와 남자 사이의 중간단계에 속해있다. 그리하여 "성적 충동으로 이성이 흐려진 남자들만이 키가 작고 어깨가 좁으며 엉덩이가 크고 다리가 짧은 이 여자라는 존재를 아름답다고 말한다. ... 여자들은 음악에 대해서도, 시에 대해서도, 조형미술에 대해서도 아무런 참된 감정이나 이해력이 없다." (쇼펜하우어, 『쇼펜하우어 철학에세이』 중에서)라고 말한다.

1831년 베를린에 콜레라가 유행하자 쇼펜하우어는 이를 피해 달아났다. 멀리 프랑크푸르트까지 가서는 그곳에서 두 개의 방을 빌렸다. 그리고는 아내도 자식도 친구도 직장도 조국도 없이, 오직 조그마한 삽살개 한 마리와 고독한 여생을 보냈다. 죽은 후 그의 모든 재산은 역시 유언에 따라 자선단체에 기증되었다. 오늘날 그의 무덤 앞에 세워진 검은 대리석 묘비에는 외롭게 그의 이름만이 새겨져 있다.

쇼펜하우어는 사랑의 근원을 강렬한 생식본능에서 찾고 있다. 사랑이란 종족보존이라고 하는 자연의 유일한 목적을 달성하기 위한, 하나의 속임수에 지나지 않는다는 것.

그밖에 그의 염세주의 철학 역시 어머니와의 소원한 관계 때문에 잉태된 것이 아닐까 하는 생각이 든다. 그가 평생 독신으로 산 것이나 한때 창녀와 어울린 것 역시 어머니와의 잘못된 만남에서 비롯된 것이 아닐까?

5장

모범생과 문제아

위대한 철학자들의 어린 시절 모습은 어땠을까? "잘될 나무는 떡잎부터 알아본다."와 "개천에서 용 난다." 가운데, 어느 편에 속할까? 언뜻 생각하면 모두가 공부 열심히 하고 모범생이었을 것만 같다. 하지만 반드시 그렇지만도 않았다. 보통 사람들과 마찬가지로, 이들 중에도 아주 특별하게 뛰어난 경우와 평범한 경우, 그리고 정반대로 문제를 일으키고 다닌 경우가 있었던 것이다.

'범생'들

• 공자 • 주자 • 헤겔 •

어렸을 적부터 매우 의젓하여 장차 성인군자에 걸맞은 행동을 한 경우는 아마 공자기원전 551~479년가 대표적이 아닐까 여겨진다. 세계 4대 성인 중의 한 사람인 공자는 중국 노나라의 창평향 추읍에서 태어났다. 아버지는 낮은 직책의 무사였다. 장대한 체구를 가졌던 그는 노나라 군이 상대편 성 안에 갇힐 위기에 처하자, 아래로 내려오는 성문을 그냥 팔로 받쳐서 아군을 달아나게 했을 정도라고 한다. 그럼에도 어린 시절 공자의 삶은 험난하기 짝이 없었다. 본처를 잃고 70살이 넘어 있던 아버지와 16세의 어머니 사이에서 태어난 공자는 부모와 함께 노나라 수도 곡부 인근의 니구산尼丘山에서 살았다. 모친인

안징재만 거기서 살고, 부친인 숙량흘은 가끔 찾아오는 형식이었다고 한다.

이미 나이가 들어버린 부친은 결국 공자 나이 세 살 때 세상을 떠나고, 이 때문에 공자는 열여덟 살에 과부가 된 어머니의 슬하에서 성장하게 되었다. 어머니는 가난한 가운데에서도 오직 아들 가르치는 것을 낙으로 삼았다. 그녀는 남편을 공자의 할아버지가 살던 곳에 장사지내고, 절기에 맞추어 집에서 정성껏 제사지냈다.

그런데 이를 항상 주의 깊게 보아오던 공자는 동네 아이들과 놀면서 제기祭器: 제사 지낼 때 쓰는 그릇를 늘어놓고 제사지내는 흉내를 내곤 했다. 나이가 어림에도 불구하고, 그의 태도는 늘 예를 갖춤으로써 매우 어른스럽게 보였다고 한다. 그럼에도 집이 가난했기 때문에 공자는 어린 시절부터 생계를 위해 몸으로 부대끼는 잡다한 일을 해야만 하였다. 때문에 정상적인 교육을 받지는 못한 것으로 짐작되나, 그 향학심向學心만은 대단했던 것으로 알려져 있다. 이와 관련하여, 그 스스로 "10여 호 밖에 안 되는 조그만 마을에도 나만큼 성실한 사람은 있겠지만, 나만큼 학문을 좋아하는 사람은 없을 것이다."고 말할 정도였다. 그는 본격적으로 학문에 뜻을 세운 열다섯 살 이전에 이미 학문에 열중했던 것으로 보인다.

방산防山: 산동성 곡부현의 동쪽에 위치 함에 묻힌 아버지의 무덤 위치를 정확히 몰랐던 공자는 모친이 사망하자 거리에 빈소를 차렸다. 이때 지방의 나이든 여인이 아버지의 무덤을 알려주었고, 공자는 이에 비로소 어머니를 방산에 합장할 수 있었다. 공자는 생계를 위하여 노나라의 3대부 가운데 하나인 계손씨 집안에서 양곡을 관리해주었다. 이때 충실하게 일을 보아준 결과, 얼마 후에는 목장관리인으로 승진할 수 있었는데 역시 가축이 잘 번식하였다고

계손씨

당시 노나라는 맹손, 숙손, 계손씨의 세 집안으로 권력이 나뉘어있었다.

주공(周公)
기원전 12세기에 활동한 중국 주나라의 정치가이다.

나예장
본명은 나종언. '난젠의 3선생' 가운데 한 사람이다.

『효경(孝經)』
유교 윤리의 핵심인 효의 원칙과 규범을 수록한 책이다.

『춘추(春秋)』
기원전 5세기 초에 공자가 엮은 것으로 알려진 중국의 역사책이다.

한다. 그러다가 나중에 주공을 제사지내는 태묘太廟에서 조그마한 직책을 맡아보게 되었다. 이와 관련하여, 그가 말하기를 "나는 길을 걸을 때 중앙을 걷지 않고 담장가를 따라다녀, 누구도 감히 나를 경멸하지 않았다. 솥에 풀과 죽을 쑤어서 청렴하게 살아왔다."라고 하였다.

주자학을 집대성한 주자朱子, 1130~1200년는 중국 송나라 고종 때에 휘주의 무원에서 송松의 아들로 태어났다. 그의 부친인 송은 나예장의 제자로서 일찍이 사훈이부랑의 벼슬을 지낸 적이 있었다. 하지만 주자가 태어날 무렵에는 이미 관직을 떠나 있었다.

매우 강직하고 곧은 성품의 아버지 아래에서 주자는 어려서부터 자질이 뛰어나고 사색하기를 좋아했다. 겨우 말을 배우기 시작했을 때, 아버지가 손가락으로 가리키면서 "저것이 하늘이란다."라고 하자, 이렇게 되물었다고 한다. "그럼 저 하늘 위에는 또 무엇이 있습니까?"

다섯 살 때는 『효경(孝經)』을 읽고, 책머리에 이렇게 써놓았다고 한다. "만약 내가 이렇게 행동하지 못한다면, 사람이 아니다."

다른 아이들과 놀 때에도, 혼자 조용히 앉아 모래 위에 손가락으로 팔괘八卦: 중국 상고시대에 복희씨가 지었다는 여덟 가지의 괘를 그리곤 하였다. 주자는 열 살 때 유학의 경전을 읽기 시작하면서부터 공자를 숭배하였다. 그는 "만약 하늘이 공자를 낳지 않으셨다면, 세상은 밤처럼 어두웠을 것이다."라고 말하고, 장차 공자나 맹자와 같은 성인이 되어야겠다고 마음속으로 굳게 다짐하였다.

그러나 『춘추(春秋)』는 물론 불교와 노자의 책을 다 읽어봤지만, 도무지

마음에 차지 않았다. 스물네 살이 되자 절절히 우러나오는 구도求道의 마음을 누를 길 없어, 수백 리 길을 걸어가 부친과 동학인 이연평 선생을 찾아뵙고 스승으로 모셨다. 이연평은 명예나 재물에는 관심이 없어 40여 년 동안을 은거하며 학문을 닦고 있었다. 그는 낙학洛學: 사람과 사물이 본래 똑같은 성품을 갖고 있다고 주장하는 성리학의 한 학파을 소화시켜 실제생활 가운데서 체험하며 실천하였다. 그리하여 주자가 연평을 만나 본 후, 탄식하기를 "선생님을 만나 뵙고, 이전에 불교와 노자의 학설을 여기저기 연구한 것이 잘못이었음을 깨달았습니다."고 말했다. 연평 역시 주자를 보고, 칭찬해마지 않았다. "그는 품성이 우수하고 부지런히 힘써 공부하니, 나예장 선생 이래로 이렇게 뛰어난 인재를 본 적이 없다."

이리하여 주자는 불노佛老: 불교와 노자사상의 허망한 이론을 포기하고, 이정二程: 중국 북송의 정호와 정이천 형제를 아울러 이르는 말의 낙학을 일생의 학문적 기초로 삼았던 것이다. 결국 어렸을 적 "장차 공자나 맹자와 같은 성인이 되어야겠다."고 한 주자 자신의 맹세는 그로 하여금 위대한 사상가가 되게 하였다. 그는 정호와 이천, 두 형제의 학문에 주렴계와 장횡거의 학설을 종합하여 그 유명한 주자학을 탄생시켰다. 그리고 군신君臣과 부자父子, 부부夫婦의 도리, 즉 삼강三綱과 인의예지신仁義禮智信, 즉 오상五常을 영원불변한 도덕원리로 정착시켰으니, 그것은 이후 모든 봉건사회의 질서를 규정짓는 원리가 되었던 것이다.

헤겔은 독일 슈투트가르트에서 수세국 재무관의 2남 1녀 중 장남으로 태어났다. 어머니는 온유하고 재능 있는 숙녀로서, 아들에게 라틴어를 가르칠 정도였다.

헤겔은 다섯 살에 라틴어 학교에, 일곱 살에는 김나지

헤겔(1770~1831년)
변증법적 관념론 철학을 완성시킨 독일 근세의 체계적 형이상학자이다.

김나지움(Gymnasium)

독일의 전통적인 중등 교육기관. 고전적 교양을 목적으로 한 학교였으나 19세기 초 대학준비 교육기관이 되었다.

『안티고네(Antigone)』

그리스 신화 속 오이디푸스의 딸. 오이디푸스는 테베왕 라이오스의 아들이자 친아버지를 죽이고 친어머니 이오카스테와 결혼한 장본인이다. 안티고네는 아버지 오이디푸스와 할머니 이오카스테 사이 근친상간으로 태어난 비극의 주인공. 형제로는 두 명의 남자형제 폴리네이케스와 에테오클레스, 자매동생 이스메네가 있다. 그런데 당시의 섭정 크레온(이오카스테의 남동생, 안티고네 외삼촌)은 전사한 폴리네이케스를 조국의 배신자로 규정하여 시체 매장을 금지시킨다. 그러나 안티고네는 "죽은 가족의 매장은 신들이 부여한 신성한 의무"라고 주장하며 오빠의 시체에 모래를 뿌려 장례의식을 행하였다가 사형을 당했다.

움에 입학하였다. 김나지움 시절, 그는 여러 분야에서 상을 타는 모범적인 학생이었다고 한다. 특히 그리스의 비극에 흥미를 가지고 소포클레스의 작품 『안티고네』를 번역하기도 하였다. 그리스 정신에 대한 그의 관심은 역시 일생을 두고 지속되었고, 그의 사상 형성에 큰 영향을 주었다. 이 시절, 그에게는 위대한 철학자의 자질이 보였다. 하루에 일어난 일을 꼼꼼히 정리하였을 뿐만 아니라 읽은 책은 언제라도 다시 찾을 수 있도록 색인표를 만들기까지 하였다. 그리고 이런 습관은 일생 동안 지속되었다고 한다. 우리는 이 대목에서 수많은 자료를 솜씨 있게 다루고 문제의 본질을 드러내는 그의 연구방법이 어떻게 형성되었는지 미루어 짐작할 수 있다.

김나지움에서 헤겔이 만난 가장 중요한 인물은 레플러 선생님이었다. 선생은 그에게 신약성경, 희랍고전, 셰익스피어 희곡 등을 매우 감명 깊게 가르쳤으며, 또 그의 재능을 인정해주었다. 뿐만 아니라 셰익스피어 작품집을 선물로 사주기까지 하였다. 그런데 선생은 갑자기 세상을 떠나고 말았다. 그 당시 헤겔의 일기에는 다음과 같은 구절이 있다.

"레플러 선생님은 매우 성실하고 공평하셨다. 학생들을 위해서 몸을 바치는 일이 유일한 염원이셨다. 선생님은 몇 번이나 내 곁에 와 앉으셨고, 나도 또 여러 번 선생님 곁에 가서 앉았다. 이제 선생님은 가시고 없다. 하지만 나는 선생님에 대한 추억을 마음 속 깊이 간직하리라."

영리하고 지적인 학생 헤겔은 그러나 손재주가 없어, 체조나 운동은 아주 못하였다 한다. 발표 실력도 형편이 없어 낭독시간이면 항상 발표 태도나 음성 때문에 지적을 받곤 하였다. 이는 후에도 전혀 고쳐지지 않았다.

고향에서 김나지움을 졸업한 헤겔은 그 해 가을에 "온 힘을 다해 신학만 전공할 것이며, 신학과 관계없는 직업에는 나가지 않을 것"을 굳게 서약하고, 신학교인 튀빙겐 대학에 장학생으로 입학하였다. 그러나 이 서약은 철학에 대한 매력으로 인하여 결국 지켜지지 못하였다.

그는 그곳에서 같은 나이의 횔덜린과 다섯 살 아래의 조숙한 천재소년 셸링독일 관념론 철학의 대표자 중 한 사람과 친해진다. 셸링은 일찍부터 현저하게 두각을 나타냈으며, 선배인 헤겔을 이끌어 나갈 정도였다. 반면 헤겔은 이곳에서 별다른 능력을 발휘하지 못하였다. 성적도 철학을 제외하고는 평균점 이하였다. 중후하고 침착하며 말없이 자기 할 일만 하는 헤겔을 두고, 학우들은 '노인(할아버지)'이라는 별명을 붙여주었다. 그럼에도 학창시절 헤겔은 친구들과 문학논쟁을 벌이기도 하고, 자유를 표방하는 학생동맹을 결성하여 활동하기도 하였다. 후일 프러시아의 국가철학자로, 독일 철학의 태두로 살아 생전에 최고의 명성을 누린 철학자 헤겔의 생애는 그의 김나지움 시절에 이미 예견되었다고 말할 수 있겠다.

문제아들

• 에피쿠로스 • 안셀무스 •
• 마르크스 • 니체 • 야스퍼스 •

지금까지는 비교적 모범적인 케이스를 들어보았다. 그러나 철학자들이 모두 모범생이거나 의젓했던 것은 아니다. 자주 문제를 일으키거나 말썽을 피운 경우도 많았다는 뜻이다. 편모슬하에서 성장한 맹자가 어렸을 적 말썽꾸러기였다는 사실은 앞에서 확인한 바 있다.

에피쿠로스는 기원전 341년, 아테네가 지배하던 사모스 섬에서 태어났다. 열네 살 때 처음 철학을 공부했는데, 그의 경우 정식 인가가 난 정규학교보다는 대안학교 쪽에 더 잘 적응할 수 있는 학생이었다. 생각하는 방향이 늘 창의적이어서, 가르쳐지는 지식만으로는 만족할 수 없었던 까닭이다. 그는 교사들의 가르침에 실망하곤 했다. 예를 들어, 당시 학교에서는 아

에피쿠로스(기원전 341~270년 무렵)
희랍의 철학자로 에피쿠로스학파라고도 불리는 쾌락주의의 시조이다.

이들에게 주로 철자와 문법을 깨우치도록 가르쳤다. 하지만 에피쿠로스는 '우주는 어떻게 생겨났을까? 그리고 이 세계는 끝이 있을까?'와 같은 복잡한 물음만을 계속하여 던졌다. 이런 물음에 교사들이 제대로 대응했을 리는 만무하다.

열여덟 살이 되던 해, 에피쿠로스는 2년 동안의 병역 의무를 감당하기 위해 아테네로 가게 되었다. 교육의 도시 아테네에는 플라톤이 세운 아카데메이아와 아리스토텔레스의 리케이온을 비롯한 유명한 학교들이 많았다. 뿐만 아니라, 내로라하는 학자들이 많이 활동하고 있었기 때문에, 그로서는 최고의 교육을 받을 기회를 얻은 셈이다. 그러나 그는 이곳에서마저 마음에 쏙 드는 선생을 만나지는 못했던 것 같다. 그는 어떤 학교에도 다니지 않았을뿐더러, "나의 스승은 바로 나 자신이다."라고까지 주장하고 다녔다.

훨씬 나중에, 그가 내린 결론은 다음과 같은 것이었다. 즉, 우리가 자연세계에 대해 연구하는 목적은 우리의 헛된 망상과 미신을 쳐부숨으로써 헛된 공포를 없애주기 위해서이다. 이러한 입장에서, 그는 데모크리토스의 원자론이 그 목적에 매우 적합하다고 생각했다. 이 세계의 모든 것은 원자가 모이고 흩어지는 것에 불과하기 때문에, 이 세상에는 불가사의한 요괴 같은 것은 있을 수 없다. 이 세계에서 일어나는 모든 것은 기계론적으로 설명이 가능하며, 따라서 신들이 이 세계를 지배한다는 것은 미신이다. 이러한 생각에서, 그는 심지어 무녀巫女: 여자 무당였던 자기 어머니의 주술마저도 부인하였다. 죽음이란 육체와 더불어 영혼의 원자가 흩어져버리는 것일 뿐이다. 사후의 세계는 없다. 그러므로 우리는 살아있는 동안 즐겁게 살아야 한다. 바로 여기에서 나온 윤리학이 그 유명한 쾌락주의이다.

안셀무스는 아오스타에서 태어났다. 그의 아버지인 군둘프는 롬바르디아 사람이었고, 그의 어머니인 에멜다는 부르군트 사람이었다. 그의 집안은 어느 정도 재산을 갖춘, 하류 귀족에 속했던 것으로 전해지고 있다. 어린 시절 안셀무스는 고집스러운 데다 사치스럽고 방탕한 생활을 했던 그의 아버지와 많은 갈등을 겪었던 것으로 보인다. 그러나 그는 이러한 갈등을 온화하고 영리한 어머니의 사랑으로 해소했다고 한다.

열다섯 살이 되던 해에 안셀무스는 수도원에 들어가고

안셀무스(1033~1109년)
이탈리아 출신의 스콜라 철학자로 영국에서 캔터베리 대주교를 지냈다.

아오스타
이탈리아의 북서부 알프스 최고봉인 몽블랑에 인접한 지역.

롬바르디아
이탈리아의 북부, 스위스와 인접한 주. 북쪽은 알프스 지방, 남쪽은 롬바르디아 평원이며 농업과 공업이 성했다.

부르군트왕국
동 게르만의 일파였던 부르군트 족이 제네바를 수도로 세운 서양 중세초기의 왕국이다. 오늘날 프랑스 '부르고뉴' 지방의 어원은 부르군트에서 유래된 것이다.

싶어 했다. 그러나 롬바르디아의 귀족인 그의 아버지는 아들이 수도원에 들어가는 것에 대해 강력히 반대했다. 이때 어린 안셀무스는 신앙심에서 우러나오는 꾀를 하나 생각해내었다. 그는 수도원장을 감동시켜 수도원에 들어가려는 자기의 소망이 이루어질 수 있도록 할 목적으로, 자기에게 병이 나게 해달라고 기도를 한 것이다. 그리하여 실제로 안셀무스는 심하게 앓게 되었다. 그러나 아버지의 눈치를 심하게 보았던 수도원장은 요지부동이었다. 안셀무스는 건강을 다시 회복하는 도리 밖에 없었고, 그리하여 그는 즉시 병에서 나았다.

그러나 그의 나이 스물세 살 무렵 어머니가 여동생을 낳고 사망하자, 안셀무스는 아버지와의 갈등을 극복하지 못하고 마침내 집을 떠나 3년 정도 프랑스 전 지역을 돌아다녔다. 방랑 생활 첫해에는 파리의 클뤼니 대수도원소르본 대학의 모태을 비롯한 여러 유명한 수도원 학교를 방문하였다. 그리고 바로 이때 스승인 란프랑크를 만나 방랑생활을 청산하였다. 그리고 그의 추천을 받아 1059년 무렵 가을, 프랑스 북부의 노르망디에 있는 베크현재의 르 베크-엘루엥이라는 도시의 베네딕트회 수도원에 학생으로 들어가게 되었다. 비록 어린 시절의 꾀병 흉내는 실패로 돌아갔으나, 수도원에 들어가고 싶어 했던 그의 간절한 소망은 성년이 되어 달성된 것이다. 그는 이곳에서 수사들로부터 체계적이면서도 엄격한 종교 교육과 문법, 수사학 그리고 논리학(변증론)을 배웠다. 그리고 마침내 그곳의 수도원장 자리에 오른다. 그리고 나중에는 영국 성공회의 최고위 성직자이자 세계 성공회 공동체의 상징인 캔터베리의 대주교가 되었고, 마침내 '스콜라 철학의 아버지'라 불리게 될 만큼 위대한 신학자로 기록되었다.

마르크스(1818~1883년)

독일의 철학자이자 경제학자, 혁명사 상가이다.

학생감옥소

1712~1914년까지 독일의 대학은 치외법권 지역이었다. 대학생이 술에 취해 누구를 때렸다거나 치안방해 등의 경범죄를 저지를 때, 대학은 경찰을 대신해 벌을 내렸다. 이때 죄에 따라 하루 ~30일간 학생감옥에 가두었다. 처음 3일 동안은 물과 빵 외에 아무것도 먹을 수 없었으나, 그 이후부터는 사식(私食)도 허용되고 수업도 받을 수 있었다. 학생들은 감옥에 들어가는 것을 오히려 명예롭게 생각했으며, 밤에 감옥 안으로 술과 음식들을 반입하는 등 낭만을 즐기기도 하였다.

과학적 사회주의의 창시자 마르크스는 1818년 5월 5일에 독일의 라인 주 트리어 시에서 유대인 기독교 가정의 7남매 중 셋째로 태어났다. 변호사인 아버지는 칸트 철학의 신봉자로서, 휴머니즘적이고 계몽주의적인 사상을 갖고 있었다. 네덜란드 귀족 출신의 어머니는 많이 배우지는 않았으되, 대식구의 생활을 잘 꾸려나가는 편이었다. 아버지는 유태인에 대한 불이익을 피하고자 마르크스가 태어나기 직전 개신교로 개종하였고, 마르크스 역시 6살이 되던 해인 1824년 개신교 세례를 받았다. 법률가로서 안정된 생활을 누린 아버지 덕분에 마르크스 또한 자유롭고 교양 있는 가정에서 성장하여 대학생이 될 수 있었으리라 여겨진다. 12살이 되던 1830년, 마르크스는 트리어에 있는 프리드리히 빌헬름 김나지움에 들어갔으며, 이곳에서 라틴어, 그리스어, 역사, 철학 등을 배웠다. 마르크스는 아버지의 뜻에 따라 본Bonn 대학의 법학부에 진학하였다. 이때 그의 어머니는 멀리 떨어져있는 아들의 건강을 염려하여, 세세한 당부의 편지를 보낸다.

"사랑하는 아들아. 청소를 사소하게 여겨서는 안 된다. 건강과 쾌적함은 바로 그것에 의해 좌우되기 때문이다. 그러니 네 방 청소하는 것을 잊지 말고 잘 지켜라. 그리고 매주 수세미와 비누로 문질러 닦도록 해라."

사실 그녀가 이러한 편지를 쓴 데에는 나름대로의 이유가 있었다. 마르크스의 생활 자체가 정리 정돈과는 너무나 거리가 멀었기 때문이다. 마르크스는 그리 모범적인 학생이 아니었다. 싸우다가 다치는가 하면, 고성방가 및 음주로 학생감옥소에 들어가기도 했다. 그리고 금지된 무기를 갖고 있다가 고발당하기도 하였으며, 더 나아가 흥청망청한 돈 씀씀이로 빚을 지기까지 한다.

본Bonn 대학에서 1년 동안 공부를 한 후, 마르크스는 베를린대학 법학부로 전학하여 법학, 역사학, 철학을 공부하였다. 특히 마르크스는 당시 독일에서 막강한 영향력을 행사하던 헤겔의 철학에 관심을 쏟았다. 청년헤겔학파로 알려진 바우어, 쾨펜, 루텐베르크 등이 운영하고 있던 '박사 클럽'에도 참여하였으며, 얼마 안 되어 이 모임의 정신적 지도자가 되었다. 그곳에서 밤낮없이 토론에 열중하였는데, 친구들은 그를 가리켜 '사상의 창고'라거나 '이념의 황소 대가리'라고 불렀다. 그는 베를린대학에서 두 학기 동안 학업을 계속하였다. 하지만 여기에서의 생활 역시 아버지의 기대와는 동떨어진 것이었다. 그리하여 아버지로부터 "학문의 모든 분야를 어정쩡하게 이리 기웃 저리 기웃하면서 침침한 석유등잔 아래서 애매모호한 야심을 품고 학자차림으로 망나니짓을 하는 놈, 예의라고는 털끝만큼도 모르는 제멋대로 된 녀석" 이라는 욕을 먹게 된다. 그러나 스물세 살 되던 해인 1841년, 한 시간도 출석한 적이 없는 예나대학에 『데모크리토스와 에피쿠로스의 자연철학의 차이』라는 논문을 제출하여 박사학위를 받았다.

니체는 독일 작센 주독일 동부에 위치. 체코 및 폴란드와 국경을 맞대고 있음 뢰켄에서 개신교 목사 집안의 외아들로 태어났다. 그의 아버지는 프리드리히 빌헬름 4세프로이센의 국왕의 세 공주를 가르치는 가정교사를 하다가 왕의 특별한 주선으로 뢰켄의 목사가 되었다. 니체가 태어난 날은 왕의 생

지금도 독일대학에는 수강신청이라는 것이 없다. 따라서 당연히 출석체크도 없다. 출석을 한 번도 하지 않고 시험에만 합격하면 된다. 교수는 강의를 개설할 뿐, 시험까지 해당교수에게서 볼 의무는 없다. 시험에 자신이 없으면, 다음 학기로 미루어도 된다. 시험은 원칙적으로 구두시험이다. 하지만 학생 수가 많을 때에는 필기시험을 보기도 하는데, 노트와 책을 가지고 들어가는 대신 3시간이 걸릴 정도로 어려운 문제를 출제하는 경우가 많다.

니체(1844~1900년)
독일의 철학자이며 실존철학의 선구자이다.

일 축제일이었기 때문에, 아버지는 크게 기뻐하여 아들 이름을 '프리드리히 빌헬름'으로 지어 주었다.

그러나 그의 아버지는 어느 날 밤늦게 집에 돌아오다가 현관 앞 층계에서 넘어져, 뇌진탕을 앓다가 세상을 떠나고 말았다. 스물다섯 살에 불과한 젊은 아내와 세 자녀를 뒤에 남긴 채. 그리고 8개월 후에는 니체의 두 살 난 남동생 요세프마저 죽고 말았다. 이제 다섯 살의 니체는 어머니, 누이동생과 함께 외가로 옮겨갔다. 그리하여 그는 외할머니와 어머니, 노처녀인 두 이모, 그리고 여동생 틈에서 자라났다. 이 여인들은 집안에 하나 뿐인 사내 니체를 너무 귀여워한 나머지, 그로 하여금 여성적이고 섬세한, 그리고 감수성이 예민한 아이로 자라게 만들었다.

그러나 한편으로, 집안 여자들이 걸핏하면 엄마를 구박했다는 설이 있다. 아버지는 유약해서 엄마를 보호해주지 못했으며, 그나마 일찍 세상을 떠나고 말았다. 아버지가 목사이고 어머니도 목사 집안 출신인 니체가 기독교를 가장 호되게 비판한 철학자가 된 이유를 여기에서 찾는 사람도 있다. 즉, 그가 기독교 도덕을 비난한 데에는, 가장家長이 없는 상태에서 여자들의 기대를 한 몸에 받고 자란 심적 부담감이 너무 컸다는 것이다. 그 기대에 부응하지 못하는 데 대한 상실감이 분노로 변했을 수 있다는 것.

물론 니체가 사춘기 무렵 기독교에 깊이 매진한 때도 있었다고 한다. 이때 그가 쓴 시가 발견되었는데, 슬픔과 곤란에 빠진 한 남자가 십자가에 못 박힌 예수에게 절실하게 도움을 요청하였지만, 끝내 십자가에서 내려오지 않았다는 내용이었다. 기독교에 대한 반감은 이때부터 그의 맘속에 자리 잡았을 가능성이 크다.

그러나 사춘기 이전의 니체, 즉 어린 시절의 니체는 성경구절과 찬송가를 기가 막히게 암송해내었고, 사람들은 그에 감동하여 눈물을 흘리지 않을 수 없었다. 그리고 기억력이 비상한 그에게 사람들은 '꼬마 목사'라는 별명을 붙여주었다. 또 그는 어려서부터 피아노를 배워 즉흥 연주를 하였고, 여덟 살 때 벌써 작곡을 하는 등 음악에 남다른 재주를 나타냈다. 나아가 니체는 열네 살 때에 이미 자서전을 쓸 준비를 한다. 명문고교에 들어가서도 특출한 학생으로 손꼽혔는데, 무엇보다도 음악과 독일어 작문에서 월등한 재능을 보였다. 다만 수학과 철자법이 다소 부진했을 뿐이다.

니체는 학교의 딱딱한 분위기와 낡은 도덕을 비웃으며 반항기질을 보이기 시작했다. 언젠가 한번은 그가 학생들을 감독하고 그 보고서를 제출하도록 되어 있는데, 다소 장난기가 섞인 익살스러운 내용으로 기록하였다. 그 결과 엄격한 선생님들은 토요일에 그를 종교재판에 회부하였고, 벌칙으로 세 시간 동안의 감금과 몇 차례의 외출금지를 선고하였다.

고등학교를 졸업한 그는 본Bonn 대학에 입학하였다. 그러나 입학 직후부터 대학생 사교클럽에 들어가 회원들과 함께 극장을 출입하는가 하면 담배와 술, 그리고 여자에 탐닉하게 된다. 원래 자신의 서투른 사교성을 개발해보려는 것이 클럽에 가입한 주목적이었지만, 곧 염증을 느끼고 탈퇴해버리고 만다.

그는 어머니의 희망대로 목사가 되기 위해 신학과에 적을 두었다. 그러나 성적은 신통치 않았다. 기독교에 대한 회의감에 빠져 있을 무렵, 마침 리츨 교수의 권유도 있고 해서 결국 신학을 버리고 만다. 이듬해 리츨 교수를 따라 라이프치히 대학으로 옮겨간 그는 본 대학에서의 실패를 만회하려는 자세로 문헌학 연구에 정열을 쏟는다.

리츨
독일의 개신교 신학자이자 자유주의 신학의 거두이다.

그러던 어느 날, 헌 책방에서 쇼펜하우어의 『의지와 표상으로서의 세계』를 구입해서는, 새벽 6시부터 다음날 밤 2시까지 꼬박 두 주일에 걸쳐 탐독해낸다. 그리고는 "쇼펜하우어는 꼭 나를 위해서 이 책을 써놓은 것 같다."고 중얼거린다. 이것은 결국 그가 철학과 관계를 맺는 데 있어서 결정적인 계기가 된다. 그리고 니체는 20세기 허무주의가 도래할 것을 일찍이 예언한 실존철학의 선구자가 되었다.

야스퍼스1883~1969년는 독일의 작은 도시 올덴부르크에서 태어났다. 아버지는 29세의 젊은 나이에 부챠딩겐의 행정부 기관장이 되었으며, 올덴부르크의 은행장으로서 새로운 지점망을 확장하면서 은행을 안전하고도 건실하게 성장시켰다. 매우 개방적이고 합리적인 성격의 그는 주 의회 의원 및 시의회 의장을 역임하고, 50년 이상 올덴부르크 유리공장의 감독위원장으로 재직하기도 하였다. 어린 야스퍼스는 이런 아버지를 한없이 존경하였다. 농촌 출신으로서 인자하고 성실한 신교도였던 어머니 또한 개방적인 태도로 인생을 살아가면서 온 집안에 활력을 불어넣는데 부족함이 없었다. 비록 초등학교밖에 나오지 못했지만, 그녀는 매우 지혜로운 아내이자 현명한 어머니였다. 아이들을 억지로 가르치기보다 이해하고자 애썼다. 자녀교육에 비교적 무관심한 아버지의 공백을 메워주기에 충분했던 것이다.

양친이 아들에게 요구한 것은 '이성적일 것과 성실, 근면할 것, 이유 있는 믿음, 스스로 생각하고 스스로 결단할 것, 그리고 맹목적인 복종은 오히려 악이라는 것' 등이었다. 강제적인 명령이나 매질은 한 번도 없었다. 따라서 그의 가정에서 권력국가는 불신, 교회는 조소嘲笑, 군대는 경멸의 대상에 불과했다. 야스퍼스 가정교육의 특징 가운데 하나는 기독교적인 것을 철저하게 무시한다는 점이었다. 부모는 교회를 제외하고 교육하였을 뿐 아니라, 누구에게도 기도를 가르치지 않았다. 하나님은 화제의 대상이 되지 못하였고, 간혹 목사 이야기가 나오면 야유가 일어나곤 하였다. 그리하여 야스퍼스는 교회에 나가지 않았다. 그럼에도 불구하고 학교에서 배운 성경과 신앙문답서, 교회사의 내용은 그의 뇌리에 남게 된다.

야스퍼스는 어린 시절부터 늘 몸이 약하여 부모의 병간호를 받아야 했다. 젖먹이 때부터 그는 기관지가 좋지 않아 계속 신음하며 기침하기 일쑤였다. 또 밤에는 심한 천식에 시달렸으며, 머리와 무릎에는 습진이 생겨 피부병을 앓기도 했다. 또 야스퍼스는 모범이 될 만한 영재는 결코 아니었다. 초등학교 1학년 때에는 약 30명 가운데 6등 정도였고, 그 후에는 20명 가운데 3등 정도밖에 하지 못했다. 그러나 졸업할 때에는 필기시험을 우수하게 치러 구두시험이 면제될 정도였다. 그러나 우수한 성적에도 불구하고, 늘 낙제를 당할까봐 불안해했다. 별반 노력을 기울이지 않아도 수학은 늘 우수했다. 그러나 어학 쪽은 매우 약했다.

야스퍼스의 김나지움 시절은 굴욕과 반항, 고독과 자아성찰을 통하여 인격이 형성되어가던 때이다. 어느 날, 그는 체육시간에 윗옷 벗는 일을 거부하였다. 감기에 걸렸다는 이유에서였다. 이 일로 인하여 교장까지 개입하는 등 사건이 크게 번지자, 결국 그는 형식적으로나마 사과를 하지 않을 수 없었다.

당시 학교에는 교장으로부터 허락 받은 세 개의 학생 조직이 있어서 대부분의 학생들은 그 어느 하나에 가입하고 있었다. 이것은 대학생 조합을 모방한 것인데, 각기 전통을 달리하는 데다 여행이나 음주 등 여러 가지 의식이 있었다. 그런데 세 개의 조직 가운데서도 오브스크라에 신분이 높은 고급관료나 장교, 부자들의 자제가 속해 있었고, 따라서 굳이 분류하자면 야스퍼스 역시 여기에 해당되었다. 그러나 그는 "신분이나 계급 등의 외적인 것을 가지고 우열을 가리는 것은 용인할 수 없으며, 음주 등으로 소란을 피우는 것 역시 저속하며, 또한 거창한 의식이 싫다."는 이유를 들어 그 어느 쪽에도 가담하지 않았다. 그리하여 그 혼자만이 고립되어 다녔는데, 이러한 그를 두고 모두들 비웃었다.

이때 그 아버지는 아들을 고독에서 벗어나게 하기 위해 사냥에 데리고 다녔다. 그러나 몸이 약한 야스퍼스는 산과 들에서 거침없이 행해지는 사냥놀이를 오래도록 따라다닐 수가 없었다. 그래서 결국 집안에서 독서에 몰두하였다. 그의 잠재적인 반항정신은 졸업을 앞둔 사은회에서 폭발하였다. 교장이 라틴어로 답사를 하자 그는 "우리가 라틴어로 말할 수 있을 만큼 배우지 못했을 뿐 아니라, 식장에 참석한 사람들 역시 알아듣지 못할 것이기 때문에 이는 결국 기만에 불과합니다."고 불평한 것이다. 이에 교장은 "너는 아무 것도 할 수 없을 거야. 너는 정신적으로 병들어 있어!"라고 비난하며, 그를 퇴장시켜 버렸다.

이처럼 '권위'에 대해 반항심을 키운 것이 그의 평생에 하나의 정신적 외상, 즉 트라우마로 남지 않았을까 여겨지기도 한다. 가령 그는 너무나 자주 '혼자 있는 듯한' 느낌을 가졌고, 매우 적은 수의 사람들하고만 교제했다. 그는 사람들과의 관계에서 많은 어려움을 겪었으며, 심지어 가장 절친한 친구와도 자주 절교하곤 하였다. 그가 학창시절에 쓴 다음의 글은 어린 시절에 대한 그의 기억이 매우 부정적이었음을 드러내고 있다.

"나는 다시는 아이가 되고 싶지 않아. 왜냐고? 아이들은 제대로 알지도 못하고, 방향 감각도 없으며, 매사에 무기력하여 어른들의 희생양이 되기 십상

이거든. ...어른이 되면, 이런 고통은 깨끗이 사라지는 거야."

김나지움의 졸업은 그에게 있어서 커다란 해방이었다. 이제 그는 새로운 희망을 안고 출발하였다. 그러나 열여덟이 되던 해에 그에게는 기관지 확장증이라고 하는 진단이 내려진다. 어떤 경우에도 격렬한 신체 활동은 피해야 했고, 하루에 7시간 이상 공부해서도 안 되었다. 그리고 매일 1시간씩 누워서 폐를 따뜻하게 하고, 30분간 폐에 쌓인 가래를 기침으로 뱉어내야만 했다. 당시의 의학 수준으로 보아서는 남은 생이 얼마 되지 않을 것 같았다.

하지만 한 여자를 만나고부터 삶에 대한 새로운 의욕을 갖게 된다. 그녀는 야스퍼스의 동기생인 유태인 학생 에른스트 마이어의 누이. 야스퍼스 자신보다 4년 연상인 그녀와 결혼을 하고, 무엇보다도 건강을 증진시켜야겠다고 마음먹었다. 그리하여 꼼꼼한 일과표를 짜서는 규칙적인 생활을 하였던바, 그 내용은 다음과 같다. "7시 내지 8시에는 반드시 일어나 일정한 시간에 식사를 한다. 점심 후에는 편안하게 쉬되 낮잠은 자지 않는다. 그리고 밤 10시 반에는 잠자리에 든다."

그는 병이 났을 때나 여행할 때를 제외하고는 이 원칙을 충실하게 지켰다. 그 때문인지는 몰라도, 여든 여섯 살의 장수를 누리면서 자신의 목표를 달성할 수 있었다. 자기 나름의 의학적 처방을 하면서 여러 가지 시행착오를 경험한 야스퍼스는 전공을 법률에서 의학으로 바꾼다. 추상적인 법률 개념의 조작에 싫증을 느낀 것. 그는 스물두 살 때 의사 예비시험에, 그리고 3년 후에는 국가시험에 합격한다. 곧 1년의 실습 기간을 마치고 개업 자격을 획득한다. 그 후 철학으로 돌아온 야스퍼스는 독일 하이델베르크 대학과 스위스의 바젤 대학 교수를 역임하였고, 마침내 하이데거와 더불어 20세기를 대표하는 실존주의 철학자로 불리게 되었다.

특이한 신체, 체질

• 한비자 • 왕양명 • 지의 • 데카르트 •

지금까지 어렸을 적 모범적이었던 철학자들과 문제를 일으켰던 철학자들을 살펴보았다. 이제부터는 본인의 의사와 무관하게, 질병에 시달리거나 신체적으로 특이했던 경우를 알아보도록 하자. 철학자 가운데에는 선천적으로 어떤 질병이 있거나 신체적으로 아주 특이한 경우가 있었다.

가장 먼저 등장하는 사람은 한비자기원전 280~233년이다. 법가의 논법으로 유가 사상을 받아들인 그는 스승인 순자가 성악설을 기초로 예치禮治를 주장한 것과 같은 맥락으로, 인성이기설人性理己說을 바탕으로 법치法治를 주장하였다.

한비자는 한나라에서 명문귀족의 후예로 태어났는데, 그의 본 이름은 전해지지 않고 있다. 그냥 한자韓子라고 불리다가 당나라의 한유韓愈, 768~824년.

당송 팔대가의 한 사람와 구별하기 위하여 한비자韓非子로 고쳐 불리게 되었다. 한비자는 중국 전국시대 말기에 한나라 왕의 첩의 몸에서 태어났다. 한나라가 비록 강대국 진秦나라의 위협을 받을 정도로 미약하기 했으되, 그 자신의 태생으로 보면 귀족 출신임이 분명하다. 하지만 날 때부터 말더듬이여서 주위 사람들과 어울리지 못하고 외롭게 성장했다.

사실 말을 더듬는 사람들의 경우, 심리적 요인이 크다고 알려져 있다. 이렇게 보았을 때, 한비자가 그의 태생과 관련하여 남에게 말하지 못할 한을 품고 있었을 수도 있고, 자칫 말을 잘못했다가 죽음을 맞이할 수도 있는 시대 상황 속에서 몸조심을 했을 수도 있다고 추측된다. 실제로 그는 『세란說難』 편에서 이렇게 말하고 있다.

"군주에게 유세하는 일은 결코 쉽지 않다. 상대편이 명예욕에 사로잡혀 있을 때 재물의 이익을 말하면 속물이라 하여 깔보고, 반대로 그가 재물의 이익을 바라고 있을 때 명예를 이야기하면 세상일에 어둡다고 욕한다. 군주가 겉으로는 그렇지 않은 척 하면서 비열한 짓을 하려 할 때, 유세하는 자가 그것을 아는 체 하면 목숨이 위태롭다. 임금에게 도저히 불가능한 일을 강요하거나 도저히 중지할 수 없는 일을 그치도록 하여도 생명이 위험하다. 군주와 함께 어진 임금의 이야기를 하면 군주를 비방하는 것이라 의심받고, 말을 꾸미지 않고 표현하면 무식한 자라고 업신여기고, 여러 학설을 끌어다 해박하게 말하면 말이 많다고 흉본다."

이사(李斯, ?~기원전 208년)

중국 전국시대 초나라 출신의 사상가이자 진나라의 승상(丞相). 진시황제를 보좌하여 진나라가 천하통일을 이룩하는 데 기여했고, 통일 후에는 군현제 등을 실시하여 중앙집권 국가의 기틀을 다졌다. 도량형, 화폐, 문자통일 등 중앙집권정책을 폈으나, 한편으로 분서갱유 사건 등을 주도하여 진시황제가 악명을 떨치는 데 기여했다.

한비자가 말을 매우 조심했던 것은 사실인 것 같다. 왜 그랬을까? 여기에서 그의 성장 과정을 살펴보도록 하자. 한비자는 소년 시절에 이사와 함께 대유학자인 순자에게서 배웠다. 당시 한나라는 진나라에게 많은 땅을 빼앗기고 거의 멸망의 위기에 놓여 있었다. 이에 마음이 답답해진 한비는 임금에게 편지를 띄워, 나라를 잘 다스릴 수 있는 방법에 대해 건의하였다. 그러나 임금으로부터는 아무런 대답이 없었다. 이에 울분이나 풀어보겠다는 마음에서 『고분孤憤』, 『세란說難』 등 10만여 자나 되는 책을 썼는데, 이것이 바로 『한비자』이다. 이 책을 본 진시황은 "이 사람을 만나 함께 이야기할 수 있다면, 죽어도 여한이 없겠다."고 말했다.

한비자를 얻기 위해 진시황은 한나라를 공격했고, 한나라는 즉각 한비자를 진나라로 들여보냈다. 시황은 그의 탁월한 견해를 높이 평가하였으며, 또한 크게 환대하였다. 그러나 친구인 이사는 학생시절에 자신이 한비 보다 못한 줄을 이미 알고 있던 데다, 그가 시황의 총애까지 받게 되자 심한 질투심을 느꼈다. 이에 그는 한비자를 모함하기 시작하였고, 시황은 이사의 간교한 말만 믿고 한비를 감옥에 가두었다. 그렇지만 그를 죽일 생각까지는 없었다. 이에 조바심이 난 이사는 하수인의 손에 독약을 보내 한비자 스스로 자살하도록 명령하였다. 이에 한비는 이사의 모함을 눈치 채고, 여러 차례 시황에게 상소를 올렸다. 그러나 끝내 기회를 얻지 못한 채 죽고 말았다. 결국 그의 억울한 죽음은 동문수학同門受學: 한 스승 밑에서 함께 배움한 친구의 손에 의해 이루어진 것이었다.

그러나 진시황의 뜻이 없었다면, 아무리 입김이 센 이사라 한들 이러한 일을 저지를 수 있었을까? 그러므로 어떤 학자들은 한비자가 죽음을 당한 것은 『세란說難』을 쓴 것 때문이라고 말하기도 한다. 군주를 능멸(?)한 것이 해를 당한 직접적인 원인이었다는 말이다. 이러한 배경에서 보았을 때, 혹시 그는 자신의 운명을 예감하고 끝까지 말을 아끼려고 했던 것은 아닐까? 말을 하지 못해서가 아니라, 말을 하지 않으려 했던 것은 아닐까? 더욱이 어렸을 적부터 동문수학한 친구로부터 통한痛恨의 배신까지 당했으니, 과연 이 세상에서 믿고 말할 사람이 누가 있겠는가?

왕양명의 원래 이름은 운雲이었다. 그러나 다섯 살이 되도록 말을 하지 못하자, 그의 할아버지가 수인守仁으로 이름을 바꾸어주었다. 그러나 스스로는 양명자陽明子라 칭하였기 때문에 모든 사람이 그를 '양명 선생'이라 불렀던 것이다. 명나라 헌종 때에 절강성 소흥부 여요현의 서운루에서 태어난 양명은 명필 왕희지의 후예였으며,

왕양명(王陽明, 1472~1528년)
중국 명나라 중기의 대표적 철학자, 정치가, 주관적 관념론자이다.

왕희지(王羲之, 307년?~365년?)
중국 동진(東晉)의 서예가. 역사상 가장 위대한 서예가. '서성(書聖)'이라는 칭호를 받았다. 길을 걸을 때나 앉아서 쉴 때나 손가락으로 옷에다가 한 획 한 획 그리다가 나중에는 옷이 닳아서 구멍이 날 정도로 언제나 손가락으로 붓글씨 쓰는 연습을 했다고 한다. 또 붓글씨 연습을 끝낸 후에는 붓과 벼루를 집 앞에 있는 못에서 씻곤 했는데 나중에 그 못물이 다 검어졌다고 한다.

아버지 화華는 진사시험에 장원급제하여 남경이부상서를 지내기도 하였다.

그러나 왕양명은 그 어머니가 임신 8개월 만에 조산했기 때문에, 출생한 이래로 몸이 약해 이미 청년기에 폐병으로 피를 토하기도 했다. 아버지는 양명의 나이 열일곱 살 되던 해 7월, 결혼을 하도록 명령하였다. 그러나 결혼식이 있던 날, 그는 혼자서 부근의 철주궁일종의 도교사원 안으로 걸어 들어가 도사 한 사람이 앉아있는 것을 발견하였다. 호기심에 이끌린 그는 그 도사에게 물어보았다.

"병에 걸리지 않고 오래 사는 방법, 즉 양생이 무엇입니까?"

그리고는 조용히 앉아 그것을 배우느라 집에 돌아갈 일도 잊고 말았다. 화려한 신방에서 아름다운 신부와 함께 달콤한 첫날밤을 보내야 할 신랑이 결국 생면부지의 도사와 밤을 지새웠던 것이다.

또 그가 입산하려고 한 데에는 다음과 같은 배경도 있다고 전해진다. 즉, 양명은 스무 살에 향시에 응시하였으나 낙방하고 말았다. 4년 후에 응시하였으나 또 떨어졌다. 자신의 재주만을 믿고 남을 가볍게 여긴 결과였다. 설상가상으로 그때 마침 폐병에 걸렸고, 그리하여 산 속에 들어가 양생법을 공부하려 하였다는 것이다.

양명의 나이 56세 때에는 광서의 전주에서 야만족이 반란을 일으켰는데, 그 곳 총독이 이를 막지 못했다. 그러자 조정에서는 양명을 총독에 임명하여 반란군을 토벌하도록 하였다. 양명은 이 무렵 폐병에 이질까지 겹쳐 간곡히 사양하였으나 받아들여지지 않았다. 양명은 할 수 없이 불편한 몸을 이끌고 광서로 향했다. 양명이 그

양생(養生)
몸과 마음을 편안히 하고 병에 걸리지 않게 노력하는 일.

생면부지(生面不知)
한 번도 만난 적이 없는 사람.

향시(鄕試)
과거 시험에서의 제1차 관문. 여기에 합격하여야 회시(會試)에 응시할 수 있고, 이 회시에 합격하여야 대과(大科)에 응시할 수 있었다.

곳에 당도하자, 반란군은 지레 겁을 먹고 항복하고 말았다. 그러나 이들의 반항이 그곳 관리들의 악정惡政: 악독한 정치 탓임을 알게 된 양명은 태장 100대씩으로 다스려 그 죄를 면해 주었다. 또한 그는 학교를 세워 교육과 교화에도 힘썼다.

그런데 날씨가 좋지 않은 데다 과로까지 겹쳐, 마침내 쓰러지고 말았다. 도적 떼를 몇 번이나 토벌하고 난을 평정하는 동안 양명의 기력은 모두 소모되고 말았던 것이다. 앞서 말한 대로 그는 날 때부터 선병질인 데다 더욱이 학문과 사색을 좋아하였기 때문에, 신체가 더욱 허약해져 결국 몸에서 피를 토하는 각혈병을 얻고 말았다.

중국 수나라 때의 승려인 지의智顗, 538~597년는 천태종의 개조로 널리 알려져 있다. 그런데 그가 태어나기 전 그의 어머니는 오색구름이 품속에 들어오는 꿈과 흰쥐를 삼키는 꿈을 꾸었다고 한다. 이상하다 여겨 점을 쳐 보았더니, 점쟁이의 하는 말은 이랬다.

"흰 용이 태어날 징조이다."

그리고 그가 태어나던 날 밤에는 방안이 환하게 밝아졌다. 이에 모든 사람들이 기뻐하면서 그의 출생을 축하하였다. 또한 장차 그의 장래 일을 기대하며 이름을 '왕도王道'라 불렀다. 그러다가 환한 빛이 나타났던 사실을 기억하며, 다시 '광도光道'라 이

태장(笞杖)

작고 가는 가시나무 회초리로 볼기를 치는 태형(笞刑)과 큰 형장으로 볼기를 치던 장형(杖刑)을 아울러 이르는 말로 60대부터 100대까지 다섯 등급이 있었다.

선병질(腺病質)

결핵성 질병을 가진 사람에게 잘 나타나는 증세로 피부가 꺼칠해지고 입술과 코가 두꺼워진다. 목 부분의 임파선이 붓고 빈혈이 나타나기도 한다.

각혈병(喀血病)

결핵, 폐암, 기관지 확장증 또는 외상 등으로 인하여 폐나 기관지점막 등에서 피를 토하는 병이다.

용(龍)

기린, 봉황, 거북과 더불어 사령(四靈)이라 불려온 상상의 동물. 신성한 힘을 지닌 존재로 여겨지나 기독교에서는 사탄을 상징한다. 중국의 문헌에 따르면 머리는 낙타, 뿔은 사슴, 눈은 토끼, 귀는 소, 몸통은 뱀, 배는 큰 조개, 비늘은 잉어, 발톱은 매, 주먹은 호랑이를 닮은 모습을 하고 있다. 불교에서는 불법을 수호하는 용왕으로 표현된다. 용왕은 물의 신이므로 화가 나면 가뭄을 일으킨다고 전해진다. (한국학중앙연구원, 『한국민족문화대백과』에서)

합장(合掌)

가슴 앞에서 손바닥을 합쳐 좌우 열 손가락을 펴서 포개는 일. 예배의 방법으로서, 자신의 마음이 불타와 보살에 전념하고 있음을 나타낸다.

데카르트(1596~1650년)

프랑스의 철학자. 수학자, 물리학자, 생리학자이다.

름을 바꾸었다. 어릴 때, 두 가지 이름을 서로 바꾸어가며 불렀던 것이다.

또 하나, 특이한 점은 그의 눈에 동자가 둘 있었다는 것이다. 부모는 이를 숨기려 애썼지만, 사람들의 눈을 속일 수는 없었다. 오히려 집안사람들은 그것을 제왕의 모습이라 하였고, 장래에 반드시 위인이 될 것이라 믿었다. 아닌 게 아니라 그의 성장과정을 보면, 분명 범상치 않은 부분이 있었다. 누우면 합장하고, 앉으면 반드시 서쪽(중국에서 보았을 때 불교의 발상지인 인도를 향한 쪽)을 향하였으며, 나이가 열 살이 되도록 함부로 먹지 않았고, 불상佛像을 보면 반드시 절을 하였고, 스님을 만나면 반드시 공경하였다. 그리하여 그는 실제로 위대한 경지에 이르렀는데, 그의 성공은 세속적인 공적에서보다는 불법佛法을 빛낸 데서 찾아야 할 것이다.

데카르트는 열 살 때에 입학한 라 프레쉬의 예수회 학원에서 여러 가지 특혜조치와 함께, "잠자리에서 일어나고 싶을 때까지 오래 자도 괜찮다"는 허가를 받았다. 그리하여 늦게 일어나는 것은 데카르트의 버릇이 되었고, 이 버릇은 또한 일생동안 그의 공부에 많은 도움이 되었다. 최초로 그의 전기를 쓴 바이예는 "철학과 수학의 분야에서 데카르트가 남긴 중요한 업적은 결국 그의 아침 잠자리에서 이루어졌다."고 말하고 있다. 대표적인 업적이 좌표직선·평면·공간에서 점의 위치를 나타내는 수의 짝의 발견인데, 날벌레가 천장에 붙어있는 것을 보고 침대에 누운 채 날벌레의 위치를 계산하려다가 만들어 진 것이 바로 좌표라고 한다.

그렇다면, 왜 학교에서조차 그의 늦잠을 용인하였던 것일까? 이는 그의 건강과 관계가 있다. 데카르트는 프랑스 투렌 지방의 투르 인근에 있는 소도시 라에에서 브르타뉴 주의 고등법원 평정관이었던 아버지 조아생 데카르트와 어머니 사이에서 태어났다. 하지만 어머니는 그를 낳은 지 열 석 달 만에 '마른기침과 창백한 안색'을 그에게 물려준 채, 세상을 떠나고 말았다. 그는 몹시 병약했기 때문에, 의사들조차 오래 살지 못할 것으로 진단할 정도였다. 그러나 극진하게 돌봐준 유모 덕분에 건강을 회복하였고, 마침내 정상적인 생활을 할 수 있었다. 대신 아들도 아내처럼 일찍 죽을 것을 걱정한 아버지에 의해 학교 가는 일이 열 살로 늦춰졌다.

어렵사리 시작한 삶이지만, 도리어 약한 몸 때문에 덕을 본 일도 있었다. 그것은 침대에 누워 사색하는 습관을 평생 지니게 되었다는 사실이다. 그리고 그의 명상하는 버릇을 발견하고, 이를 기특하게 여긴 아버지는 어린 데카르트에게 '철학자'라는 별명을 붙여주기도 하였다.

데카르트는 왕성한 지식욕과 함께 진리 탐구에 대한 뛰어난 소질을 가지고 있었다. 그러나 학문의 길에 들어선 뒤로는 줄곧 숨어살면서 사색에 잠기곤 하였다. 그가 파리 교외에 있는 아버지의 친구 집에 머물고 있을 때였다. 조용하던 이곳은 얼마 지나지 않아 많은 문인들이 몰려듦으로써 시끄러운 아카데미로 변하고 말았다. 그러자 데카르트는 아무에게도 알리지 않은 채, 교외의 다른 곳으로 거처를 옮겨갔다. 당황한 아버지 친구는 그를 수소문하던 중, 어느 날 우연히 길에서 데카르트의 몸종을 만나 그가 있는 곳으로 안내해달라고 하였다. 몸종은 주인데카르트의 엄한 명령이라면서 그렇게 할 수 없다고 버티다가 어쩔 수 없이 그를 데려가게 되었다.

때는 아침 11시쯤이었다. 살그머니 문구멍으로 방안을 들여다보았더니,

데카르트는 창문을 열고 침대에 누워 있었다. 한참 동안 생각에 잠겨 있다가는 몸을 반쯤 일으켜 침대 곁에 있는 작은 책상에 대고 무엇인가를 적고, 또 누웠다가 다시 몸을 일으켜 글을 쓰곤 하였다. 이러기를 약 30분쯤 하고서, 잠자리에서 일어나 옷을 입더라는 것이다. 데카르트가 30대 무렵, 그의 친구 발자크에게 보낸 편지에는 이렇게 쓰여 있다.

"나는 여기서 매일 밤 10시간 잠을 잔다네. 아무 걱정거리도 없어서 잠을 깨는 법이 없지. 한참 자고 있노라면, 내 정신은 숲과 정원과 황홀한 궁전을 산책한다네. 그럴 때면 동화에서나 상상할 수 있는 온갖 즐거움을 맛보며, 나도 모르는 사이에 낮에 꿈꾸고 그리워하던 것을 밤의 그것에 섞곤 하지. 잠에서 깨면 나의 만족은 더욱 완전해지며, 또 내 모든 감각이 그것을 느끼게 된다네."

마음과 몸의 관계를 본격적으로 다룬 데카르트의 마지막 책인 『정념론』이 1649년에 출판되었다. 그러자 그것을 읽고 감명을 받은 스웨덴의 크리스티나 여왕은 해군 제독과 군함을 보내면서까지 그를 초청하였다. 그러나 데카르트는 주저하고 있었다. 야인(野人)인 자신이 궁중생활에 적응하지 못할 것을 잘 알고 있었던 데다, 조용히 진리 탐구에 몰두하는 자유를 빼앗기고 싶지 않았기 때문이다. 그러나 한편으로, 자기를 표적으로 한 비판들을 피하기도 할 겸 절친하던 프랑스 대사 샤뉘의 간곡한 권유도 있고 하여, 여왕의 제안을 받아들이기로 한다.

데카르트는 스톡홀름에 있는 샤뉘 대사의 집에 머물면서, 아침 다섯 시에 궁중으로 가 여왕을 가르치게 되었다. 그러나 데카르트 자신에 있어서 일찍 일어난다는 것은 오랫동안의 습관을 깨뜨리는, 지극히 힘든 일이 아닐 수 없었다. 1650년 2월 1일. 데카르트는 스웨덴 여왕에게 아카데미 설립의 계획서를 바치고 돌아온 후, 감기에 걸리고 말았다. 다음 날에는 열이 몹시 오르면서 폐렴으로 발전하였다. 그러나 데카르트 자신은 그저 류머티즘쯤으로 그리 대수롭지 않게 생각하고 있었다. 마침 여왕의 시의주치의가 자리를 비워, 네덜란드 출신의 의사가 치료해 보겠다고 나섰다. 하지만 데카르트는 이 의사를 믿지 않았기 때문에 조용히 물리쳤다. 병세는 점점 악화되어 갔다. 그가 열에 들떠 정신을 가누지 못하자 여왕은 다시 의사들을 보내어 치료하게 했다. 그러나 데카르트는 끝까지 사양하였다. 1주일 후 열이 좀 내려 정신을 회복한 데카르트는 병에 대한 자신의 판단이 잘못됐음을 깨닫고, 피를 뽑도록 허용했다. 그러나 이미 때는 늦었다. 호흡이 곤란해지고, 가래를 뱉는 것마저 고통스러웠다.

> **류머티즘**
> 급성 또는 만성으로 근육이나 관절 또는 그 근접 조직에 동통, 운동 장애, 경결을 일으키는 질환. 어혈이 생겨 홍반이 점점이 나타나기도 하며, 심장을 침범하기도 한다. 입술이 파랗고 혀가 보라색을 띤다든지, 기침이나 각혈 등의 증세가 나타나게 되며, 심하면 심장이 지속적으로 두근거리기도 한다.

9일째 되는 날 아침, 그는 음식을 청하여 먹고는 조용히 누워 있었다. 저녁에는 평생 동안 그를 돌봐 준 유모에게 자기의 재산을 떼어주도록 유언하였다. 사태의 위급함을 알고 밤늦게 달려온 뷔오게 신부는 데카르트의 눈을 들여다보면서 "마지막 축복을 원하면, 무슨 표시를 해 주시오."라고 말하였다. 데카르트는 눈을 들어 하늘을 쳐다보았다. 이 동작은 거기 있던 모든 사람에게 감동을 주었다. 그것은 하나님의 뜻에 완전히 순종함을 나타내고 있었다. 신부의 축복기도가 끝나기 전에 데카르트는 흠 없이 살아온 그의 생애에 합당하게 조용한 가운데 숨을 거두었다.

겁쟁이와 추남

● 벤담 ● 도안 ●

토리당(Tory Party)

한때 잉글랜드 왕국의 정당으로, 현재 보수당의 전신이다. 토리라는 이름의 유래는 다음과 같다. 1678년부터 1681년 사이 왕위계승 문제로 가톨릭 교도였던 제임스의 즉위를 인정하는 사람들을 가리켜 "토리(Tory: 불량 혹은 도적의 뜻)"라고 불렸던 것이 그 시작이다. 즉위를 반대하는 자들은 "휘그(Whig-모반자, 말 도둑의 뜻)"라고 불렸다. 토리당 지지기반은 지주 계층이고, 휘그당 지지기반은 자유주의 무역을 신봉하는 부르주아들이다. (『위키백과』, 우리 모두의 백과사전)

지금 우리는 철학자들의 어린 시절에 대한 이야기를 하고 있다. 여기서부터는 어린 시절, 매우 나약하고 내성적인 경우를 들여다보도록 하자. 공리주의 윤리학자 벤담1748~1832년은 1748년 영국 중류층의 토리당 지지자 가정에서 태어났다. 법률가였던 할아버지와 아버지의 지도로 어린 시절부터 엄격한 교육을 받았다. 특히 그의 아버지는 서너 살밖에 되지 않은 아들을 무릎에 앉히고 그리스어와 라틴어를 가르치기도 하고, 바이올린과 오르간을 열심히 익히도록 했다. 이런 덕분에 벤담은 일곱 살 때부터 프랑스어를 능숙하게 하고, 좀 더 나이가 들어서는 그리스어와 라틴어로 시를 짓기도 했다.

벤담은 성격이 상당히 조숙한 편이어서 이미 다섯 살 무렵부터 '철학자'라는 애칭을 얻었다. 하지만 평범한 교우관계도 맺지 못하고 공부에만 매달려야 했던 어린 시절을 그 자신은 매우 끔찍했던 시기로 회상하고 있다. 어린 시절 벤담은 병약하였고, 감수성이 매우 예민한 아이였다. 식모에게 귀신 이야기를 듣고 집밖으로 나가지 못할 정도로 겁이 많아, 친구들과 놀기보다는 어머니나 할머니와 노는 시간이 더 많았다. 이런 벤담에게 남다른 특징들이 몇 있었는데, 첫째는 꽃을 아주 좋아하고 식물채집을 즐겼다는 점이다. 그러나 또래 소년들이 즐기던 낚시와 사냥은 매우 싫어하였다. 동물이 고통스러워하는 모습을 차마 볼 수 없었기 때문이다. '고통은 악'이라는 그의 사상이 어린 시절부터 싹트기 시작했던 것은 아닐까?

일곱 살에 웨스트민스터 스쿨에 입학한 그는 열 두 살의 나이로 옥스퍼드대학 입학을 허가 받는다. 여기에는 그 아버지의 극성스런 교육열이 한 몫 거들었던 것으로 추측된다. 벤담의 부친은 아들에게 영재교육이라고 할 만한 것을 시켰던 것이다. 이 덕분에 어린 나이에 대학에 들어갔지만, 정상적인 교우관계를 맺을 수 없었다. 자신

웨스트민스터 스쿨

1179년 알렉산더 3세 교황에 의해 설립된 영국의 명문학교. 현재는 만 13세부터 남학생, 16세부터 여학생 입학이 가능하며, 자율성과 다양성을 인정하면서 학업에 대해 엄격한 학풍이 특징이다. 졸업생들은 대부분 옥스퍼드 대학이나 캠브리지 대학으로 진학하는데, 모교에 대한 자부심이 대단하다고 한다.

보다 훨씬 나이가 많은 동료 집단으로부터 왕따를 당했던 것. 철부지 짓을 해서가 아니라, 오히려 너무 조숙해 건방져 보인다는 게 이유였다. 그렇다고 하여 공부에 취미를 붙였느냐 하면, 그것도 아니었다. 식물학, 동물학, 물리학, 윤리학, 법학 등을 공부하였지만, 어느 하나도 그의 마음을 끌지는 못하였다. 이에 더해 자신의 의사와 무관하게 영국 국교회의 기본 신조인 39조를 맹세할 것을 강요받으면서, 종교에 대한 반감까지 갖게 되었다.

그럼에도 벤담은 불과 3년만인 열다섯 살 나이로 대학을 졸업한다. 그리고 스물한 살에는 아버지의 소원대로 변호사 자격을 얻었다. 하지만 직업으로서의 변호사 업무를 매우 싫어했다. 변호사란 직업 자체가 무의미한 데다, 돈이 많이 드는 소송만 부추기는 사람으로 인식되었기 때문이다. 더욱이 당시의 법률은 구태의연할 뿐 아니라 비합리적이기도 했다. 따라서 벤담은 변호사보다는 법의 기초를 연구하는 데 더욱 몰두하게 된다. 벤담은 26세에 메리 던클레이라는 여자를 만나 사랑하게 되었다. 그러나 그의 아버지는 고아 출신인 데다 가난하기까지 한 그녀와의 결혼을 한사코 반대했다.

스물여덟 살 되던 해(1776년), 벤담은 이름을 감추고 『정부론 단편』이라는 책을 냈다. 이 책은 처음에 그다지 성공을 거두지 못했다. 하지만 당대 최고의 학자를 효과적으로 비판했다는 점에서 몇몇 사람들의 관심을 끄는 데는 성공했다. 이 가운데에는 나중에 영국 수상을 지낸 셸번 백작도 있었다. 벤담은 셸번 백작을 통해 몇몇 중요한 인물을 만나게 되는데, 그것이 그의 인생을 바꾸어놓았다. 이 가운데에서도 백작 아들의 가정교사였던 프랑스인 뒤몽과의 만남은 매우 중요했다. 벤담의 신봉자였던 뒤몽은 벤담의 저서를 혁명의 분위기가 무르익던 프랑스에 전하려고 노력했다. 덕분에 벤담의 사상은 뒤에 프랑스혁명을 통해 전 유럽에 알려졌다. 이 무렵 벤담은 사라 스트레톤이란 여자를 만나 청혼한 다음, 6개월 동안 정성을 다했다. 이 여성의 경우, 부잣집의 상속녀로서 아버지의 마음에도 들 것이 분명해보였다. 하지만 이번에는 여자 본인의 거절로 모든 일이 수포로 돌아가고 말았다.

또 벤담은 이 시기에 백작의 조카딸에게서 사랑을 느낀다. 그녀 역시 벤담에 대해 좋은 감정을 갖고 있었던 것 같다. 하지만 편지를 여러 차례 주고받으면서도 벤담은 사랑고백을 하지 못했다. 어렸을 적부터 소심하기만 했던 성격이 이때까지 지속되었던 것. 끝내 맘속에 담아둔 사랑을 고백하지 못한 채, 그는 평생 독신으로 지냈다. 그리고 30여년의 세월이 흐른 1805년, 그의 나이 예순 살 가까이 되어서야 겨우 사랑을 고백한다. 하지만 안으로만 삭혔던 사랑 고백, 러브레터에 대한 답은 정중한 거절이었다.

미처 다 털어놓지 못한 사랑의 괴로움 탓인지, 벤담은 1785년 동생의 초청을 받은 즉시 러시아로 떠났다. 서른일곱 살의 노총각은 그곳에서 2년의 세월을 독서로 보내며, 경제문제를 면밀히 관찰했다. 그 결과를 정리하여 『고리 대금을 위한 변론』이란 제목으로 영국 의회에 보냈는데, 이때부터 그는 비로소 널리 알려지기 시작했다. 경제학의 아버지 애덤 스미스가 그에게 자신의 전집을 선물하기도 했다. 이에 자신감을 얻은 벤담은 1789년 오랫동안 묻어두었던 자신의 야심작, 『도덕 및 입법의 원리 서설』을 쓴다. 법의 기초를 다룬 이 저서로 인하여 그는 파리의 명예시민이 되고, 나폴레옹 법전에 인용되는 '명예'를 누리게 된다.

벤담은 교도소 개혁의 일환으로 원형감옥 프로젝트를 추진하다가 경제적 어려움을 겪기도 했으되, 결국 보상금을 받아냈다. 뿐만 아니라, 각종 법률개정 운동에 몰두하기도 하고, 그리스 독립전쟁에 일정액을 기부하기도 했다. 마침내 그는 1832년 자신이 그토록 심혈을 기울였던 의회개혁 운동이 주효하여 선거법 개정안이 의회를 통과했다는 소식을 들으면서 눈을 감을 수 있었다. 그의 비서였던 보링의 품에서 만족한 웃음을 띠면서. 여든네 살의 나이였다. 우리로서는 어린 시절 나약하고 내성적이었던 벤담이 어떻게 하여 선거법 개정이나 경제적인 제한입법의 철폐에 있어서 급진파의 리더가 될 수 있었는지, 불가사의한 일이 아닐 수 없다.

철학의 역사에 있어서, 외모와 관련하여 단연코 유명한 사람은 소크라테스이다. 하지만 어린 시절만 두고 본다면, 도안을 첫손에 꼽아야 하지 않을까 싶다.

도안의 집안은 명문가였었으나, '영가의 난'을 만나 유요의 군대에 의해 부친이 죽고 말았다. 이 충격으로 어머니마저 세상을 떠나자, 네 살 난 도안은 하루아침에 고아가 되어 사촌형님에게 얹혀사는 신세가 되고 말았다. 그는 천성적으로 영리하여 이미 일곱 살 때 서당선생을 놀라게 하였다. 그가 열두 살 되던 해에 조정은 전국에서 천재아동들을 선발하여 승려로 키우고자 하였던 바,

도안은 여기에 뽑혀 불교에 입도하였다.

그런데 도안의 스승은 그가 못생긴 것을 보고 그를 매우 차갑게 대했고, 날마다 밭일만 시켰다. 그러나 도안은 이에 낙심하지 않고 열심히 일을 하는 한편으로, 꾸준히 불교의 경전들을 읽어나갔다. 그리하여 3년 후에는 적지 않은 경서經書를 독파하기에 이르렀던 바, 그때서야 비로소 스승은 그의 재능을 인정해주었다.

'못생긴 천재 소년' 도안은 마침내 불경을 해석하는 데 있어서 중국의 제 1인자가 되었고, 또한 중국과 인도의 사상을 융합한 최초의 선구자가 되었다. 나아가 그는 불교의 계율을 확립하였으며, "모든 승려는 석釋씨를 성姓으로 삼아야 한다."고 주장하여 후세에 그대로 지켜지게 하였다. 또한 그는 당시까지만 해도 민간의 미신 수준에 머물렀던 중국 불교를 사림士林=儒林 차원의 철학으로 끌어올렸다는 평가를 받고 있다. 후일에 구마라습은 그를 가리켜 '동방의 성인聖人'이라 부르기도 하였다.

유요(劉曜, ?~329년)

중국 5호16국 시대 전조의 제5대 왕. 흉노족 출신으로 전조(前趙)의 제1대 왕인 유연이 오촌 당숙이 된다. 어렸을 때 아버지를 잃었으므로 유연에게 양육되어 319년 장안으로의 천도를 선포하고, 나라 이름을 '한(漢)'에서 '조(趙)'로 바꾸었다. 이 해에 석륵도 스스로 조나라의 왕을 자처하며 독립했으므로, 흉노족이 세운 한나라는 유요의 전조(前趙)와 석륵의 후조(後趙)로 나뉘어 대립하게 되었다.

6장

금수저와 흙수저

오늘날 우리나라에는 사교육 열풍이 그치지 않고 있다. 공교육만으로는 좋은 대학에 갈 수 없다는 현실 인식이 학부모와 학생들을 학원으로, 과외로 내몰고 있는 것이다. 그런데 이에 들어가는 만만치 않은 비용 때문에, 이곳에서도 부익부 빈익빈 현상이 나타나고 있다. 빈곤의 악순환을 자녀에게 물려주지 않겠다는 부모의 각오는 몸을 팔아 자녀의 사교육비를 충당하는, 그야말로 경악할만한 세태에까지 다다랐으니. 참으로 통탄할 일이 아닐 수 없다. 그렇다면, 인류에 위대한 정신적 스승 역할을 담당했던 철학자들은 모두가 부유한 집안에서 태어나 좋은 부모 밑에서, 양질의 교육을 받고 자랐을까? 결론부터 말하자면, 반드시 그렇지는 않다. 물론 처음부터 깜짝 놀랄만한 환경에서 태어난 경우도 있다. 왕족으로 태어난 경우와 명문집안 출신이었다가 나중에 왕이 된 사람들이라고 하겠는데, 예컨대 고려시대의 의천과 석가모니, 그리고 구마라습이 이에 속한다.

왕족 출신

• 의천 • 석가모니 • 구마라습 • 아우렐리우스 •

의천(義天, 1055~1101년)

고려 중기의 승려. 우리나라 천태종의 개조.

최충(崔沖)

고려 문종 때의 문신. 문하시중(고려 시대의 최고 관직) 및 지공거(과거를 관장하던 주 시험관)를 수차례 역임했다. 한국 최초의 사립학교 '9재 학당'을 세웠다. 문장과 글씨가 뛰어나 '해동공자(海東孔子)'로 추앙받았다.

의천은 왕의 아들로 태어났다가 나중에 승려가 된 사람이다. 그는 고려의 11대 왕 문종文宗의 넷째 아들로 태어났으며, 어머니는 인예왕후 이씨李氏이다. 문종과 인예왕후 사이에서 태어난 아들 세 명이 모두 고려의 왕이 되었으므로, 의천은 12대 순종, 13대 선종, 15대 숙종의 친동생이 되며, 14대 헌종의 입장에서 보면 숙부에 해당한다.

그러면 여기에서 의천의 아버지 문종에 대해 좀 더 알아보도록 하자. 문종은 이복형인 정종이 세상을 뜬 후, 정종의 유지遺志로 왕위를 이어받았다. 그는 즉위하자마자 문하시중 최충에

게 명령을 내려 율령律令, 서산書算을 정리하게 함으로써 각종 법 제정의 기틀을 마련하였다. 장인인 이자연 또한 사심 없이 그를 보필하였기 때문에, 문종은 이자연과 최충을 통해 문치文治 정책을 추진해나갈 수 있었다. 문종은 불교를 신봉하여 1067년 흥왕사를 세웠고, 자신의 아들을 부처에게 바치겠다고 서약하였다. 그리고 태자 왕후王煦를 출가시켜 승려가 되게 하니, 그가 바로 대각국사 의천이다.

의천은 열한 살의 나이에 출가하였고, 학문 연구에 힘을 기울여 대승불교만이 아니라 소승 불교의 경전까지 모두 섭렵하였다. 나아가 유학 경서들과 제자백가諸子百家의 사상에도 두루 능통했다고 한다. 한편, 문종은 의천 외에 여섯째 아들도 출가를 시켰다. 물론 왕의 불심이 돈독하여 부처가 왕실

승통(僧統)

불교 교종의 최고법계. 보통 승과에 합격하면 대선, 대덕, 대사, 중대사, 삼중대사, 수좌, 승통에 이르게 되는데, 승통에게는 왕사나 국사가 될 자격이 부여된다.

과 나라를 부강하게 만들어줄 것이라는 신앙심에서 그랬을 수도 있다. 하지만 그보다는 왕자를 통해 불교를 통제하려는 의도 때문이라고 보는 시각도 있다. 왕자는 그가 가진 특수한 신분 때문에, 아주 빠른 기간 안에 최고의 지위에 오를 수 있다. 그 예로써, 열 살에 승려가 된 의천은 2년 만에 불교계 최고 지위인 승통의 자리에 오른다. 의천은 중국 송나라 화엄종의 고승인 정원법사와 편지를 주고받았는데, 그러다가 이왕이면 송나라에 가서 불경을 공부하고 싶다는 생각이 들었다.

그러나 신중하고 사려 깊은 문종 왕은 의천이 송나라에 가는 것을 반대했다. 승려이기 이전에 고려의 왕자인데, 고려 왕자가 송나라에 가서 머문다는 것은 요나라거란와 외교 분쟁을 일으킬 가능성이 있다고 여겼기 때문이다. 요나라는 고려가 송나라와 연합하는 것에 신경을 곤두세우고 있었다. 그러던 중 문종이 죽고 순종이 왕위에 올랐다. 순종은 문종의 장남이니, 의천에게는 큰형님에 해당한다. 그러나 순종은 왕위에 오른 지 4개월도 못되어 죽고 말았다. 순종이 죽자 왕위계승을 두고 둘째 국원후와 셋째 계림공이 경쟁을 하다 국원후에게 왕권이 돌아갔으니, 그가 바로 선종이다.

둘째 형선종이 왕위에 오르자, 의천은 송나라에 가서 불경 공부하겠으니 보내달라는 청을 올렸다. 그러나 신하들이 이번에도 요나라와의 외교관계를 들어 완강히 반대하였다. 그러자 의천은 선종 왕과 모후에게 편지 한 장을 남기고 밀항을 통해 송나라로 떠나갔다. 왕명을 어기고 밀항하는 것은 죽어 마땅한 죄이다. 하지만 의천은 왕자이자 왕의 동생 신분인지라, 처벌은 커녕 도리어 왕이 관리를 파견해 그의 시중을 들게 했다.

또한 이 소식을 들은 송나라의 황제 철종은 그를 수도인 변경汴京의 계성사에 머무르게 하고, 양걸을 영접사로 임명하여 의천과 동행하도록 했다. 의천은 이때 여러 종파의 불법을 폭넓게 공부하였다. 중국 불교는 여러 권의 불교 경전들을 가지고 간 의천 덕분에 법난法難을 거치며 잃었던 경론들을 복구한 데다, 여러 종파의 학승學僧들이 모여 활발한 논의가 이루어지면서 불교 부흥의 계기를 마련할 수 있었다.

드디어 의천이 귀국할 때가 되었다. 의천을 태운 배가 예성강 포구에 도착하자, 선종은 친히 마중을 나가 성대하게 환영의식을 치렀다. 이때 의천은 불경과 경서 1,000권을 왕에게 바쳤다. 동시에 송나라, 요나라, 일본 등지에서 사들인 4,000여 권의 책을 모두 간행하게 하였다. 한편, 13대 선종은 1094년 2월, 재위 10년 7개월 만에 향년 46세로 세상을 떠나고 말았다. 그의 뒤를 이어 이번에는 14대 헌종의천의 조카에 해당이 왕위에 올랐다. 이후 의천은 전라남도 순천의 선암사, 경상남도 합천의 해인사 등에 머물렀다. 한편, 헌종은 나이가 어려 모후가 섭정을 했다. 그러나 계림공후에 숙종 세력에 비해 태후 세력은 미약했다. 계림공은 헌종이 왕위에 오른 지 두 달 만에 실력행사에 나서, 반대파 세력을 제거하고 중서령에 취임했다. 중서령은 백관百官의 으뜸으로 명예직에 불과했지만, 계림공은 실권까지 거머쥐었다. 조정은 계림공 쪽 사람들로 모두 채워졌다. 이런 분위기에서 더 이상 버티지 못한 헌종과 사숙태후헌종의 모후는 재위 5개월 만에 삼촌계림공-숙종에게 자리를 물려주고 물러난다. 『고려사』에는 "왕이 선위하니, 계림공이 두세 번 사양하다 마지못해 받아들였다"고 했다. 그러나 계림공

양걸(楊傑, ?~?)

중국 북송 출신이며, 태상(太常: 제사를 주관하고 왕의 묘호와 시호를 제정하던 관아)으로서 제사 및 예악에 관한 일을 주관하였고 불심이 특출한 것으로 알려져 있다. (임종욱, 『중국역대인명사전』, 이회문화사)

중서령(中書令)

고려시대 중서문하성(中書門下省)의 종1품 장관직. 문하시중이나 상서령과 함께 종1품으로 같은 품직이지만, 대개 문하시중(門下侍中–오늘날의 국무총리에 해당)이나 상서령을 역임한 사람이 임명되기 때문에 신하로서는 최고위의 관직이었다.

교장도감(敎藏都監)

대장경(大藏經)에 대해 연구하고 해석하여 그 목록을 만들었던 관청이다.

숙종 편에 선 의천

계림군(숙종)이 어린 조카 헌종을 퇴위시키고 스스로 왕위에 오른 사건을 두고, 조카 단종을 몰아내고 왕위에 오른 조선시대의 수양대군(세조)과 비교하는 이들이 있다. 하지만 고려 시대에 왕에게 후사가 없거나 태자가 너무 어릴 경우 왕의 형제들을 후계자로 삼는 일은 결코 흠이 아니었다. 거기다 헌종은 어려서부터 병치레가 심하였던 데다 계림공(숙종) 자신으로 보아도 일찍부터 아버지(문종)가 아낄 정도로 재주가 출중하였다. 그러던 중 형인 선종이 병약한 자기 아들에게 왕위를 물려줘 버린 상태에서 '이자의의 반란'을 진압하고 왕위에 올랐으니, 명분상 크게 부족하지 않은 것이다. 또 세조와 달리, 상왕이 된 헌종을 시해하지도 않았는데, 얼마 가지 않아 헌종이 사망한 저간의 사정도 작용을 하였을 터이다. 결과적으로 숙종은 조카를 죽이지 않은 채 자연스레 왕권을 확립시킬 수 있었던 것이다.

이 애써 사양한 것은 진심이 아니라, 의례적인 인사치레였던 것으로 보인다. 그 후 헌종은 불과 14세 나이에 요절하고 마는데, 숙종 일파에게 살해당했을 가능성이 크다. 물론 숙종은 그가 질병으로 죽었다고, 송나라와 요나라에 알렸지만.

1095년 고려의 15대 왕 숙종의천의 형이 즉위한 뒤, 의천은 다시 개성 흥왕사로 돌아왔다. 이때부터 불법 연구에 더욱 몰두하였다. 한편으로 송나라의 고승들과 편지와 서적 등을 나누며 꾸준히 교류하였다. 또한 흥왕사에 교장도감을 설치하고, 여러 나라에서 수집한 불교 경전을 목판으로 간행하기 시작하였다. 하지만 몽고의 침략으로 오늘날에는 극히 일부만 전해지고 있다. 고려의 15대 왕 숙종은 부지런하고 검소하며 과단성이 있었으며, 오경五經, 제자서諸子書, 사서史書 등에 해박하였다. 그의 재위 기간 동안 윤관이 여진정벌을 계획하였지만, 이기지 못하고 돌아왔다. 이때 윤관이 "신이 여진에게 패한 것은 저들은 기병이고, 우리는 보병이기 때문이었습니다."라고 아뢰니, 이에 숙종은 기병으로 구성된 신기군神騎軍, 보병으로 구성된 신보군神步軍과 승도僧徒로 구성된 항마군降魔軍 등 도합 30만 명을 두어 별무반이라 칭하고, 여진정벌을 준비하게 하였다.

하지만 숙종에게는 친조카의 왕위를 빼앗았다는 오점이 남아있다. 그런데 의천은 이때 형인 숙종 편에 섰다고 한다. 사실 의천이 천태종을 창건한 것 역시 계림공숙종을 위해서였다. 의천은 화엄종에 속해 있으면서도, 천태종을 세워 계림군을 후원했던 것이다. 의천은 불교 통합으로 왕권 강화를 도왔고, 화폐의 유통을 주장하여 해동통보가 사용되기도 하였다. 동전 유통을 통해 이익을 창출해 국고를 충실하게 하자는 것으로, 당시로서는 매우 진보적 사고였다. 의천은 47세의 나이로 병사하였고, 사후에 '대각국사大覺國師'의 시호를 받았다.

불교의 교조인 석가모니에 대해서는 제3장 '전설적인 탄생설화' 편에서 언급한 바 있으되, 그 역시 왕족 출신이라 일컬어진다. 석가는 그가 속한 종족인 사키야Sakya의 이름이고, 모니는 성자聖者라는 뜻이며, 싯다르타는 어렸을 때의 이름이다. 석가모니는 지금의 네팔에 해당하는 카필라에서 성주城主의 아들로 태어났다. 아버지는 정반, 어머니는 마야로서 인도의 명문혈통을 가진 호족에 속하였고, 대대로 왕통을 계승하여 내려온 귀인 집안이었다.

그러나 석가모니는 태어난 지 7일 만에 어머니인 마야 왕비를 여의고 만다. 하는 수 없이 그녀를 대신하여 그의 이모인 마하파사파제가 그를 양육하였던 바, 이때 그가 받은 교육내용으로는 철학, 미술, 공예, 건축, 역산曆算-1년 동안의 기상, 절기, 천체운행 등을 기록한 일종의 달력과 산술에 관한 학

천태종

중국 수나라 때의 고승 지의가 천태산에 머무르면서 『법화경』을 중심으로 체계화한 불교의 교파. 우리나라에서는 고려시대 의천에 의해 개창되었다. 당시 선종계의 승려들이 대부분 천태종에 들어왔고, 화엄종계 승려들도 천태교학을 배우는 사람이 많았다.

화엄종

중국 당나라 때에 『화엄경』을 근본 경전으로 하여 성립된 불교의 한 종파. 천태종과 함께 중국 불교의 쌍벽을 이루었다. 우리나라에서는 신라의 원효·의상 등에 의해 크게 선양되었다. 의천은 고려 불교의 통합이라는 관점에서 화엄·선(禪)·천태를 융합하고자 하였다. 그러나 천태종은 조선시대에 들어와 다시 조계종 등과 함께 선종이라는 이름으로 합쳐져 그 이름마저 상실하고 말았다.

해동통보(海東通寶)

1102년(숙종 7년) 화폐의 유통을 촉진하기 위한 우리나라 최초의 동전. 먼저 1만 5천관을 제작하여 고위 관리와 문무양반, 군인에게 나누어주고 사용하게 하였다. 숙종의 해동통보 유통 노력에도 불구하고 일반 백성들은 동전을 구하기 어렵고 여전히 물품화폐를 주로 사용하는 등 불편함을 호소하였다. 예종 때는 대신들의 반발로 점차 힘을 잃어 전국적으로 유통되지 못하고 본래 화폐로서의 기능을 상실했다.

정반왕(淨飯王)

중인도 가비라위국의 왕. 구리성 선각왕의 누이동생 마야를 왕비로 맞았는데, 왕비가 싯다르타(석가)를 낳고 죽자, 그녀의 동생을 후계 왕비로 맞아들여 싯다르타를 기르게 하였다. 그 후에 그녀에게서 난타라는 아들을 얻었다. 만년에 병이 들어 석가, 난타 등의 간호를 받으면서 죽었다.

문, 음악, 의학, 논리 등이 있었다. 또한 이밖에 64종류의 문예와 29종의 무예를 익혔던 것으로 알려져 있다. 그는 매우 영리하여 일곱 살 때에 학예와 무술을 통달하였고, 점점 커갈수록 사물에 대해 깊이 생각하고 진리에 대해 명상하는 버릇이 생겨났다. 열여섯 살 때에는 구리족의 아름다운 여인 야수다라와 결혼하여 라훌라라는 아들을 낳기도 하였다.

석가의 아버지 정반왕은 아들에게 자기의 권좌를 물려주고자 하였고, 이에 현실세계의 어려움과 상관없는 좋은 상태에서 부귀에 넘치는 교육을 받도록 배려했다. 그러던 어느 날, 석가는 수레를 타고 길을 가다가 사람의 네 가지 모습을 차례로 보게 되었다. 첫째는 늙어서 제대로 걷지도 못하는 노인, 둘째는 높은 열로 고통 받는 병자, 셋째는 이미 썩어버린 시체, 그리고 세상의 고통을 초월하여 안식을 누리는 승려였다. 이에 그는 모든 부와 명예, 권력, 가족을 버리고, 집을 떠나기로 결심한다.

석가가 출가하게 된 배경에는 다른 것보다 현실에 대한 그 자신의 애착이 도리어 강하게 작용했을 것이라고 보는 견해가 있다. 그는 특히 사랑하는 아내와 아들, 부친 및 친지들과 영원히 함께 살고자 하는 열망이 다른 사람보다 강했을 것인데, 그러한 바람과는 정반대로 이 세상의 덧없음에 경악하여 차라리 영원한 구도의 길을 떠나기로 결심했다는 것이다.

제4장의 〈아버지의 나쁜 영향력〉 편에서 살펴보았던 구마라습 역시 외가로 따지자면, 왕족 출신이라 말할 수 있다. 구마라습의 아버지 구마라염은 본래 인도 재상의 아들이었다. 법규대로 하자면, 그 또한 아버지의 직위

를 이어받아야 했지만, 나염은 아버지나습의 할아버지에 해당의 허락을 받아 구자국 나라에 가서 그 곳 왕의 여동생을 아내로 맞이하였고, 이 두 사람 사이에서 태어난 아들들이 바로 나습 형제이다. 구마라습은 인도 사상을 체계적으로 중국에 소개한 최초의 인물이었고, 대승 종파의 경전을 가장 먼저 소개하기도 했다. 또한 성실종의 창시자이자 삼론종의 창시자이기도 하다.

명문집안 출신이었다가 나중에 황제가 된 사람으로는 스토아학파금욕주의에 속하는 마르쿠스 아우렐리우스가 있다. 그의 집안은 할아버지가 최고 관직인 집정관로마 공화정 시대의 최고행정관을 세 번이나 지낼 정도의 명문이었다. 121년 로마에서 태어난 아우렐리우스는 안토니우스 피우스 황제의 양자(養子)가 된 후, 서기 140년 로마의 콘술집정관이 되었다. 그로부터 5년 후인 145년, 안토니우스의 딸사촌 누이과 결혼한 다음 그의 뒤를 이어 로마 황제로 즉위하였다. 율리우스 카이사르, 아우구스투스, 티베리우스, 트라야누스, 하드리아누스와 더불어 훌륭한 황제로 평가받고 있는 아우렐리우스이지만, 재위기간 내내 이민족과의 전쟁에 시달리고 황제가 된 이후 계속해서 전쟁터에 나가야 했다. 그는 추위에 떨면서도 항상 최전선에 나갔으며, 틈틈이 로마로 돌아와서 국정을 살피고 전장에서도 사무 처리를 하는 등 성실하면서도 근면한 태도를 유지하였다. 그러나 당시의 로마제국은 경제적으로나 군사적으로 어려운 시기인 데다 변방에는 외적의 침입이 잦았다. 엎친 데 덮친 격으로 천연두 혹은 홍역으로 추정되는 전염병이 유행하여 400만 명 정도가 목숨을

삼론종(三論宗)
대승불교의 공(空)사상을 중심으로 하는, 불교의 한 종파. 삼론(三論)에 의지함. 여기에서 삼론이란 삼론종의 근본경전이 되는 세 가지 책을 말하는데, 곧 용수보살이 지은 『중론(中論)』과 『십이문론(十二門論)』, 그리고 그 제자 제바(提婆)가 지은 『백론(百論)』의 세 가지를 가리킨다.

마르쿠스 아우렐리우스
로마제국의 제16대 황제이고 재위 기간은 161~180년으로 5현제 가운데 마지막 황제이다.

잃었다. 이처럼 제국이 피폐해져가는 가운데 수많은 전쟁에 시달리면서 병을 얻게 된 아우렐리우스는 마침내 도나우 강변의 군대 진영에서 사망하고 말았다. 금욕주의적 철학과 황제의 격무라는 딜레마 속에서 쓰인 그의 『명상록』이 유명하다.

진중에서 쓰인 『명상록』 안에는 스토아적 철학자로서의 묵상과 황제의 격무라는 모순적 상황에 갈등하는 한 인간의 슬픔이 담겨 있다. 그의 철학에 의하면, 세계의 모든 것은 신적神的인 세계 영혼으로 관통되고 살려지게 되며, 인간이 죽으면 그의 영혼 역시 세계 영혼으로 돌아가게 된다. 물질적, 육체적인 세계의 모든 것은 이 신적인 이성에 의하여 끊임없이 변화하고 있다. 따라서 어떠한 개인의 이름이나 기억은 이 필연의 운동 속에서 소멸되고, 망각으로 빠져 들어간다. 그러므로 우리는 외부적인 어떤 것에도 마음을 괴롭히는 일이 없이 주어진 운명을 감수해야 한다. 그리하여 내적으로 자유롭고 명랑하고 조용하고 경건하게, 자신의 죽음을 기다리며 살아가야 한다. 여기에서 보는 바처럼 아우렐리우스에게 있어서는 철학자와 황제의 길이 전혀 별개의 것이었다.

명문귀족 출신

• 플라톤 • 베이컨 • 러셀 • 완적 •

비록 왕이나 왕족 출신은 아니지만, 명문귀족 출신의 철학자들도 꽤 많다. 플라톤은 기원전 427년경 아테네의 유력 가문에서 태어났다. 고대 사료는 그의 아버지 아리스톤을 아테네의 전설적인 왕 코드로스의 자손으로, 어머니 페리크티오네를 그리스 7현인 가운데 하나인 솔론의 후손으로 적고 있다.

특히 어머니 페리크티오네의 친오빠 카르미데스와 사촌오빠 크리티아스소크라테스의 제자. 30인 참주의 우두머리는 30인 과두정권의 일원으로 잘 알려진 인물들이다. 페리크티오네는 남편과 사별死別한 다음, 페리클레스아테네의 최전성기

플라톤(기원전 428/427~348/347년)

고대 그리스의 대표적인 철학자. 소크라테스의 제자이자 아리스토텔레스의 스승. 30여 편에 달하는 대화록을 남겼는데, 그 안에 담긴 이데아론(형이상학), 국가론 등은 고대 서양철학의 정점으로 평가받는다.

솔론(기원전 640~560년)

아테네의 시인이자 정치가. 채무 때문에 노예가 된 시민들을 해방시키고, 인신 담보의 대부를 금지시켰다.

를 이끈 최고지도자와 친분이 두터웠던 퓌릴람페스와 재혼하였다.

　어려서부터 명문 출신다운 교육을 받으며 자란 플라톤은 유명 문학가들로부터 가르침을 받고, 레슬링 선수 아리스톤에게 몸을 단련하는 법을 배웠다고 한다. 스무 살 무렵, 플라톤은 디오니소스 극장의 비극 경연대회에 나갔다가 극장 앞에서 소크라테스의 강연을 듣게 되었다. 강연에 커다란 감명을 받은 그는 "저는 이제 당신이 필요합니다."라고 하며, 즉시 가지고 있던 비극대본을 불태워버렸다. 그는 소크라테스의 고상하면서도 겸허한 인품에 매료되어 소크라테스가 죽을 때까지 그를 스승으로 섬겼다.

　그런데 플라톤과 그의 스승 소크라테스의 철학 사상은 당시 그리스 정치 상황과도 밀접한 관련을 갖고 있었다. 펠로폰네소스 전쟁이 벌어지는 동안 아테네 내부에서는 민주주의 세력과 귀족주의 정파 간의 갈등이 지속되고 있었다. 이 와중에 민주주의 정권은 소크라테스를 귀족주의 옹호자에 대한 응징의 본보기로 처형하였다. 소크라테스 처형으로 큰 상실감을 겪은 플라톤은 다른 제자들처럼 아테네를 떠났다. 그는 메가라, 이탈리아, 시칠리아, 이집트 등지를 여행하며 다채로운 사상을 접했다. 마흔 살이 지나 고향 아테네로 돌아온 플라톤은 아카데메이아를 세워 학생들을 가르쳤다.

기원전 366년과 361년경 플라톤은 '이상 국가'라는 자신의 정치철학을 직접 실행하기 위해 시칠리아 시라쿠사로 갔다. 그러나 시라쿠사의 참주 디오니시오스 2세는 플라톤의 교육을 따라가지 못했으며 오히려 폭군의 면모를 보였다. 이후 고국으로 돌아온 플라톤은 80세에 생을 마감할 때까지 대부분의 시간을 자신이 세운 학교에서 제자를 양성하고 학문을 연구하는데 보냈다. 그럼에도 그가 철인왕哲人王: 철학자가 왕이 되든지, 왕이 철학을 공부해야 한다. 사상을 주장한 점이나 시칠리아 섬을 두 번이나 방문하면서 이상 국가 실현을 시도했던 데서, 정치에 대한 그의 여망과 미련을 엿볼 수 있지 않을까 한다.

영국 경험론의 선구자 프란시스 베이컨은 런던에서 궁정대신과 그의 둘째 부인 사이에서 둘째 아들로 태어났다. 그가 태어날 무렵, 아버지 니콜라스 베이컨은 옥새상서와 대법관을 겸직하고 있었다. 옥새상서玉璽尙書란 국

프란시스 베이컨(1561~1626년)
유물론의 시조. 르네상스기의 대표적인 인물이다.

왕의 인장을 보관, 관리하면서 국왕의 명령을 공식화하는 책임을 맡은 자리이다. 국왕의 명령이 공식화되려면, 옥새상서의 승인을 거쳐 옥새를 공문서에 찍어야 했던 것이다. 따라서 옥새상서는 국왕의 최측근 관직으로서, 국왕의 뜻과 명령을 하늘처럼 받들며 가장 가까운 거리에서 보좌하는 직책이

윌리엄 세실

영국의 정치가. 엘리자베스 1세 아래에서 국무장관과 재무장관을 역임했다.

다. 더욱이 베이컨의 이모부 윌리엄 세실 역시 엘리자베스 여왕의 최측근으로, 막강한 정치적 영향력을 행사하고 있었다.

12세 때 케임브리지 트리니티 칼리지에 입학한 베이컨은 이 시절, 엘리자베스 1세 여왕을 만난다. 당시 여왕은 베이컨의 남다른 지적 능력에 감탄하며, 그를 '젊은 옥새상서'라 불렀다. 그러나 그는 이 대학을 자퇴하고 만다. 그곳에서 중세 스콜라 철학을 공부하도록 강요받은 데 대해 불만을 터뜨린 것이다. 그 후, 영국 대사관의 수행원 자격으로 프랑스 파리에 가서 3년 동안 머무르며 문학과 과학을 공부하였다. 이 동안 아버지가 갑자기 세상을 떠났다. 고국으로 돌아와 보니 유산은 이미 큰어머니에게서 난 세 자녀와 손위 형들에게 거의 상속되어 버렸고, 막내인 그에게 돌아오는 몫은 없었다. 공무원으로 출세해볼까 하고, 당시 수상首相인 큰아버지를 비롯하여 가까운 친척들에게 취직을 부탁하였다. 그러나 돌아오는 답변은 냉담하기만 하였다.

변호사가 되어 출세하기로 결심한 베이컨은 그레이즈 법률 학원에 들어갔다. 그리하여 21세 때 변호사 자격을 얻었다. 2년 후에는 젊은 나이로 타운톤 시서부 잉글랜드 서머셋 주의 한 도시의 하원의원에 당선되었으며, 그 후 선거 때마다 승리하였다. 그 후 베이컨은 비어있던 검사장 자리를 차지하기 위해서 백부큰아버지와 종형사촌형의 도움을 요청하였다. 그런데 이때 경쟁자로 떠오른 인물은 공교롭게도 이종사촌 동생이었다. 즉, 이모부 윌리엄 세실의 아들이었던 것이다. 이에 베이컨은 엘리자베스 여왕의 애인이라고까지 소문이 난 2대 에식스 남작에게 구조 요청을 하였다. 하지만 결과는 모두 실패였다. 에식스 남작은 베이컨을 위로하기 위해 자신의 부동산을 베이컨에게 선물했고, 베이컨은 이를 팔아 상당히 많은 돈을 벌었다.

그런데 얼마 후 여왕의 청혼을 거절한 에식스는 여왕으로부터 미움을 받게 되었다. 에식스는 추종자들과 함께 1601년 2월 8일, 런던에서 대중봉기를 일으키려 했다. 이를 알아차린 베이컨이 여러 차례 간곡하게 만류했으나 에식스는 듣지 않고 끝내 반란을 추진하다가 발각, 체포되고 말았다. 베이컨은 여왕 앞에서 그를 끈질기게 변호함으로써 가출옥나머지 형벌의 집행을 면제하고 석방하는 일으로 풀려나게 하였다. 그러나 그 후 에식스는 또다시 반란군을 모아 런던으로 진군하다가 체포되고 말았다. 일이 이렇게까지 되자, 당시 검사국에 있던 베이컨은 반역죄를 적용하여 사형을 구형하였고, 결국 에식스는 사형언도를 받아 처형되고 말았다. 베이컨은 사람들로부터 배은망덕하다는 비난을 받았다.

하지만 그는 이에 아랑곳하지 않고, 시 참사의원의 딸과 결혼을 한다. 여왕이 죽고 제임스 1세가 왕위에 오르자, 베이컨은 또다시 출세가도를 달리기 시작했다. 검사차장과 검사장을 거쳐 검찰총장이 되더니, 1616년에는 추밀원 고문관, 이듬해에는 궁정대신왕에게 자문역할을 하는 최측근으로까지 그야말로 초고속 승진을 하였다. 베이컨은 56세 때, 옥새상서로 임명된다. 지난날 자신의 아버지가 맡았던 자리, 항상 가슴에 품고 있으면서도 쉽게 오르지 못했던 자리에 오른 것이다. 이로써 베이컨은 자신이 태어났던 템즈강 가의 요크 하우스, 즉 옥새상서의 관저로 들어가게 되었다.

이듬해에는 그토록 열망해마지 않았던 왕 다음의 자리인 대법관의 자리에 올랐으며, 남작男爵: 공, 후, 백, 자, 남 5등급의 작위 가운데 다섯 번째 작위과 자작子爵: 네 번째 작위의 칭호를 잇달아 받게 된다. 곧이어 기사작위를 받은 베이컨은 국왕의 법률고문 자리까지 꿰차게 된다. 이 무렵, 그의 주저

> **추밀원(樞密院)**
> 영국의 행정 및 사법기관. 국왕 측근의 소수 귀족집단으로 구성된 일종의 자문기구. 정책의 입안 처리, 법원감독, 회계청 재정관리, 지방행정 조정 등 광범위한 영향력을 행사하였다.

런던탑

런던탑

영국 템즈강 가에 있는 유서 깊은 거대한 성. 한 때는 감옥으로, 한 때는 행정기관으로, 한 때는 왕립 보물창고로 사용되었다. 지금은 유네스코 세계유산으로 지정되어 박물관이 되어 있다.

서로 평가 받는 『신기관론』까지 출간하였으니, 그야말로 권력의 정점에서 철학까지도 아름다운 꽃으로 피어나게 했다고 할 수 있겠다. 그러나 베이컨은 대법관이 된 지 3년 만에 어떤 소송인에 의해 뇌물수수죄로 고소를 당한다. 결국 그는 유죄판결을 받아 공직을 박탈당한 채, 런던탑에 감금되었다. 그러나 4일 후에 왕의 사면으로 석방되었고, 4만 파운드의 벌금도 면제받았다. 석방된 베이컨은 고향의 옛집으로 옮겨갔고, 이후로는 악화된 건강을 치료하기 위해 런던을 방문할 때를 제외하고는 두문불출하며 연구와 저술에 전념했다.

노벨문학상을 받은 바 있는 러셀 역시 영국의 전통적인 귀족가문의 자손으로 태어났으며, 훗날 그 자신도 경卿에 임명되었다. 그의 가문은 몇 세기 전 튜더왕조가 세워질 때 휘그당에 속해 있었다. 튜더왕조란 1485~1603년, 5대 118년에 걸친 절대주의 시대의 영국 왕조를 가리킨다. 14세기 잉글랜드를 지배했던 왕가인 플랜태저넷 왕조는 왕가 내 가문 사이에 일어난 장미전쟁으로 인해 몰락의 길을 걷게 되었고, 그 뒤를 이어 일어난 왕조가 바로 튜더왕가이다. 튜더 가문의 헨리 7세는 플랜태저넷 왕가의 몰락을 이용하여, 성실청 재판소 등을 재편하고 왕권을 강화하는 등 절대주의의 기반을 구축하였다.

보수적인 토리당이 지주계층을 정권의 지지기반으로 삼는 데 반하여, 휘그당은 진보정당으로서 자유주의 무역을 신봉하는 부르주아들을 지지기반으로 한다. 자유주의적 성격이 강한 집안의 내력은 그러셀의 할아버지 때에 정점에 이르렀다. 러셀의 조부 존 러셀은 1813년 휘그당 소속의 하원의원이 되었고, 1835년 이후 내무장관, 식민장관, 외무장관, 추밀원樞密院 의장 등을 역임하고, 1846~1852년, 1865~1866년에는 두 차례나 총리를 지냈다. 그런데 그는 무엇보다 자유주의적 정치가의 대표자로, 심사율審査律: 국교도가 아닌 사람은 공직을 가질 수 없도록 규정한 법률의 폐지와 가톨릭교도 해방령의 실현에 힘썼다.

러셀(1872~1970년)

영국의 철학자, 수학자이다.

성실청(星室廳) 또는 성실재판소

영국의 제임스 1세(1566~1625)와 찰스 1세 시절, 유명했던 형사법원. 1641년 의회법에 의해 폐지되기까지 고문과 불공평한 심의를 하는 법원으로 악명이 높았다. 천장에 금박 별들로 장식돼 있는 방이라고 해서, 성실(星室), 즉 star chamber라는 이름이 붙었다. 찰스 1세가 친(親)가톨릭 정책들을 강행하는데 이 법원을 이용함으로써 이에 반대하는 의원들 및 청교도들에 대한 억압의 상징이 되었다.

곡물법(穀物法)

곡물의 수출입을 규제하기 위하여 제정한 영국의 법률. 산업혁명과 인구증가, 나폴레옹 전쟁 등으로 곡물수요가 증대하여 곡물가격이 급격히 오르자 지주는 폭리를 취했다. 그러나 나폴레옹 전쟁이 끝나면서 곡물가격이 다시 폭락, 파산자가 속출하였다. 이에 지주계급이 다수파를 이룬 영국 의회에서는 소맥 1쿼터당 가격이 80실링이 될 때까지, 외국산 소맥의 수입을 금지했다. 이 때문에 소비자 대중은 풍, 흉작에 관계없이 비싼 빵을 사먹어야 했고, 이에 자유무역론자들을 중심으로 격렬한 반대운동이 일어났다. 1846년 필 내각 때, 이 곡물법은 폐지되었다.

대부(代父)

영세(領洗: 세례를 받는 일)나 견진성사(堅振聖事: 세례를 받은 가톨릭 신자가 더욱 굳센 믿음을 갖도록 하기 위해 치르는 안수 의식)를 받을 때, 신앙의 증인으로 세우는 종교상의 남자 후견인을 말한다.

특히 제1차 선거법 개정법안의 성립에 크게 이바지하였으며, 곡물법 폐지에도 찬성하였다. 그리고 1861년에는 백작 작위를 받았다.

러셀의 아버지 또한 존 스튜어트 밀(영국의 정치학자이자 공리주의 철학자)과 친구로, 밀은 후에 러셀의 대부가 되었다. 그러나 러셀의 부모는 매우 극단적인 사고의 소유자들이었던 것 같다. 아버지는 아이들의 가정교사였던 생물학자와 자신의 아내러셀의 모친 사이의 정사情事를 공식적으로 인정할 정도였으며, 또한 무신론자였다. 그러나 양친은 일찍 세상을 떠났고, 뒤에 남겨진 러셀은 조부모의 교육을 받으며 자라야 했다.

그런데 할아버지마저 사망하자, 러셀의 유년기는 대부분 할머니의 손에 맡겨졌다. 그때 할머니는 매우 진보적이어서, 다윈 사상과 함께 사회 정의에 대한 개념을 손자에게 물려주었다. 또한 그녀는 영국의 공교육에 반대하여 손자를 학교에 보내는 대신, 가정교사를 집으로 초빙해 가르쳤다. 이 때문에 러셀은 친구를 사귀지 못하였고, 나중에까지 다른 사람들과 대화하는 데에도 어려움을 겪는다.

매우 고독한 사춘기를 보내는 동안 러셀은 몇 차례 자살충동을 느꼈다. 그러나 수학에 대해 조금이라도 더 알고 싶어 감행하지 않았다고 고백한 바 있다. 어떻든 선조들의 진보적인 가풍을 물려받은 러셀은 그 역시 진보주의적 철학자로 큰 발자취를 남겼다. 선거법 개정과 계약결혼기간이나 의무 등을 미리 정해놓고 하는 동거과 같은, 시대를 앞선 주장은 러셀 가문에서 처음 나왔다.

술을 잘 마시고 예법을 멸시했던 완적의 경우도 당시 명망 있는 문장가의 가문 출신이었다. 아버지는 중국 후한 말기의 명사인 완우阮瑀, 165~212년?였다. 완우는 어려서 채옹蔡邕, 학자이자 문인, 서예가에게 배웠고, 음률에 정통했으며, 거문고를 잘 탔다. 조조의 사공군모제주司空軍謀祭酒: 나이가 많고 덕망이 높은 자를 예우하기 위해 만든 직위가 되었고 기실記室: 비서나 서기의 기능을 담당을 관장하여 서찰과 격문檄文: 군병을 모집하거나, 적군을 달래거나 꾸짖기 위한 글, 공문 등을 기초했으며, 나중에 창조연속倉曹椽屬: 벼슬 이름이 되었다. 원래 5권의 문집이 있었지만 없어졌다. 진림과 더불어 유명했는데, 당시 나라와 군대의 서찰 및 격문은 대부분 완우와 진림 이 두 사람의 손에서 나왔다.

완우는 진림과 함께 건안칠자建安七子의 한 사람이었다. 여기에서 말하는 건안建安이란 후한後漢 헌제의 연호로, 위나라 조조가 촉·오와 천하를 다투던 시기에 해당한다. 서기로는 196년부터 220년 사이인 바, 건안칠자란 바로 이 무렵 위나라의 조조 및 그의 두 아들 3부자를 중심으로 모인 문학동호인 7인을 가리킨다. 구체적으로 그 이름을 들어보면 공융, 진림, 왕찬, 서간, 완우, 응창, 유정 등이다. 이들 일곱 문인은 자주 궁중에 출입하면서 조조 부자와 글로 재주를 겨루었던 바, 유가적 취향을 벗어나 강렬한 개성과 맑고 신선한 격조를 시에 불어넣었다.

이러한 아버지의 기질을 이어받아 완적 또한 전통적인 유교사상이나 기성

완적(阮籍, 210~263년)

중국 삼국시대 위나라의 문학가이자 사상가. 혜강과 더불어 죽림칠현의 중심인물이다.

조조(曹操, 155~220년)

중국 후한 말 정치인이다. 적벽에서 손권과 유비 연합군에 패하지만 후에 여러 차례 중국통일을 시도한다. 216년 스스로를 위나라 왕으로 칭하며 황제와 똑같은 권력을 행사하였고 220년 병으로 낙양에서 사망한다. 훗날 그의 아들 조비가 위나라의 왕이 되었다. 권모술수와 임기응변, 적재적소에 인재를 쓸 줄 아는 용인술(用人術)에 능한 인물이다.

진림(陣琳, ?~217년)

중국 후한 말 광릉 사람으로 처음에 대장군 하진의 주부(主簿)로 있다가 하진이 제후들을 불러 환관을 죽이려 할 때 이를 저지하였다. 원소(袁紹: 『삼국지』에 등장하는 후한 말의 군벌)에게 귀의한후 조조를 토벌할 때, 격문 쓰는 일을 맡았다. 상대편인 조조 군대에게 잡혀 포로가 되지만 조조가 그의 재주를 아껴 특별 사면한다. 그는 사공군모제주로 임명되어 기실을 맡는데 조조는 진림의 훌륭한 문장 덕에 지병인 두통을 잊기도 하였다고 전해진다. (임종욱, 『중국역대인명사전』, 이회문화사)

권력에 반항하는 노래, 원초적인 노장사상老莊思想을 추구하는 작품을 많이 남겼다. 그는 매우 개성적인 인재로서 호방하였고, 타고난 성질이 굴레 벗은 말 같았다. 그러나 그렇다고 하여, 즐거움과 노여움을 얼굴에 직접 나타내지는 않았다. 그의 행위는 괴이하고 방탕하여, 천지天地를 방처럼, 가옥을 저고리처럼 여겨 맨 알몸으로 앉아있기도 하였다. 사람들이 그의 책방에 다가서면, 그는 "어찌 나의 바지 덧천에 들어 왔느냐"고 묻기도 하였다. 그는 이처럼 인간의 자유를 속박하는 봉건예법을 멸시하고 부정하였다.

완적은 사마씨의 막료(幕僚=staff: 조직에 대해 자문이나 권고, 조정, 통제, 연구하는 참모)를 지냈으면서도, 권력과의 밀착을 멀리하였다. 무엇보다 완적은 틀에 박힌 형식과 마음에 없는 예법을 싫어하였다. 그리하여 예법에 얽매인 지식인이 찾아오면 탐탁지 않게 여겨 흰자위를 드러낸 눈으로 대하고, 거문고나 술을 들고 찾아오는 손님에게는 반가운 마음에 호의어린 눈으로 대하였다. 그의 이런 태도에서 '백안시'白眼視: 눈을 위로 치켜뜨며 흘겨보면, 자연스럽게 눈의 흰자위가 커진다. 이처럼 상대방을 업신여기거나 못마땅하여 흘겨보는 것을 가리킴라는 말과 '청안시'靑眼視: 남을 대할 때 좋은 마음으로 보는 눈라는 말이 유래했다고 한다.

부유한 가정 출신

• 아리스토텔레스 • 포이어바흐 • 비트겐스타인 •

명문귀족 출신은 아닐지라도, 상당히 부유한 가정에서 태어난 철학자들이 있다. 그리스의 철학자이자 플라톤의 수제자이기도 한 아리스토텔레스기원전 384~322년는 모든 생성 과정을 질료가 형상으로 발전해가는 것으로 설명하고, 이 원리를 우주와 인간 사회에 이르기까지 모든 현상에 적용함으로써 고대에서 가장 웅장한 학문 체계를 세웠다.

아리스토텔레스는 그리스 북쪽의 트라키아 지방에 위치한 스타게이로스라는 마을에서, 마케도니아의 왕 아민타스 3세의 친구이자 시의侍醫: 왕의 주치의였던 아버지 니코마코스와 부유한 가문의 후손이었던 어머니 파에스티스의 사이에서 태어났다. 여기에 등장하는 아민타스

질료(質料)와 형상(形相)

이 둘은 실체를 이루는 두 가지 요소이다. 질료란 형상을 목적으로 삼아 언젠가 실현될 수 있는 가능성을 가지고 있기 때문에 가능태라고 불리기도 한다. 이에 대해, 형상이란 실체로 하여금 현재의 모습대로 있게 하는 것으로서 현실태라고 불린다. 예컨대, 소나무를 깎아 기둥을 만들었다면, 소나무는 질료이고 기둥은 형상이다. 그러나 만일 그 기둥으로 집을 지었을 때에는 기둥이 질료가 되고, 집은 형상이 된다. 이처럼 모든 사물은 가장 저차원적인 제1질료에서 가장 고차원적인 제1형상에로 발전해가는 과정에 놓여있다. 그리고 가장 순수한 형상, 즉 제1형상을 아리스토텔레스는 신이라 불렀다.

3세재위 BC393~370년는 고대 마케도니아 왕국의 임금으로, 필리포스 2세의 아버지이자 알렉산드로스 대왕의 할아버지에 해당한다. 강력한 그리스 국가들인 스파르타, 아테나이와 절묘한 동맹을 맺는 탁월한 외교관계로 마케도니아의 독립을 지켜냈던 바, 이는 나중에 그의 막내아들 필리포스 2세가 그리스의 맹주로 등장하는 밑거름이 된다. 이처럼 왕가와 맺어진 절친한 관계 덕분에 아리스토텔레스는 매우 유복한 어린 시절을 보낼 수 있었다.

아리스토텔레스의 부친 니코마코스는 왕궁 근처에서 두세 명의 종을 거느리고 부유한 생활을 하였으며, 의학이나 자연과학의 저술가로서도 그 지방에 널리 알려져 있었다. 그 집안은 대대로 자손에게 해부학의 훈련을 시키는 것이 관례였으므로, 아리스토텔레스 역시 이러한 훈련을 받고 부친의 의술을 도왔을 것으로 추측된다. 따라서 아리스토텔레스가 자연과학, 특히 생물학에 대해 깊은 관심을 보이고 있는 점이나 그의 철학 자체가 구체적 현실에 대한 관찰을 기초로 하고 있는 것은 바로 유년시절의 환경 때문이라 여겨진다.

상당한 재산가였던 아버지는 아들의 학문연구를 위해 충분한 재산을 물려주었다. 그러나 아리스토텔레스는 아버지의 직업을 이어받으려 하지 않고, 오히려 아테네로 가고 싶어 했다. 가족들은 그를 아테네로 보내주기로 하고, 가기 전에 그가 그곳에서 도대체 무엇을 해야 할 지 신탁神託: 인간이 판단할 수 없는 어려운 문제를 신 앞에 물었을 때, 신이 그 물음에 대해 응답해주는 일에 물어보도록 하였다. 이때 그는 '철학을 공부하라!'는 신의 응답을 받았다고 한다. 만약 신탁이 다른 답을 주었더라면, 서양철학사가 어떻게 전개되었을지 알 수 없다. 아리스토텔레스는 17세에 아테네로 유학을 갔는데, 그 당시 지중해 연안의 귀족 자제들의 대다수가 유학생활을 하였다. 유학 후에 아리스토텔레스는 플라톤의 아카데미에서 20년 동안 머물며 토론과 강의를 하였으며, 결국 플라톤이 가장 아끼는 수제자가 되었다. 그러나 스승이 죽은 후 아카데미아의 새 원장으로 임명된 사람은 스승의 생질甥姪: 누이의 아들로서 그리 대단하지 않은 사람이었다. 이 일로 비위가 상한 데다 아카데미아의 학풍 자체가 그가 가장 불만스럽게 생각하던 수리數理 철학적 경향 일변도로 기울어져갔기 때문에, 아리스토텔레스는 그곳을 떠나고 만다.

그리하여 지난날 아카데미아에서 함께 공부했던 헤르미아스의 궁전으로 초빙되어 갔다. 그는 아소스에 아카데미아의 분교를 창설하고, 3년 동안이나 그곳에서 강의를 하였다. 그 동안에 헤르미아스의 질녀이며 양녀인

아소스

터키 서부 에게 해안의 항구도시 베흐람칼레에 있는 고대 유적지로, 아테나 신전 및 원형극장이 유명하다. 알렉산드로스 대왕의 페르시아 원정 당시 전략적 요충지였으며, 사도 바울이 제3차 전도여행 중 이곳에 머물렀다고 전해진다.

피티아스와 결혼하여 딸 하나를 얻었다. 후일 그녀와 사별하고 같은 고향의 여인과 재혼하여 니코마코스라는 아들을 낳았는데, 이가 곧 후년에 아리스토텔레스의 『니코마코스 윤리학』을 편찬한 사람이다. 아리스토텔레스는 마케도니아의 필립 왕으로부터 당시 13세인 왕자 알렉산더기원전356~323년의 스승으로 초빙되었다. 필립 왕은 알렉산더를 훌륭한 왕으로 만들기 위해 당대 최고의 학자인 아리스토텔레스를 초빙하여 왕자의 선생으로 삼았던 것이다.

우여곡절 끝에 다시 아테네로 돌아온 아리스토텔레스는 도시 교외에 있는 뤼케이온 광장에 학원을 개설하고 오로지 학문 연구에 전심하는 한편, 제자들의 교육에 힘썼다. 아리스토텔레스는 수목이 울창한 가로수 길을 제자들과 더불어 산책하면서 강의하였기 때문에, 그의 학파를 소요학파逍遙學派라고 부른다. 아리스토텔레스는 이 학원 안에 방대한 장서를 수집해놓았는데, 그 가운데에는 수많은 지도와 외국의 헌법, 동식물의 표본도 포함되어 있었다. 특히 알렉산더 대왕은 이 수집을 돕기 위하여 아리스토텔레스에게 거액을 증여하였다. 또한 마케도니아 제국 안의 모든 수렵가나 어부들에게 학술적 가치가 있음직한 것은 무엇이든지 아리스토텔레스에게 보내도록 명령을 내려놓았다. 결국 아리스토텔레스가 학문의 광범위한 분야에 있어서 그토록 해박한 지식을 가질 수 있었던 것은 그의 재능과 더불어 대왕에 의해 제공된 풍부한 자료 덕분이었으리라 짐작되는데, 결과적으로 학원의 교세는 아카데미아를 능가했다고 한다.

그러나 알렉산더가 사망하고부터 사정이 달라졌다. 아테네에서 마케도니아 당이 무너지자 아리스토텔레스 또한 알렉산더의 측근자로 지목되어 정치범으로 고소를 당했다. 그러나 증거가 충분치 않아 다시 신을 모독했다는 구실로 고소를 당하였다. 상황이 이렇게 되자 그는 칼키스로 피신하였다. 하지만 아리스토텔레스는 그 이듬해 상세하고도 사려 깊은 유언을 남기고 오랫동안 앓아왔던 위장병으로 세상을 떠났다.

아리스토텔레스는 성장환경 때문인지, 이 세상의 물건들을 충분히 소유하는 것도 행복의 조건으로 보았다. 그리하여 호화로운 저택에서 많은 하인을 거느리며 편안한 생활을 하는 것에 커다란 가치를 두었다. 그는 화려한 옷을 입고 반지를 끼고 머리를 손질하는 등 남달리 치장에 신경을 썼다고 한다. 오늘날로 말하면, 금수저를 입에 물고 태어나 평생 그것을 떨어뜨리지 않은 철학자라고나 할까.

독일의 유물론 철학자 포이어바흐는 저명한 법률가형 법학자 파울 포이어바흐의 넷째 아들로 태어났다. 아버지에게는 한 명의 애첩을 거느리고도 많은 자식들을 교육

> **포이어바흐(1804~1872년)**
> 헤겔 좌파의 대표적 철학자이다.

시킬 만큼 넉넉한 재산이 있었다. 그리고 어린 포이어바흐는 모범생으로서 선생님들의 신임을 얻었다. 그의 학교시절 생활기록부에는 그가 "질서를 잘 지키는 데다 매우 침착하고 조용한 성품을 가졌으며, 대단히 모범적인 품행의 학생이었다."고 쓰여 있다. 그는 넉넉한 학비 보조를 받으면서 하이델베르크에서 신학을 공부했지만, 신학에 실망하고 철학으로 전공을 바꾼다.

그 후 포이어바흐는 에어랑겐에서 학위를 받고 25세의 나이에 강사가 된다. 그러나 그는 "나는 철학자이기 때문에 철학교수로는 적당치 않다."라는 자기변명을 늘어놓으며, 교수직에 대한 도전을 포기한다. 그런 다음, 모든 가능한 직업을 다 생각해보았다. 그러나 그 어떤 직업도 마음에 들지 않았다. 다시 여러 대학에 자리를 얻기 위해 서류를 제출해보지만, 모든 노력이 수포

로 돌아간다. 이때 한 여자로 인해 상황이 바뀌게 된다. 성주이자 도자기 제조업자의 딸과 열렬한 사랑에 빠진 것이다.

마침내 결혼에 성공한 그는 장인이 소유한 성의 탑 꼭대기 방에서 그토록 염원하던 은거생활을 하게 된다. 도자기공장에서 벌어들이는 아내의 수입 외에도 훌륭한 과수원과 정원, 야생동물과 새들이 사는 커다란 숲, 그리고 양어장에 의해 풍족하게 생활을 꾸려갈 수 있었다. 『기독교의 본질』이라는 저서를 통하여 유명해지기도 했다. 그러나 정치적 상황으로 인하여 수입이 떨어진 도자기공장은 파산을 선고받고 만다. 재산을 깡그리 날려버린 포이어바흐는 성에 있는 단출한 주거지마저도 더 이상 유지할 수 없게 되었다. 빈털터리가 된 포이어바흐는 겨우 겨우 연명해가다가 발작을 일으켜 식물인간이 되었고, 마침내 쓸쓸하게 세상을 떠났다.

오스트리아 태생의 논리학자 비트겐스타인1889~1951년은 비엔나에서 부유한 철강재벌의 5남 3녀 가운데 막내로 태어났다. 그는 비교적 평탄한 유년기를 보냈던 것 같다. 당시 부잣집 자녀들이 흔히 그랬듯이, 열네 살 때까지는 가정에서 교육을 받았다. 아버지의 시골 영지와 도시의 별장을 돌아가며 생활했다. 집안의 고급스러운 예술적 취향은 루트비히비트겐스타인에게도 교향악의 지휘자라는 음악가의 꿈을 갖게 했다. 그러나 모차르트의 천재성에 비교되기도 했던 맏형 한스의 음악적 재질이나 1차 세계대전 중 오른팔을 잃었지만 한 손으로 피아노를 연주했던 넷째 형 파울의 능력에 비하면, 루트비히의 음악적 재능은 크게 주목받지 못했다.

그보다 비트겐슈타인의 재능은 기술 쪽에 더 가까웠다. 이미 소년 시절에 최신형 재봉틀을 만들기도 했던 그는 베를린 공과대학을 거쳐 영국의 맨체

스터 대학에서 항공공학을 전공하였다. 그러나 수학을
거쳐 결국 철학으로 돌아왔다.

마침내 케임브리지 대학으로 돌아온 비트겐스타인은 이곳에서 러셀을 만난다. 러셀과는 사제 관계를 넘어 동료로서 친분을 나누었는데, 비트겐스타인은 일찍부터

천재성을 발휘하여 러셀을 놀라게 하였다. 그러나 비트겐스타인은 그 대학에 오래 머물지 못했다. 그는 노르웨이의 어느 한적한 농장에서 지내다가 제1차 대전을 맞는다. 그는 포병장교로 동부전선에 배치되어 싸웠는데, 수차례에 걸쳐 훈장을 받았다. 그러나 휴전이 성립된 지 이틀 후에 이탈리아 군의 포로가 되고 말았다. 포로수용소에서 참전 중에 메모했던 생각들을 정리하여 『논리철학논고』를 펴냈는데, 이 책은 논리실증주의 혹은 분석철학에 결정적인 영향을 미쳤던 20세기 철학의 최고 고전이다.

그러나 『논고』를 출간한지 얼마 안 되어 그는 격렬한 내적 위기에 빠지고 만다. 한 시골책방에서 접한 톨스토이의 책이 그의 마음을 흔들어놓았기 때문이다. 그는 앞으로 검소한 생활을 꾸려나가기로 결심하고, 상속받은 막대한 재산을 나누어주고 만다. 그것도 이미 상당한 재산을 가지고 있는 그의 형제자매들과 친지들에게. 그러나 그가 왜 그런 행동을 했는지는 알려지지 않았다. 그 후 비트겐스타인은 남쪽에 있는 시골학교로 가서 어린이를 가르치는 일에 전념한다. 그러나 교육에 대한 열정에도 불구하고, 그는 환영받는 교사가 못되었다. 동료들과의 사이도 그리 좋은 편이 못되어서 몇 년 후 교사직을 포기하고 만다. 그 후 그는 수도원의 보조정원사가 된다. 이곳에서 그의 잠자리는 연장을 보관하는 헛간에 마련되었다. 그러나 철학계는 멀리 떨어져있는 그를 그냥 내버려두지 않았다. 마침내 친구들의 성화에 못 이

겨 케임브리지로 돌아온 그는 『논고』로 박사학위를 받고 특별연구원의 자격으로 강의를 한다.

대학에서 강의를 맡고 있는 동안에도 비트겐스타인은 그의 검소한 생활방식을 그대로 유지하였다. 방에는 안락의자도, 독서용 전등도 없었다. 사방의 벽은 그림 한 점도 없이 황량했다. 그의 경우 양복을 입는다거나 넥타이를 맨다거나 또 모자를 쓴다거나 하는 일이 없었다. 식사도 아주 간단히 하였는데, 오랫동안 빵과 치즈만을 먹었다.

조지 무어(1873~1958년)
러셀, 비트겐슈타인 등과 함께 케임브리지 학파를 대표하는 영국의 철학자. 20세기 실재론의 선구자이다.

그는 노르웨이의 바닷가 오두막에서 약 1년간 칩거하며 집필에 몰두하다가 다시 케임브리지로 돌아왔다. 이윽고 스승인 조지 무어의 후임으로 철학과 교수로 임명되었으나, 교수직에 취임도 하기 전에 제2차 세계대전이 일어났다. 이번에는 영국군에 지원하여 런던의 한 병원에서 환자수송 요원이 되었다가 그 다음에는 의학연구소의 실험실 조교가 되었다. 전쟁이 끝난 후 케임브리지에 복귀한 그는 연구에 전념하다가 다시 교수직을 사임한다.

평생 가난한 독신으로 지낸 비트겐스타인은 은둔생활을 오히려 즐기는 것처럼 보였다. 대학을 떠난 후 아일랜드의 한적한 농장에서 지내다가 만년에는 더블린의 한 호텔에서 기거하였는데, 온갖 질병에 시달린다. 끝내 불치의 암 환자가 되어 동료철학자와 제자들, 그리고 고향 가족들을 두루 찾아다니며 말년을 정리하던 비트겐스타인은 1951년, 62세의 나이로 케임브리지에 있는 주치의의 집에서 생을 마쳤다. 그는 마지막으로 이런 말을 남겼다고 한다.

"나는 아주 멋진 삶을 살았다고 전해주시오."

4 선비나 하급관리 집안 출신
• 원효 • 이황 • 이이 • 정약용 • 현장 •

경제적인 문제를 떠나 선비나 하급관리 집안에서 태어난 경우가 있다. 대중 불교의 확산에 크게 이바지한 원효617~686년는 (내마로 불리는) 하급 관리를 아버지로 둔 경우이다. 다만 어머니를 일찍 여의었기 때문에, 이때의 충격이 그로 하여금 일찍부터 철학적인 사색에 빠져들게 하지 않았을까 추측된다.

원효는 압량군 불지촌지금의 경상북도 경산시 자인면 북쪽 율곡에서 태어났으며, 조부는 잉피공이고, 아버지는 신라 17관등 가운데 11위 내마의 지위에 있던 담날談捺이었다. 원효의 성은 설씨薛氏이고, 원효는 그의 법명法名이다.

내마(奈麻)
오두품 이상이 오를 수 있었으며, 다시 칠중나마에서 중나마까지 아홉 단계로 나누었다.

    원효는 위로는 진정한 깨달음을 구하고 아래로는 중생을 교화시킨다는 대승불교의 이상을 철저히 추구하였다. 특정한 스승이 없이 전국을 돌아다니며 불교의 진리탐구에 매진하던 원효는 어려운 사람을 돌보아주고 병든 사람을 불공으로 치유해주기도 했다고 전해진다. 특별히 의상대사와 함께 당나라를 향해 떠났다가 해골에 괸 물을 마시고 깨달은 바가 있어 되돌아오고 말았다는 에피소드는 유명하다.

    또한 요석공주와의 인연을 만들어나간 에로틱한 대목도 있다. 즉, 어느 날 그는 "도끼에 자루를 낄 자가 없느냐? 내가 하늘을 받칠 큰 기둥을 깎아보련다!"고 노래를 부르며 돌아다녔다. 아무도 그 뜻을 몰랐는데, 이 노래를 전해들은 태종 무열왕이 그의 과부된 둘째딸 요석공주를 마음에 두고 원효를 찾게 했다. 마침내 오석궁에서 두 사람이 하룻밤을 보내게 되어 설총을 낳았으며, 원효는 파계하고 말았다는 이야기이다.

승복을 벗어버린 그는 광대와 같은 복장을 하고 표주박을 두드리면서 화엄경의 이치를 노래로 지어 불렀다. 그는 거지들과 한데 어울려 잠을 자기도 하고, 귀족들 틈에 끼여 기담(奇談)으로 날을 새기도 하였다. 이러한 그의 기이한 행동 때문에 다른 승려들로부터 배척을 당했는데, 하루는 왕이 당나라로부터 『금강 삼매경』을 구해 대규모의 법회를 열고자 하였다. 그러나 난해한 불경을 강론할 인물을 전국적으로 찾지 못하다가 결국 원효를 초청하도록 하였다. 왕은 물론 여러 대신들과 전국의 명망 있는 스님들 앞에서 원효는 훌륭한 강해를 하였고, 군중 속에서 요석공주는 계속 감격의 눈물을 흘려야만 했다.

원효가 과제로 느낀 것은 서로 모순된 듯이 보이는 불교이론들을 어떻게 정리하고 체계화할 것인가였다. 그리하여 그는 거의 모든 경전을 분류하는 한편, 그곳에 각각 독자적 해석을 덧붙여 주석을 달았다. 특히 그는 서로 모순, 대립하는 견해들을 극복하는 데에 화쟁(和諍-다양한 종파와 이론적 대립을 소통시키고 더 높은 차원에서 통합하려는 불교사상)이라는 자신의 독특한 개념을 사용하였다.

원효는 당시 왕실과 귀족 등에만 받아들여진 불교를 일반백성들에게 전파하고자 노력하였다. 그렇지만 제자를 양성하는 데에는 뜻을 두지 않았으며, 당시 신라에서는 높은 평가를 받지도 못했다. 그러나 중국에 널리 알려져 중국 화엄학이 성립되는 데에 선구적 역할을 하였으며, 특히 고려시대에 들어와 의천에 의해 화쟁국사로 추중되면서부터 재평가되기 시작하였다.

퇴계 이황은 1501년 경북 안동부 예안현오늘날의 안동시 예안면 온계리에서 의정부 좌찬성나중에 추증된 관직 이식과 부인 의성 김씨2남 1녀 춘천 박씨5남의 7남 1녀 중 막내로 태어났다. 퇴계의 증조부 이정은 선산부사를 지냈고, 조부 이양과 부친 이식은 진사였다. 비록 고관대작을 지낸 명문은 아니지만 그의 집안도 양반이었음을 알 수 있다.

그가 태어날 때, 그의 모친은 태몽을 꾸었다고 한다. 아버지 이식이 40세로 진사시에 합격한 해, 어머니는 공자가 대문 안으로 들어오는 꿈을 꾸고 이황을 낳았기 때문에 그 대문을 성림문聖臨門이라 일컬었다. 그러나 그가 태어난 지 7개월 만에 아버지는 세상을 떠나고 말았다. 좌찬성으로 추증될 정도로 쟁쟁한 학문과 경륜을 가졌으나 청렴하여 재물을 축적하지 않은 아버지 때문에 가정형편은 어려울 수밖에 없었다. 가장을 잃을 때 어머니 박씨 입장에서는 7남 1녀 가운데 큰아들만 출가시킨 상태였기 때문에, 홀로 남은 자식들을 보살펴야 했다. 농사와 양잠 일에 더욱 힘쓰는 가운데 장성하는 아들들을 먼 데나 가까운 데에 취학을 시켰다. 이때 박씨는 자녀들에게 이렇게 당부하곤 했다.

"글이나 외고 짓는 것에만 힘쓸 것이 아니라, 특히 몸가짐과 행동을 성실하게 해야 한다. 세상 사람들은 과부의 자식들에 대해 가정교육이 부족하여 버릇이 없다고 비난하는 법이니, 너희들은 남보다 백 배 이상 노력해서 예의바르게 행동해야 한다."

어머니의 가르침을 가슴속에 새긴 이황은 재롱을 부릴 나이(6세)에 이웃집에 사는 한 노인으로부터 『천자문』을 배우게 되었다. 매일 아침 세수를 하고 머리를 단정하게 빗은 다음 이웃집 울타리 밖에서 전날 배운 바를 마음

속으로 여러 번 외운 후에야 안으로 들어갔다. 노인 앞에 나가면 공손하게 절을 하고 엎드려서 글을 배웠다.

형인 이해李瀣도 학자였으나 을사사화로 희생이 되었다. 퇴계의 나이 12세가 되자 형 이해와 함께 숙부인 이우에게 『논어』를 배우기 시작했다. 숙부는 『동국사략』을 편찬한 사람으로, 비록 병이 들었을지라도 책을 손에서 놓는 일이 없었다고 한다. 그는 문장과 시에 능했는데, 조카들을 친자식과 같이 돌봐 주었다.

이 무렵 이황은 많은 사람들이 주변에서 소란을 피울지라도, 벽을 바라보고 앉아 책을 읽거나 사색에 잠겼다고 한다. 이황은 책을 읽는 것에 그치지 않았다. 그는 책을 읽은 뒤에는 반드시 그 뜻을 완전히 이해하기 위해 사색했다. 그래도 이해가 되지 않으면 숙부에게 질문했다. 이우는 자신의 자식보다 형의 아들들이 뛰어난 것을 보고 이렇게 말했다. "형에게는 이 아이들이 있으니, 죽은 것이 아니다."

이황의 공부 방법은 반복 학습이었다. 같은 책을 수없이 되풀이하여 읽는 바람에 책이 너덜너덜해졌다. 그러나 단순하게 읽는 것으로 그치는 것이 아니고, 책의 내용을 완전히 이해하기 위해 깊은 사색을 했다. 이황은 이러한 과정을 통해 성리학을 사상적으로 체계화할 수 있었던 것이다.

앞에서 말한 바 있듯이, 율곡 이이는 강원도 강릉부 죽헌동에 있는 외가 오죽헌 별채에서, 덕수 이씨 통덕랑 사헌부감찰 이원수와 평산 신씨 신사임당의 셋째 아들로 태어났다. 율곡의 아버지 이원수는 중종 때의 형제 정승

이우(李堣, 1469~1517년)

조선 중기의 문신으로, 퇴계 이황의 숙부이다. '중종반정'에 가담하여 협력한 공로로 정국공신 4등에 봉해지고 우부승지로 승진하였다. 진주목사로서 청렴하고 검소한 태도로 백성을 다스려 왕으로부터 옷감을 하사받기도 하였다. 강원도 관찰사, 영해·김해부사에 제수되었으나 부임하지 않았다.

『동국사략(東國史略)』

조선 태종의 명에 따라 권근, 이첨, 하륜 등이 지은 역사책. 단군 때부터 고려 말기까지의 사실을 편년체로 기록했다.

이기, 이행의 5촌 조카인데, 이 가운데 이기는 영의정을, 이행은 좌의정을 각각 지냈다. 또한 두 사람은 당대의 실권자들이었다. 또 그들의 외가 쪽으로 보면 생육신 성담수, 성담년의 조카이자, 사육신 성삼문의 외종 조카들이 된다. 다시 말해, 생육신인 성담수의 외조카가 이기와 이행 형제인 셈인데, 그렇게 보자면 성담수는 외조카를 통해 율곡 이이 가문과도 인척관계를 형성한 셈이 된다.

이러저러한 인연으로 이원수는 50세가 되던 해에 음직蔭職으로 수운판관에 임명되고, 사헌부 감찰과 통덕랑을 지낼 수 있었던 것이다.

조선 정조 때의 문신이자 실학자·저술가·시인·철학자·과학자·공학자인 다산 정약용丁若鏞, 1762~1836년은 경기도 광주군 초부면 마재현재 남양주시 조안면 능내리에서 진주 목사를 지낸 부친 정제권과 둘째 부인인 고산 윤선도의 5대 손녀인 해남 윤씨와의 사이에서 넷째 아들로 태어났다. 그의 부친은 첫 부인 의령 남씨와의 사이에 큰아들 약현을 낳았고, 윤씨와의 사이에서 약전, 약종, 약용 3형제와 딸 하나를 낳았다.

정약용의 부친은 중앙 관직에 자리 잡지 못한 채 거의 대부분의 생애를 지방관으로 떠돌아야 했다. 이것이 어린 정약용에게는 오히려 약이 되었는데, 백성들을 직접 접하고 돌보아야 했던 지방관의 모습을 통해 백성들의 빈곤한 삶과 세상의 현실을 들여다볼 수 있었던 것이다. 정약용이 암행어사로 경기지역을 순회하고 지은 시 '굶주리는 백성'이 있는데, 그 한 구절만 들어보면 다음과 같다.

1

우리 인생 풀과 나무와 같아

물과 흙으로 살아간다네.

힘써 일해 땅엣것을 먹고 사나니

콩과 조를 먹고 사는 게 옳건만

콩과 조가 보석처럼 귀하니

무슨 수로 혈기가 좋을쏘냐.

야윈 목은 고니처럼 구부러지고

병든 살은 닭 껍데기처럼 주름졌네.

우물이 있어도 새벽에 물 긷지 않고

땔감이 있어도 저녁에 밥 짓지 않네.

팔다리는 그럭저럭 놀리지만

마음대로 걷지는 못한다네.

너른 들판엔 늦가을 바람이 매서운데

저물녘 슬픈 기러기는 어디로 가나?

고을 원님이 어진 정치를 하고

사재私財로 백성 구휼한다기에

관아 문으로 줄지어 가

윤선도(尹善道, 1587~1671년)

조선 중기의 문신이자 시인. 본관은 해남, 호는 고산(孤山). 성균관 유생으로 권신 이이첨 등의 횡포를 상소했다가 함경도 경원과 경상도 기장에 유배를 갔다. 인조반정으로 풀려나 의금부 도사가 되었으나 사직하고 낙향했다. 치열한 당쟁으로 일생을 벽지의 유배지에서 보냈으나 경사(經史)에 해박하고 의약·복서·음양·지리에도 통하였다. 사후 1675년(숙종 1년) 남인의 집권으로 신원되어 이조판서로 품계를 높였다.

정약전(丁若銓, 1758~1816년)

병조좌랑을 역임. 매형 이승훈을 통해 천주교를 신봉했다. 1801년 신유박해에 연루되어 흑산도로 유배를 갔다. 유배생활 중 남긴 저술로는 흑산도 해중에 서식하는 다양한 어종과 해초의 이름을 밝혀 생태와 습성을 연구한 〈자산어보(玆山魚譜)〉가 있다. 흑산도 유배생활 중 생을 마감했다.

정약종(丁若鍾, 1760~1801년)

이익의 문인이 되어 성리학을 공부했다. 한때 도교를 연구했지만 정약전의 권유로 가톨릭 세례를 받고 집안 형제들 가운데 가장 늦게 천주교를 접했다. 이승훈과 함께 청나라 신부 주문모를 맞이하고 서울로 돌아와 1799년 한국 최초의 천주교 회장을 지냈다. 1801년 신유박해의 여파로 형제들이 문초를 받고 참수당하자 정약종은 스스로 체포되어 순교했다.

끓인 죽 우러르며 앞으로 나서네.

개돼지도 버리고 돌아보지 않을 것을

사람이 엿처럼 달게 먹는구나.

어진 정치는 기대도 않았고

사재 털기도 기대치 않았네.

관아의 재물은 꽁꽁 숨겼으니

어찌 우리가 여위지 않겠나.

관아 마구간의 살찐 애마(愛馬)들은

실은 우리의 살이라네.

슬피 울부짖으며 관아 문을 나서

두리번두리번 갈림길만 헤매네.

잠시 누른 풀 언덕에서

무릎 펴고 우는 아이 달래고

고개를 숙이고 서캐를 잡다가

두 눈에서 눈물을 줄줄 흘리네.

이 시는 다산 정약용이 1795년, 그의 나이 33세 되던 해에 쓴 것이다. 시에는 굶주리는 백성들에 대한 다산의 연민과 안타까움이 진하게 배어 있다. 다산은 여느 선비들처럼 태평세월을 노래하거나 단순히 음풍농월하지만은 않았다. 현실을 직시하면서 부조리한 정치에 의한 백성들의 고통을 시로 그려냈다. 이는 그들의 아픔을 이해하고 진정으로 걱정하였기 때문이다.

정약용은 누님의 남편으로 여섯 살 위인 이승훈, 학문적으로 명성이 높은 이가환을 만났다. 이승훈은 조선에서 최초로 천주교회에서 세례를 받은 인물이고, 이가환은 이승훈의 외삼촌이자 성호 이익1629~1690년, 조선 후기 실학자들의 대표. 실학이라는 새로운 학풍을 열었음의 종손이었다. 정약용은 이들을 통해 성호의 학문을 접하면서 실학사상의 토대를 다졌던 것이다.

그렇다면, 과연 정약용은 천주교 신자였는가? 그는 본래 열성적인 가톨릭 신자였다. 하지만 신해박해 당시 조상의 제사를 허락하지 않는 교황의 교서가 내려지자, 대부분의 양반 신자들과 함께 배교하였다고 알려져 있다. 이후 신유박해 때에는 권철신, 황사영 등 다른 교우를 고발했으며, 나아가 천주교 신자를 추쇄推刷: 도망한 자를 붙잡아 옴하는데 결정적인 도움을 주는 등 수사에 적극적으로 협조하였다고 한다. 이에 매부 이승훈은 "천 사람을 죽여도 정약용을 죽이지 않으면 의미가 없다."고 분노했고, 자진해서 자신이 정약용에게 세례를 주었다고 자백할 정도였다. (나무위키, 『정약용』에서)

그러나 샤를르 달레 신부의 『조선천주교회사』에서는 약간 다르게 기록되어 있다. 정약용이 배교背敎 행위에 대해 참회하였으며, 수시로 몸에 고통을 가하는 보속補贖: 지은 죄를 보상하거나 대가를 치르는 일 행위를 하였고, 죽기 전에는 마침 조선에 들어와 있던 중국인 유방제 신부에게 병자성사를 받았다는 일화를 전하고 있는 것이다.

신유박해

신유박해는 급격히 확대된 천주교 세력에 위협을 느낀 지배 세력의 종교탄압이자 이를 구실로 당시 집권 보수 세력이 반대세력인 남인을 비롯한 진보적 사상가를 탄압한 권력다툼의 일환이었다.

병자성사(病者聖事)

가톨릭교회의 일곱 성사 가운데 하나다. 병자나 죽을 위험에 있는 환자가 받는 성사로 환자가 고통을 덜고 구원을 얻도록 하느님의 자비에 맡기는 성사이다. 사제가 전례서에 규정된 기도문을 외우면서, 병자에게 성유(聖油)를 바르는 예절로 진행한다.

이제 중국의 철학자로 넘어가보자. 삼장법사로 널리 알려진 중국 당나라 때의 승려 현장玄奘, 602?~664년은 중국 허난성 뤄양 동쪽에 있는 거우스 현에서 태어났다. 그의 집안은 대대로 내려오는 선비 집안이었다. 조부는 국학박사를 지냈고, 부친 진혜陳惠는 수나라 때 강릉 현장을 지내다가 수나라가 망하자 관직을 버리고 고향에 돌아와 은거하였다. 현장은 도를 숭상하고 덕을 중시하는 집의 넷째 아들로서 총명하고 예의 바른 아이로 자랐다. 유교교육을 받았지만 그가 열 살 되던 해에 부친이 죽자 둘째 형 장첩법사를 따라 낙양의 정토사로 옮겨 불경 공부를 하다가 13세 때 승적僧籍을 얻어 화상이 되면서 '현장'이란 법명을 받았다. 17세 때 수나라 양제가 암살되어 전란이 일어나자, 형과 함께 장안長安으로 피난하였다. 스무 살 때는 혼자 몸으로 여러 곳을 돌아다니다가 23세 때 다시 장안으로 돌아와 대각사에 머물렀다.

불경을 깊이 공부할수록 교리에 대한 의혹과 역경에 대한 의문이 깊어져, 마침내 627년일설에는 629년 '불교 발상지인 천축天竺, 인도에 가서 불전 원본을 구하겠다.'는 결심을 굳히고 길을 떠났다. 길을 가는 도중 고창국 왕 국문태의 대접을 받았으며, 인도에 도착한 후 나란다 사원에 들어가 계현법사인도의 유명한 대학자, 인도식 이름은 시라바드라 밑에서 불교 연구에 힘썼다. 당시 카나우지에 도읍하고 있던 하르샤 대왕 등의 우대를 받았는데, 641년 많은 경전과 불상을 가지고 귀국길에 올라, 힌

두쿠시와 파미르의 두 험로를 넘어 호탄을 거쳐서 645년 정월에 조야의 대환영을 받으며 장안당나라의 수도. 현재의 서안으로 돌아왔다.

이민족을 제압해 영토를 확장하던 태종이 현장의 학식과 덕망을 높이 평가해 속세로 돌아와 나랏일을 도우라고 청했다. 하지만 664년 눈을 감기 전까지 그는 인도에서 가져온 불경을 번역하는 데만 힘을 쏟았다.

대승불교의 근본 사상을 설명한 『대반야바라밀다경』을 비롯해 그가 번역한 불경의 수는 1335권에 이른다. 이 외에도 인도 여행기인 『대당서역기』를 저술하였다.

태종(599~649년)

이세민. 중국 당나라의 제2대 황제, 뛰어난 장군이자, 정치가, 전략가, 서예가. 청나라의 강희제와 비교될 정도로 중국 역대 황제 가운데 최고의 성군으로 불린다.

『대당서역기(大唐西域記)』

당나라의 현장이 인도 및 중앙아시아를 여행하고 나서 쓴 견문록(12권)이다.

가난한 집안 출신
• 서경덕 • 피히테 • 갈홍 • 박지원 •

조선 초기의 대신 황희는 집이 너무 가난하여, 임금이 "하루 동안 남대문으로 들어오는 상품은 모두 황희의 집으로 보내라!"는 명령을 내렸다. 그러나 하필 이 날은 종일 비가 와, 아무 것도 들어오는 물건이 없었다. 그러다가 마침내 저녁 때 달걀 한 꾸러미가 들어왔는데, 달걀을 삶아놓고 보니 모두 곯아서 먹을 수 없었다는 것. 여기에서 계란유골鷄卵有骨이란 말이 나왔거니와, 본래 문자의 뜻은 '계란에도 뼈가 있다'는 것이다. 하지만 그 속뜻은 '복이 없는 사람은 아무리 좋은 기회를 만나도, 덕을 못 본다.'가 될 것 같다. 달걀이 곯았다는 '곯'자의 음과 뼈 골骨의 음이 비슷하여 와전됨으로써 '계란유골'이란 말이 생겼다는 말도 있다. 그야 어떠하든, 이러저러한 일화를 통하여 우리는 그를 청렴결백한 재상, 청백리의 표상으로 인식하고 있다.

그와 관련된 일화 하나. 진눈깨비가 내린 어느 겨울날. 퇴궐한 영의정 황희가 부인에게 옷을 뜯어서 빨아주라 부탁했다. 밤새 말리고 꿰매면, 내일 아침 입궐할 때 입

황희(黃喜, 1363~1452년)

황군서의 아들, 개성 출신. 1389년 문과에 급제하고 1449년(세종 31년) 벼슬에서 물러날 때까지 18년간 영의정에 재임하며 세종의 높은 신임을 받으며 국정을 관리했다. 농사의 개량, 예법의 개정, 천첩(賤妾) 소생의 천역(賤役) 면제, 국방강화, 4군 6진 개척, 문물제도의 정비 및 진흥 등 업적이 실로 다양하다. 인품이 원만하고 청렴하여 존경받았고 시문에도 뛰어났다.

을 수 있을 것이라며. 그의 겨울옷은 단벌이었다. 속옷 차림으로 책을 뒤적이고 있을 때, 갑자기 입궐하라는 소식이 당도했다. 당황한 부인에게 그는 이미 뜯어낸 솜을 달라 했다. 어명이니 입궐하지 않을 수도 없고, 그렇다고 벌거벗은 채 관복만 걸칠 수는 없는 일이니, 어쩔 수 없는 일이었다. 부인이 바지 솜과 저고리 솜을 실로 얼기설기 이어주자, 황희는 그 위에 관복을 덧입고 서둘러 입궐했다. 경상도에 침입한 왜구에 대해 대책을 강구하느라 정신이 없던 세종의 눈에 황희의 관복 밑으로 비죽이 나온 하얀 것이 보였다. 세종은 양털인 줄 알고, 속으로 생각했다. '그것 참 이상하다. 청렴하고 검소하기로 소문난 황정승이 양털로 옷을 해 입다니……' 회의가 끝나고, 세종은 황희를 가까이 오라 일렀다. "경의 청렴결백은 타의 귀감이 되며 하늘에게까지 상달된 것으로 아는데, 어찌 오늘은 양털 옷을 입으시었소?" 황희는 당황하여 가까스로 대답했다. 그것은 양털이 아니라 솜이며, 겨울옷이 단벌이라서 그렇게 되었다는 설명. 이에 세종은 황희에게 비단 열 필을 내리라 명령했다. 그러나 황희는 "이 나라 백성들은 헐벗고 굶주리는 자가 많은데, 어찌 영상

곤룡포(袞龍袍)

임금이 시무복으로 입던 정복(正服).
곤복(袞服) 또는 용포(龍袍)라고도 한
다. 노란색, 붉은색 비단을 가지고 황
색 단(緞)이나 사(紗)에 붉은색 안을
넣었으며, 가슴·등·양 어깨에는 금실
로 수놓은 오조룡(五爪龍-발톱이 다
섯 개 있다는 전설의 용)을 붙였다. 왕
세자의 보는 사조룡(四爪龍), 왕세손
의 보는 삼조룡(三爪龍)으로 하였다.
곤룡포를 입을 때는 익선관(翼善冠-
임금이 정무를 볼 때 쓰던 관이다. 뒤
에 두 개의 뿔이 날개처럼 달려 있다.)
을 쓰고 옥대(玉帶: 옥으로 장식한 띠)
를 매며, 목화(木靴: 신의 바닥은 나무
나 가죽으로 만들고 사슴가죽으로 목
을 길게 하여 장화와 비슷한 모양으로
함)를 신었다.

서경덕(1489~1546년)

조선 중종, 인종 때의 유학자이다.

의 몸에 비단을 걸치리까? 솜옷 한 벌로 과분하옵니다."
고 머리를 조아렸다. 이에 세종은 용포를 걸치고 있음
이 부끄럽다 하며, 비단 하사하기를 그만두었다고 한다.

이처럼, 옛날이나 지금이나 선비철학자 포함는 대체로 가
난한 경우가 많다. 하지만 그 중에는 그 정도가 심한 사
람도 있었다. 화담 서경덕은 송도현재의 개성 사람이다. 아
버지 호번이 낮은 벼슬을 했다고는 하나, 남의 땅을 소
작하여 생계를 꾸려나간 것으로 보아 녹봉도 받지 못했
음을 알 수 있다. 그런데 호번은 비록 소작인이었으나 소
작료를 속이지 않고 꼬박꼬박 내어서, 땅주인은 일일이
확인하지도 않고 받았다고 한다.

호번은 개성에 사는 한씨에게 장가를 든 연유로 개성
에 옮겨와 살았는데, 한 번은 개성에 큰 불이 나서 그의
집에까지 옮겨 붙었다. 이때 그가 향을 사르고 축문을
지어 "평생에 감히 의롭지 않은 일은 하지 않았나이다."
하고 하늘에 고하자, 갑자기 바람이 일어 불이 붙은 초가지붕을 걷어버렸
다. 이에 사람들은 이 집의 여러 대에 걸친 적덕積德: 은혜를 많이 베풀어 덕을 쌓음에
하늘이 감응하였다고 입을 모았다.

어떻든 이런 아버지를 두었으니, 집이 가난할 수밖에 없었다. 때문에 서경
덕은 어려서부터 대단히 총명하고 영특하였음에도 불구하고, 열네 살이 되
어서야 비로소 유가 경전을 배우게 되었다. 또 일정한 스승이 없었기 때문
에 어떻게 보면 자기 자신의 노력으로 학자가 된 사람이다. 서경덕은 잘 모

르는 글자에 대해서는 벽이나 천장에 써 붙여놓고, 하나씩 사색 궁리해나갔다. 가령 하늘의 이치를 알고 싶으면, '하늘 천天' 자를 벽에 붙여놓고 문을 잠근 채 한없이 그 글자를 바라보며 이치를 생각하였고, 또 땅의 이치를 알고 싶으면 '땅 지地' 자를 붙여놓고 계속 궁리해나가는 그런 식이었다.

서경덕은 스물다섯 살에 이미 전국에 이름을 날렸는데, 현량과賢良科: 조선 중종 때 조광조의 건의에 따라 시행된 관리등용 제도. 숨은 인재를 발탁하기 위한 방안를 설치하여 120명의 인재를 선발하던 조광조는 서경덕을 적극 추천하였다. 그러나 그는 이를 거부하였다. 쌀이 떨어져 며칠씩 굶고 지내는 판인데도, 조정의 녹봉에는 전혀 관심이 없었다. 서경덕은 제자 이지함을 데리고 대곡 성운과 남명 조식이 은거하고 있던 지리산 언저리를 찾아, 그들과 함께 어울려 시를 짓고 술을 마셨다. 어머니의 간곡한 부탁으로 생원시에 응시하여 합격한 결과로 성균관에 들어가긴 했으나, 얼마 견디지 못한 채 뛰쳐나오고 말았다.

개성으로 돌아온 그는 송악산 자락에 위치한 화담花潭에 자리를 잡고, 그 옆에 초막을 짓고 학문에 정진하였다. 그의 부인은 마을에 살면서 화담의 초막에 가 밥을 지어주었고, 그리서 이때부터 '화담 선생'이라는 별호가 그에게 붙여졌다. 그의 소문은 널리 퍼져 개성 일대는 물론이요, 서울에서까지 제자들이 몰려들었다. 어느 날 제자인 강문우가 쌀을 짊어지고 가보니, 스승이 화담 위에 앉아서 한낮이 되도록 사람들과 이야기에 열중하고 있었다. 사람의 마음을 감동시키는 열변을 계속하는 데도 얼굴에는 조금도 피곤한 기색이 보이지 않았다. 강문우가 뭔가 짚이는 것이 있어 부엌에 들어가 물으니, 부인은 "어제부터 양식이 떨어져 밥을 짓지 못했습니다."고 대답하는 것이었다.

한 번은 역시 제자인 허엽이 그를 찾아갔는데, 장마가 계속되다 보니 화담으로 건너가는 냇물이 불어나 있었다. 엿새 동안 기다린 끝에 마침 냇물이 조금 준 것을 계기로 건너가니, 화담은 태평하게 거문고를 타며 글을 읊고 있었다. 인사를 끝낸 허엽이 저녁밥을 지으러 부엌으로 들어가자, 화담은 "나도 저녁을 먹지 않았으니 내 밥도 지어라."고 말했다. 허엽이 솥뚜껑을 열어보니, 솥 속에 이끼가 가득 끼어 있었다. "왜 솥에 이끼가 끼어 있습니까?"하고 물으니, "물에 막혀 집사람이 엿새째 오지 않아서 그랬나보다."고 했다고 한다.

개성 출신의 명기名妓 황진이가 화담을 여러 번 유혹하였으나 끝내 성공하지 못하였다는 이야기는 너무나 유명하거니와, 이후 개성 사람들은 황진이와 박연폭포, 서경덕을 묶어 '송도삼절'이라 불렀던 것이다.

독일 관념론의 대표적 철학자 피히테1762~1814년는 조그마한 마을작센 주 오버라우지츠에 자리한 람메나우에서 가난한 레이스 제조공의 여덟 남매 중 장남으로 태어났다. 도덕적으로 매우 엄격하였던 그의 아버지는 성실한 성품으로 인하여 평생 아들의 존경을 받았다. 하지만 경제적으로는 넉넉지 못하여 장남인

피히테를 학교에 보내는 대신 가축 지키는 일을 먼저 하도록 해야만 했다.

바로 이때 그 지역의 유지인 밀티츠 남작이 소년의 자질을 알아보고 도움을 준다. 피히테는 마이센드레스덴의 북서쪽 24km, 엘베 강 연변에 위치한 도시에 있는 시립학교를 거쳐 당시 유명했던 포르타의 귀족학교에 입학을 하게 되고, 이곳에서 1780년 가을까지 수준 높은 교육을 받게 된 것이다.

이렇게 하여 다행히 고등학교까지 마칠 수 있었으나, 예나 대학에 다닐 때쯤 해서는 다시 경제가 어려워지고 말았다. 자신의 오랜 후원자였던 남작의 죽음 때문이었다. 가정교사 생활을 통해 어렵게 생계를 유지하였지만, 경제적인 어려움과 삶의 회의로 인해 자살 직전까지 몰리기도 했다. 1788년 스위스로 가게 된 피히테는 취리히에서 한 가정교사 자리를 얻게 되었다. 이곳에서 1790년까지 머무는데, 이 무렵 그는 란Rahn이라는 처녀를 만나 사랑에 빠진다. 하지만 어려운 경제적인 여건으로 인해 둘의 결혼은 1793년까지 미루어진다. 그런데 학부모에 대한 피히테 자신의 오만불손한 태도가 그 가정교사 자리마저 빼앗고 말았다.

거의 쫓겨나다시피 한 그는 라이프치히로 갔다. 돈을 버는 방법이 없을까 궁리한 끝에 여성교양 잡지를 발행하려 하였다. 그러나 어떤 출판업자도 그에게 일을 맡기지 않았다. 비극과

드레스덴

독일 남동부 작센주(州)의 주도. 베를린 남쪽 약 189km 지점에 위치하고 독일의 피렌체라 불릴 만큼 아름다운 도시이다. 제2차 세계대전 때에 미·영 공군의 폭격으로 시가지가 거의 궤멸했으나 유서 깊은 건축물은 모두 복구하고 현재는 독일 남동부의 경제·교통·공업·문화의 중심도시이다. 우리에게는 2014년 3월 박근혜 대통령이 '한반도 평화통일을 위한 구상'이라는 제목으로 발표한 '드레스덴 선언'으로 잘 알려져 있다.

라이프치히

독일 동부, 작센 공업지대의 중심지. 1409년 세운 라이프치히 대학과 많은 연구소·박물관·도서관이 있음. 철학자 라이프니츠가 태어난 곳

바르샤우

바르샤바 주의 주도(州都)로 1596년 폴란드의 수도가 된다. 1807년 나폴레옹이 세운 바르샤바 공국의 수도였으나 1813년 러시아에 의해 재점령당했다. 제1·2차 세계대전 중에는 독일군에 점령당했다. 1955년 바르샤바조약기구 창설안이 이곳에서 서명되었으며 1903년 방사성 원소 연구로 남편과 함께 노벨물리학상을 수상한 퀴리 부인의 출생지로 유명하다.

단편소설을 써보기도 했지만, 알아주는 사람이 없었다. 1791년 초 피히테는 폴란드의 바르샤우로 간다. 그곳에서 가정교사 자리를 얻어 보기 위해서였다. 그러나 그 자리를 얻는 데 실패한 피히테는 곧바로 독일의 쾨니히스베르크로 가 칸트를 방문하게 된다.

칸트로부터 학자금의 도움을 기대했던 피히테는 그해 짧은 기간7월 13일~8월 18일까지에 완성한 논문,『모든 계시에 관한 비판의 시도』를 칸트에게 제출하였다. 그럼에도 학자금을 얻는 데는 실패하였다. 하지만 칸트의 호의로 피히테는 단치히에 가정교사 자리와 자신의 첫 번째 작품을 출판해줄 출판사를 소개받게 된다. 칸트 철학을 가르치는 가정교사 자리를 얻었을 때 피히테는 얼마나 감격스러웠던지, "이때가 가장 행복했었노라!"고 한 편지에 기록하고 있다.

그러나 여기에서도 학부모와 갈등을 일으킨 그는 다시 궁핍해지고 말았다. 이번에는 칸트를 향해 맹렬히 돌진해갔다. 말대꾸조차 제대로 해주지 않는 상대방을 향해, 그는 당돌하게도 돈을 빌리려고까지 한다. 이 일이 성공하지 못했음은 물론이다. 그런데 1792년 쾨니히스베르크의 출판사는 피히테가 쓴 논문의 저자를 익명으로 해서 출판하게 되었다. 일이 이렇게 되자, 당시에 오랫동안 칸트의 종교철학에 관한 저술을 기다려왔던 독자들은 이 책이 칸트가 익명으로 출판한 책일 것이라고 생각하여 큰 반향을 일으키게 된다. 그러나 칸트가 이러한 오해를 바로잡고 이 저서의 원 저자피히테의 이름을 밝힘으로써 피히테는 갑자기 유명해지게 된다.

1793년 다시 취리히로 돌아온 피히테는 페스탈로치와의 적극적인 교제를 통해 자신의 교육 철학에 많은 영향을 받게 된다. 그해 10월 22일, 피히테는 드디어 그동안 미루어두었던 란과의 결혼식을 올리게 된다. 결혼 후 피히테는 본격적으로 자신의 철학적 작업에 몰두한다.

포박자라고도 불리는 갈홍은 갈현葛玄, 164년 추정~244년 추정이라 하는 인물을 집안 할아버지뻘로 두었는데, 이 갈현은 유명한 좌자의 제자로 알려져 있다. 갈현은 중국 삼국시대 오나라의 도사로서, 장쑤성 사람이며 갈홍의 증조부에 해당한다. 혼자 힘으로 경서에 통했으나 벼슬을 즐겨하지 않고 탄금彈琴: 거문고나 가야금 따위를 타는 일에 전심하여, 노장老莊의 글을 암송하여 명리名利: 명성과 이득를 떠난 생활을 즐겼다. 여러 명산을 두루 다니며 도를 닦다가 마침내 244년 득선得仙했다고 전해진다. 그 학술은 고제高第, 정은과 같은 제자들을 거쳐 갈홍에게까지 전해졌다. 또한 포박자갈홍의 부친은 태수오늘날의 군수의 벼슬을 지냈으니, 따지고 보면 그 역시 명문집안이었다. 그러나 열세 살 때에 부친이 죽자 빈곤한 생활을 이어가야만 했다.

가난하여 스승을 찾아가 배울 수 없었던 포박자 갈홍은 밭을 갈고 씨를 뿌리는 농사일로 하루하루를 보내야 했다. 그러는 와중에도 자습으로 육경 여섯가지 경서과 사서史書: 역사책 제자백가의 글들을 독파하였다. 그는 사방으로

방중술(房中術)

말 그대로 '방 안에서 쓸 수 있는 술법'. 규방에서 남녀가 성을 영위하는 방법으로, 실제 도교의 종교적 수행법 중 하나이다. 다만 워낙에 비밀스러운 술법이라 포박자 자신도 제대로 배우지 못했다고 서술한 바 있다.

돌아다니면서 책을 빌어보았고, 또한 땔감을 판돈으로 붓과 종이, 묵을 샀다. 갈홍은 흔히 '포박자'라고도 불린다. 그러나 원래 『포박자』란 중국 도교 경전의 문헌을 가리키는 것으로서, "평범한 사람도 신선이 될 수 있다"는 방법론을 제시하고 있는 갈홍의 저서 이름이다. 포박자는 '박朴을 안은 사람'이라는 뜻인데, 박은 노자철학에서 '인간이 손대지 않은 자연의 순수성'을 대표하는 말로 잘 쓰인다. 『포박자』는 내편 20편, 외편 50편으로 이루어져 있으며, 그 첫 부분인 내편에는 갈홍의 연단술에 대한 견해가 적혀 있다. 금단金丹이라는 비금속非金屬: 금속의 성질을 가지지 않은 물질을 황금으로 바꾸는 방법, 방중술, 특이한 식이요법, 호흡과 명상법 등을 소개한다. 뒷부분인 외편에는 올바른 인간관계를 위한 윤리적 원칙의 중요성을 강조하면서 당시 퍼져있던 쾌락주의를 비판하는 형식을 띄고 있다.

조선 영조, 정조 때의 실학자이자 현실 비판주의 문학의 개척자인 박지원 1737~1805년은 5대 할아버지가 선조의 사위가 되었을 만큼 이름난 집안의 자손이었다. 그럼에도 불구하고, 그의 아버지는 벼슬을 하지 못했을 뿐 아니라 그가 두 살 때에 세상을 떠나고 말았다. 그래서 할아버지는 그를 불운하게 태어난 손자라고 하여 늘 불쌍히 여겼다.

박지원은 서울 반송방 야동지금의 중구 순화동과 의주로 2가 일대에서 태어나, 삼청동 백련봉 아래 이장오라는 인물의 별장에서 세 들어 살았다. 얼마 뒤에는 백탑白塔, 지금의 파고다공원 인근으로 이사하였다가, 다시 백탑 서쪽 전의감동으로 옮기며 생활해야만 하였다. 그렇지만 박지원의 나이 열여섯 살에는 그

할아버지마저 세상을 떠났고, 그의 형도 일찍 죽고 말았다. 그에게 남겨진 유산도 없었던 까닭에 그는 떠돌이 신세를 면치 못했다. 그가 20~30대에 『양반전』이나 『예덕선생전』과 같은, 세태를 비판하는 작품을 집필하게 된 것도 이런 생활과도 무관하지 않을 것이다. 그가 나중에 정조 임금에게 올린 글에는 다음과 같은 내용이 들어있다.

"신의 집안은 대대로 청빈淸貧하여 본디 농사지을 땅도 없었던 데다, 신은 서울에서 자라나 콩과 보리도 구분하지 못했습니다. 신의 할아비가 나라의 녹을 먹었는데, 신은 어렸을 적에 썩은 쌀을 뜰에 심고 싹트기만을 기다렸습니다."

홍국영(洪國榮, 1748~1781년)

조선 후기의 문신, 세도정치가. 사도세자를 죽이는 데 주동 역할을 한 벽파(僻派)들이 세손(정조)까지 해하려고 음모를 꾀하자, 이를 막아내어 세손으로부터 깊은 신임을 얻었다. 정조를 즉위시키는 데 진력하여 도승지에 올랐고, 누이동생을 빈으로 들여보내 세도정권을 이룬 다음 갖은 횡포와 전횡을 일삼았다.

유언호

조선 후기의 문신. 영조의 세손을 잘 보호하여 정조로 등극한 후에는 우의정, 좌의정 벼슬에까지 올랐다.

한때 생원진사시에서 장원을 하며 촉망받던 재원이었던 박지원은 끝내 과거시험을 포기하고, 1771년영조 47 황해도 금천의 골짜기인 연암골을 찾아들었다. 그리고 몇 년 뒤에 가족들과 함께 이곳에 정착하였다. 박지원의 호 연암燕巖은 여기서 유래하였다. 이러한 삶은 선조들의 청렴한 삶과 유람을 즐기는 그의 가치관에서 나온 것이긴 하나, 당시 실력자 홍국영과의 불화도 한몫 거들었다고 볼 수 있다.

박지원이 연암골에 정착하기 직전 그의 절친한 친구였던 유언호는 "자네는 어쩌자고 홍국영의 비위를 거슬렸나? 그 자가 자네를 해치려 틈을 엿본 지 오래지만, 자네가 조정의 벼슬아치가 아니라고 늦추어 온 것뿐이라네. 이제 복수의 대상이 다 제거되었으니, 다음 차례는 자네일 걸세. 그러니 될 수 있는 한, 빨리 서울을 떠나게나." (이종묵, 『조선의 문화공간』에서)라고 권하였다는 것이다.

6

지독한 가난

• 한유 • 혜능 • 최제우 • 마르틴 루터
• 토마스 홉스 • 하이데거 •

　지금까지는 그래도 괜찮은 편이라고 해야 할까. 이제부터는 지독하게 가난한 경우이다. 당나라 때의 문학가이자 유학자인 한유韓愈, 768~824년는 남하양南河陽 = 현 하남성 맹현 사람으로 부친 중경, 숙부 운경 등에게는 모두 문명文名이 있었다. 하지만 세 살 때에 아버지를 잃고, 형을 따라 영남으로 내려갔다. 그러나 형마저 죽고 나자 어머니, 조카와 함께 다시 강남으로 집을 옮겼다. 그런데 다 알다시피, 이 세상은 고아와 과부가 살아가기에 너무나 고달팠다. 그는 조카에게 이렇게 말했다.

"내 위로 세 분의 형님들이 있었으나 모두 일찍 돌아가셨기에 조상의 혈통을 이어받은 사람은 아들 항렬에서는 나 하나이고, 손자 대열에서는 너 하나뿐이로구나. 두 대에 각각 한 사람씩만 남았으니, 너와 나의 신세가 참으로 외롭고 고독하구나!"

그러나 이 조카마저 곧 죽고 말았다. 이러한 고난과 어려움 속에서도 그는 향학열과 성실함을 잃지 않았다. 고독하고 곤궁한 생활 가운데서도 한유는 공부를 게을리 하지 않았다. 유명한 스승이 지도해주거나 좋은 친구들이 다듬어주지는 않았으나, 스스로 자습하여 제자백가를 완전히 읽어냈다. 그는 일찍부터 "3대 양한의 책이 아니면 감히 보지 않으며, 성인의 뜻이 아니면 감히 품지 않는다.(非三代兩漢之書不敢觀, 非聖人之志不敢存.)"라는 포부를 지니고 살았다. 여기에 등장하는 삼대三代란 하夏·은殷·주周를, 양한兩漢이란 전한前漢과 후한後漢을 가리킨다.

그리하여 마침내 25세에 진사가 된 후 29세부터 벼슬길에 들어섰는데, 사문박사, 감찰어사 등을 역임하였다. 하지만 815년에 지은 『논불골표論佛骨表』가 문제가 되었다. 당시는 그가 형부시랑형부에 소속된 정4품의 관직으로 있을 때였는데, 어느 날 헌종은 신하 서른 명에게 명령하여 봉상鳳翔 법문사에 있는 석가문불釋迦文佛=석가모니불. 부처로서 모시는 석가모니의 손가락 뼈 한 조각을 영접하여 궁 안으로 들여왔다. 그리고는 3일 동안 제사를 지낸 다음, 다시 절로 돌려보내도록 하였다. 황제가 이러한 형편이니 관리

사문박사(四門博士)

사문학이란 당나라 때 서민을 위하여 국자학, 곧 대학의 사방에 세운 학사다. 바로 그 교관을 사문박사라 부르고, 그 학생들을 사문 학생이라 하였다.

감찰어사

모든 벼슬아치들을 감찰하고 나라의 제사, 조정의 조회, 재정의 출납 등을 감찰함.

와 백성들은 말할 필요조차 없었다. 서로 뒤질세라 앞을 다투어 그 뼈마디에 제사지내느라 정신이 없었고, 이 일로 말미암아 서울 전체가 떠들썩하였다.

이에 한유는 크게 통탄하여 헌종에게 부처의 뼈를 논하는 한 편의 글을 올렸다. 그 가운데에는 "동한東漢의 군주들이 불교를 열심히 믿은 다음부터 모두 일찍 죽고 말았다"는 내용이 들어 있었다. 헌종이 이 글을 보고 노여움을 참지 못하고 그를 사형에 처하고자 하였다. 이에 모든 신하들이 식은땀을 흘리며 어찌할 바를 몰랐다. 그 후 여러 사람들이 목숨만은 살려줄 것을 요구하자 헌종은 특별히 은혜를 베풀어 그를 조주潮州의 칙사勅使: 임금의 어명을 받은 사신로 보내었다. 그때 한유의 나이 쉰 살이었다. 그러나 반란군을 진압한 공로도 있고 하여, 목종의 부름을 받아 수도로 돌아와 이부시랑이조판서를 보좌하는 관직이 되었다.

홍인선사가 고민하는 문제는 과연 누구에게 의발을 전해줘야 할 것인가였다. 그러던 어느 날, 선사는 모든 제자들을 불러 모은 다음 한 수의 게어를 짓도록 하였다. 그러자 가장 뛰어난 제자라 자타가 공인하던 신수법사는 즉시 게어를 지어 스승에게 자신의 지혜를 알리고 싶었다. 그러나 다른 사람의 눈에 의발을 탐내고 있는 것으로 비춰질까봐 두려웠다. 망설이던 그는 아무도 몰래 써 두었던 게어를 선사의 방 앞에 있는 벽에 붙여놓았다. 다음날 아침에 홍인선사가 이를 본 다음, 제자들에게 그 게어를 향하여 향을 피우고 절을 올리도록 하는 한편, 시시때때로 머릿속에 외우도록 분부하였다. 그러나 그 날 저녁에 신수를 따로 방안으로 불러들인 다음, 이렇게 말했다.

의발(衣鉢)

중들이 입는 가사(袈裟:법의. 왼쪽 어깨에서 오른쪽 겨드랑이 밑으로 걸치는 네모로 된 긴 천)와 바릿대(바리때: 중이 쓰는 밥그릇)로서, 달마대사가 제자에게 이 두 가지 물건을 전한 고사에서 전법을 받는다는 뜻으로 쓰인다.

게어(偈語)

불교에서 제자들에게 불법을 전할 때, 여러 말을 하기보다 간단 명확한 몇 마디 말로 뜻을 전달하고자 하였던 바, 이 몇 마디 말을 가리켜 게어라고 부른다.

"내가 보기에, 아직도 이 게어는 선禪의 최고 경지에까지 도달하지 못하였다."

그렇다고 하여 달리 방법도 있는 것도 아니어서, 그는 절 안의 모든 사람들에게 그것을 암송하도록 하였다. 그때에 마침 절 안의 방앗간 쪽에서 걸어오던 한 소공심부름하는 사람이 낭송하는 소리를 듣고, 자기가 느낀 바를 표현하고자 하였다. 그러나 그는 글을 알지 못했기 때문에, 다른 사람에게 자기의 생각을 대신 쓰게 하여 이것을 벽에 붙였다.

이에 여러 사람이 와서 보고는 '방앗간의 일개 소공이 어떻게 이 정도의 게어를 쓸 수 있었을까?' 하고 매우 이상하게 생각하였다. 홍인 선사 역시 이 글을 보고, 마음속의 놀라움과 기쁨을 억누를 수 없었다. 마음속에 '이것은 분명히 도를 깨달은 말이다.'라는 확신이 섰던 까닭이다. 그러나 그는 게어를 지워버린 다음, 여러 사람에게 말하기를 "이것은 아무런 뜻도 없는 말이다."고 하였다. 이에 그 자리에 있던 신도들이 실망한 채 모두 흩어져 가버렸다. 이튿날 저녁, 홍인선사는 곧 그 방앗간의 소공을 불러 비밀리에 의발을 건네주었다.

"오늘부터 당신은 중국 선종의 6대조가 되었소."

여기에서 글자를 알지 못하는 방앗간의 소공이 바로 중국 불교학 역사상 가장 유명한 6대조 혜능638~713년. 중국 당나라 때의 승려. 선종의 6대조이다. 혜능은 당나라 태종 때에 태어났다. 속성은 노盧이며, 난하이 신싱 출생이다. 그의 부친은 지금의 하북원 평방산 일대에 해당하는 범양 사람으로, 조정의 관리였다가 나중에 광동의 신주로 옮겨와서 보통 백성이 되었다. 혜능이 세 살 때에 부친이 병으로 세상을 떠났고, 그는 모친에 의해 양육되었다. 생계를 도모하기 위하여 신주에서 다시 남해 현으로 옮겨 살았는데, 고아와 과부뿐

금강경(金剛經)

인도에서 2세기에 성립된, 공(空)사상의 기초가 되는 반야경전. 금강반야바라밀경·금강반야경이라고도 한다. 한곳에 집착하여 욕심을 내지 말고, 부처를 모양으로가 아닌 진리로서 존경한다면 마침내 여래를 보게 된다고 하였다. 적절한 분량으로 읽기도 쉬우면서 동시에 대승불교의 진수를 드러내고 있기 때문에 가장 많은 관심을 받는 불교경전이 되었다.

인 가정은 매우 가난하고도 쓸쓸하였다. 다 자랄 때까지 날마다 산에 가서 나무를 해다 팔아서 어머니를 모셔야 했던 혜능은 책 읽을 돈이 없어 글자를 알지 못하였다.

그러나 스물네 살 되던 해 어느 날, 그는 자신의 나무를 사주는 지체 높은 집에서 금강경 읽는 소리를 들었다. 이에 깊이 느낀 바가 있어 그 방으로 뛰어 들어가 그 책에 대해 물었다. 잠시 어리둥절해있던 그 집 주인은 황망 중에도 친절하게 대답해주었다.

"이것은 금강경 가운데 일부인데, 홍인선사가 지금 황매산의 동선사에서 이 경전을 강해하고 있다네."

"저 역시 그것을 무척 배우고 싶지만, 불행하게도 저를 대신하여 늙은 어머니를 봉양할 사람이 없습니다."

"자네가 정 그러하다면, 내가 대신하여 자네의 노모를 봉양하겠네."

뜻밖의 도움을 받은 혜능은 30여 일 동안 걸어서 하북 황매산에 자리한 동선사로 향했다. 다짜고짜 제자로 받아들여달라고 하는 혜능에게 홍인대사가 물었다. "영남은 오랑캐가 사는 곳이거늘, 그 곳 사람이 어찌 부처가 될 수 있겠느냐?" 이에 혜능은 "사람에게는 남북이 있으나, 부처의 성품에는 남북이 있을 리 없습니다. 비록 오랑캐의 몸은 스님의 몸과 같지 않사오나, 부처의 성품에야 무슨 차별이 있겠습니까?"고 대답하였다.

이에 홍인대사는 그가 큰 그릇임을 알아차리고 그를 곧 행자行者: 속인으로서 절에 들어가 불도를 닦고 수행하는 사람로 받아들였다. 이리하여 혜능은 조방朝房: 절간 옆에 붙어있는 작은방에서 나무를 쪼개고 방아 찧는 일을 맡아오다가 8개월 만에 마침내 그 도를 깨달은 게어로 말미암아 제 6대조의 의발을 얻게 된 것이다. 혜능

은 황매산의 5조 홍인弘忍선사에게서 배우고, 선종禪宗: 참
선수행으로 깨달음을 얻는 것을 중요시하는 불교의 한 종파의 법통을 이어
받았다. 신수와 더불어 홍인 문하의 2대 선사로서, 후세
에 신수의 계통을 받은 사람을 북종선北宗禪, 혜능의 계
통을 남종선南宗禪이라고 하였는데, 이른바 오가칠종은
모두 남종선에서 발전한 것이다.

최제우는 경북 경주군 견곡면 가정리지금의 경주시에서 7
대째 벼슬을 하지 못한 몰락한 향촌양반 가정의 서자庶
子로 태어났다. 그의 집안은 7대조인 최진립이 의병을 일
으켜 순국함으로써 병조판서로 추서되었으나, 후손들
은 중앙의 관직을 얻지 못해 쇠락하였다. 그의 아버지
인 최옥도 영남 지방에서 비교적 이름이 알려진 문사文
士였지만, 과거에 낙방해 관직에는 오르지 못했다. 게다
가 최제우는 두 번이나 아내와 사별한 아버지 최옥이 환
갑이 지난 나이에 단봇짐장수 여인 곡산 한씨를 만나 낳
은 아들로, 재가녀再嫁女의 자식이라는 사회적 차별을 받
아야 했다. 열심히 공부를 하였지만, 반상班常: 양반과 상놈
의 등급과 적서嫡庶: 적자와 서자의 차별이 심하던 당시의 풍
조로 과거에 응시할 수 없었다.

더욱이 부친은 열일곱 살의 최제우를 남겨둔 채 숨을
거두고 만 데다, 이미 열세 살의 나이에 결혼을 한 최제
우에게는 돌보아야 할 가족이 딸려있었다. 점점 궁핍에

신수(神秀), 605~706년)

당나라의 선승(禪僧)이었다. 신장이 8
척이고, 눈썹과 눈매가 빼어나고 위덕
(威德)이 당당했다. 젊어서부터 경사
(經史)를 읽어 박학다문(博學多聞)했
다. 여러 곳에 스승을 찾아다니다가
동선사에 이르러 5조 홍인을 만난다.
나무하고 물을 기르면서 도(道)를 구
하며 문하의 제1 자리에 올랐고 혜능
과도 친했지만 의발(衣鉢)은 전해 받
지 못했다. 남쪽의 혜능, 북쪽의 신수
란 뜻에서 남능북수(南能北秀)란 말
이, 혜능이 주장한 돈오(頓悟)와 대비
된 점오(漸悟)의 설을 신수가 주장함
으로써 남돈북점(南頓北漸)이란 말이
나오게 되었다. (임종욱, 『중국역대불
교인명사전』, 이회문화사)

오가칠종(五家七宗)

중국 당송대(唐宋代)에 형성된 남종
선파를 아우르는 총칭이다. 중국의 선
종은 보리달마로부터 제2조 혜가, 제
3조 승찬, 제4조 도신, 제5조 홍인을
거쳐 신수의 북종선과 혜능의 남종선
으로 나누어지는데 남종선이 점차 번
영하여 5가7종으로 분파하여 각자 특
이한 종풍을 선양하였다. 이 가운데 무
종의 폐불사건(廢佛事件, 845~846:
당나라 무종이 4600여 사찰을 폐쇄
한 사건. 당시 불교 사찰들이 많은 땅
과 막대한 재산을 가지고 있으면서도
세금을 면제받는 등 특권을 누리고 있
었던 바, 신흥 유교세력이 이를 집중적
으로 비판했다. 이러한 틈을 타 불교 탄
압을 단행한 것이다.) 이후, 석두와 마
조의 문하에서 갈라진 위앙종·임제종·
조동종·운문종·법안종을 오가(五家)
라 부르고, 송대에 이르러 임제종에서
갈라져 나온 황룡파·양기파를 합하여
칠종(七宗)이라 칭하였다. (『시공불교
사전』, 시공사)

빠져들게 된 최제우는 스물한 살 때, 집과 고향을 등지고 나와 세상을 떠돌기 시작하였다. 여기저기 떠돌아다니는 중에 무술巫術, 점술占術, 장사, 서당훈장 등을 해보았으나 신통치 않았다. 이러한 세상인심의 각박함과 어지러움이 그동안 천명天命을 돌보지 않기 때문에 나타난 것이라 해석한 최제우는 천명을 알아낼 방법을 찾기 시작하였다. 1856년 여름, 경남 양산의 통도사 뒤 천성산에 들어가 하느님께 정성을 드리면서 시작된 그의 구도求道 노력은 그 이듬해 천성산의 중턱에 있는 자연동굴 적멸굴에서의 49일 정성기도, 그리고 울산 집에서의 계속된 공덕 닦기로 이어졌다. 또한 1859년 10월, 처자를 거느리고 경주로 돌아온 뒤에도 구미산 용담정에서 수련을 이어나갔다.

이 무렵 가산은 탕진되었고, 빚은 산더미처럼 쌓인 상태였다. 국내 상황은 삼정의 문란 및 천재지변으로 크게 혼란된 분위기였으며, 국제적으로도 애로호사건을 계기로 중국이 영불英佛 연합군에 패배하여 톈진조약을 맺는 등 민심이 불안정하던 시기였다. 바로 이러한 때인 1860년 4월 5일, 최제우는 결정적인 종교체험을 하게 된다. 하느님에게 정성을 드리고 있던 중, 갑자기 몸이 떨리고 정신이 아득하여지면서 천지가 진동하는 듯한 소리가 공중에서 들려왔던 것. 그것은 바로 상제上帝=하느님. 우주를 창조하고 주재한다고 믿어지는 초자연적인 절대자의 음성이었다. 이러한 체험을 통하여 그의 종교적 신념은 결정적으로 확립되기 시작하여 1년 동안 그 가르침에 마땅한 이치를 체득, 도를 닦는 순서와 방법을 만들어 낼 수 있게 되었다. 이러한 상황에서 천주의 뜻을 알아내는 데 유일한 희망을 걸고 이름을 제우濟愚라고 고치면서 구도求道의 결심을 나타냈던 것이다.

어느 날 빚 독촉을 하던 노파가 행패를 부리자, 최제우는 분을 이기지 못하고 손으로 밀쳤다. 그러자 노파가 기절하더니 이내 죽고 말았다. 노파의 아들과 사위가 몰려와 노파를 살려 내라고 하자, 그는 닭털 꼬리를 노파의 목구멍에 넣었다. 그러자 노파는 기침을 하고 피를 토하며 살아났다. 이 일로 인하여 그가 신명神明하다는 소문이 퍼지기 시작하였다.

그 후 최제우는 동학 창도에 나섰다. 동학이란 조선 말기 민족 고유의 경천敬天 사상을 바탕으로, 유儒·불佛·선仙과 도참사상, 후천개벽사상 등의 민중 사상을 융합하여 만들어진 종교사상이다. 당시 천주교를 서학西學이라 부르는 데 대하여, 우리의 도를 천명한 것이라는 뜻으로 동학東學이라 불렀던 것이다. 1861년 포교를 시작하였고, 곧 놀라울 정도로 많은 사람들이 동학의 가르침을 따르게 되었다.

종교개혁의 선봉장 마르틴 루터는 1483년 독일의 작센안할트 주의 아이스레벤에서 광산업에 종사하는 아버지 한스 루터와 어머니 마가레테 린데만 사이에서 태

종교개혁

기독교가 중세 사회의 중심에 놓여 막강한 권력을 휘두르게 되면서부터 부패하기 시작했다. 그러나 속으로만 끓고 있을 뿐, 누구 한 사람 앞장서는 사람이 없었다. 당시 교회의 권력에 맞선다는 것은 바로 죽음을 의미하기 때문이었다. 그런데 이때 분연히 일어난 사람이 있었으니, 그가 바로 마르틴 루터이다. 종교개혁의 시발점은 교회의 면죄부 판매였다. 교황 레오 10세는 산피에트로 대성당을 건축하기 위해 면죄부를 팔았다. 이때 사제들은 "누구든지 회개하고 기부금을 내면 죄를 용서받을 수 있다."라고 설교했다. 루터는 이러한 처사에 대해 1517년 10월 31일 비텐베르크 성 교회 정문에 〈95개조 의견서〉를 써서 붙였다. 처음에는 교회 정문에 붙인 대자보 수준이었다. 그런데 이것이 입에서 입으로 전해져 요원의 불길처럼 독일 국경을 넘어 유럽 전체로 확산되었다.

마르틴 루터(1483~1546년)

독일의 종교개혁가이다.

만스펠트

독일 남부 하르츠포어란트에 위치한 평온하고도 작은 도시로, 루터가 유년기를 보냈던 점판암 광산의 중심지이다.

어났다. 루터의 아버지는 처음에 농부였다. 그러나 막내가 재산을 상속하게 되어 있는 당시의 제도 때문에, 그는 근처의 광산에서 구리 캐는 광부로 직업을 바꾸어야 했다. 아버지는 만스펠트로 이주하여 광부로 일하다가 광산업을 경영하면서 성공한 시민계급의 한 사람이었다.

하지만 루터가 태어날 무렵, 그의 집안은 너무도 가난하여 그의 어머니는 산에 가서 손수 땔감을 해와야만 할 정도였다. 다행히 루터가 태어난 이듬해부터 살림이 펴기 시작하여 그의 아버지는 네 명의 부시장 가운데 한 사람으로 선출되기까지 하였다. 부친은 교회의 타락을 묵인하지 않는 양심적인 기독교인으로서, 주기도문의 "하늘에 계신 우리 아버지"라는 문장에 부담을 느낄 만큼 엄격하였다. 그래서 루터는 자신의 진로 문제 역시 본인의 적성과 흥미가 아닌, 아버지의 뜻대로 정해야 했다. 아버지는 아들을 법률가로 만들어 사회적으로 성공시키기 위해 에르푸르트 대학교에 입학토록 하였다.

루터가 대학교에서 공부를 계속 하던 중, 집에 갔다가 에르푸르트독일 중부 튀링겐 주의 주도로 돌아가는 길이었다. 7월 2일, 슈토테르하임 근처 숲에서 무시무시한 벼락이 옆에 떨어지는 순간, 루터는 땅으로 엎어지면서 광부들의 수호성인 이름을 부르며 소리 질렀다.

"성 안나여, 저에게 힘을 주소서. 저는 수도사가 되겠습니다."

루터는 아버지의 반대에도 불구하고, 같은 달 17일 에르푸르트의 아우구스티누스 수도회에 들어갔다. 이후 그는 1507년24세 사제司祭가 되었고, 1511년 비텐베르크 대학교로 옮겼으며, 1512년에는 신학박사가 되었고, 1513년부터 성서학 강의를 시작하였다. 1515년 루터는 아우구스티누스 수도원 열 곳을 감독하면서 새로 발견한 복음의 씨앗을 전파할 위치에까지 서게 되었다. 마침내 루터는 교회의 면죄부 판매에 대하여 95개 조의 반박문을 내걸고, 종교개혁의 불씨를 지폈다. 그에 의하면, 인간은 오직 복음에 쓰여 있는 하나님의 말씀을 믿음으로써만 구제될 수 있다. 그는 교황의 영적靈的 성격에 대해서도 비판을 가하고 "모든 사람은 신 앞에 평등하다"고 선언하였다. 이러한 행동으로 인하여 그는 가톨릭교회로부터 파문을 당함과 동시에 독일 황제로부터도 추방명령을 받았다. 그러나 이에 응하지 않고, 『성경』의 권위를 선언함과 동시에 그것을 독일어로 번역하였다.

토마스 홉스는 영국 서남부 윌트셔 주 맘스베리 외곽에 위치한 작은 마을 웨스트포트에서 태어났다. 당시 그 지방 전역에 스페인 무적함대가 침공한다는 소문이 퍼져 주민들이 공포에 휩싸이게 되자, 마을의 목사 부인인 홉스의 어머니도 놀란 나머지 임신 7개월 만에 조산을 하게 되었다는 유명한 일화가 있다. 조산아로서의 홉스의 탄생과 무적함대의 침공 소문 사이에 어떠한 인과관계가 있었는지 우리로서는 확인할 길이 없다. 하지만 그의 어머니가 그를 임신하고 있었을 때 극도의 긴장과 경계 속에 있었으며, 따라서 "어머니는 쌍둥이로 나를 낳으셨는데, 그 한 명이 나이고 다른 한 명은 공포이다."는 홉스 자신의 회고담도 타당성이 있는 것으로 여겨진다. 이때 홉스는 숙명적으로 파란만장한 그의 일생을 예고 받았던 셈이다. 홉스의 부친은 영국 교회의 목사였으나 별로 모범적인 목회자는 아니었던 것 같다.

토마스 홉스(1588~1679년)
영국의 정치학자이며 철학자이다.

무적함대(無敵艦隊)
스페인은 아메리카 대륙 발견 후 전성기를 맞이했으나, 펠리프 2세의 후반기에는 해외무역에서 영국이 대두하고, 국내의 정치와 경제도 쇠퇴하기 시작하였다. 이에 왕은 영국을 원정하기 위하여 전함 127척, 수병 8,000, 육군 1만 9900, 대포 2,000을 가진 대함대를 만들었다. 1571년 오스만 함대를 격파하여 지중해 해상권을 장악한 것은 무적함대의 대표적 활약이다. 1588년 5월 28일, 포르투갈의 리스본을 출발한 대함대는 네덜란드 육군과 합류하여 영국 본토에 상륙할 예정이었다. 이에 영국의 엘리자베스 여왕은 전함 80척, 병력 8,000으로 맞서게 하였다. 그 결과 무적함대는 그라블린 해전에서 결정적 타격을 받아 54척만 본국으로 돌아갔다. 이 싸움은 스페인의 해상무역권을 영국에 넘겨주고 네덜란드가 독립하는 계기가 되었다.

찢어지게 가난한 무명의 목사였던 그의 아버지는 이상성격의 소유자이기도 했다. 토요일 밤늦게까지 트럼프 놀이를 한 끝에 다음날 설교단 위에서 졸다가 갑작스레 엉뚱한 고함을 지르는 바람에 교회 안에서 예배 보던 신자들을 놀라게 한 일까지 있었다. 그가 어느 때인가 예배 중 잠이 들어 "클럽이 으뜸 패요."라고 중얼거리는 것을 들은 사람이 있다고도 한다. 그 후 얼마 안 되어 홉스 부친은 교회당 앞에서 다른 목사와 난투극을 벌인 나머지, 그의 부인과 2남 1녀의 자식을 버려 둔 채 쫓겨나야만 했다. 그 후로 평생 돌아오지 않았다고 한다. 런던에서 다시 그를 보았다는 사람들은 있었으나, 홉스 자신이 그의 아버지를 다시 만났다는 증거는 어디에서도 찾아볼 수 없다. 그러나 홉스는 불행 중 다행으로, 장갑 장사로 돈을 많이 번 삼촌 프란시스 홉스 덕에 4살 때부터 교육을 받을 수 있게 되었다. 그는 마을의 초등학교에서 옥스퍼드 대학 출신의 로버트 라티머 선생으로부터 라틴어와 그리스어를 배웠다. 특히 선생은 홉스를 매우 사랑하였는데, 홉스는 그 누구보다 총명했다고 한다. 그러나 대학에 진학한 뒤로부터는 부지런히 공부를 한 것 같지 않다. 대학의 교과과정 자체를 그리 좋아하지 않았던 것이다. 공부 대신 홉스는 들판에 나가 갈까마귀 사냥하기를 좋아했다. 그리고 많은 시간을 들여 지도 가게에서 아메리카 신대륙 발견이나 지도상 '미지(未知)의 땅'이라고 표기된 지역에 대해 상상하기를 즐겼다. 그래서 수십 년 후, 그의 친구인 시인 카울리가 그를 '과학의 콜럼버스'라고 부른 것도 타당성이 있다고 봐야 할 것이다. 홉스는 대학을 졸업함과 동시에 학교장 존 월

갈까마귀

몸길이는 약 33cm이고 대체로 검은 색을 띤다. 먹이는 동물성, 식물성 등 다양하며, 곡식에 해를 끼친다.

카울리(1618~1667년)

영국의 시인으로 15세에 장편 서사시 『시화(詩花)』를 썼으며, 재학 중에 왕당(王黨)에 가담하여 프랑스에 망명 중인 왕비를 도왔다가 투옥됐다. 그후 왕정이 복구된 뒤에는 은둔 생활을 하였다.

킨슨의 소개로 매우 부유한 윌리엄 카벤디쉬의 아들 가정교사로 들어간다. 이렇게 시작된 홉스와 카벤디쉬 가문과의 인연은 몇 년의 공백기를 제외하고는 홉스가 죽을 때까지 계속된다. 그리고 이 인연은 개인적인 생계수단의 차원을 넘어 그에게 17세기 정치와 과학, 철학이 서로 만나는 장소에 들어설 수 있는 행운을 제공하였다. 당시 영국 신사교육에 있어서 유럽대륙 순방은 필수코스였다. 이에 홉스는 1610년 그의 제자 윌리엄을 데리고 유럽여행을 떠난다. 이 첫 번째 여행에서 홉스는 자신이 옥스퍼드에서 배운 스콜라 철학과 논리학이 유럽 대륙의 젊은 지성인들 사이에선 이미 권위가 떨어져 있음을 알아차렸다. 1618년과 1622년 사이 어느 때인가 홉스는 프란시스 베이컨의 비서로서 일한 적이 있다. 베이컨에 의하면, 홉스야말로 그의 철학을 이해하는 몇몇 사람 중에 하나였다. 과학철학과 인식론에 있어서 베이컨은 과격한 경험주의자였고, 홉스는 철저한 합리주의자였는데도 불구하고 말이다.

20세기를 대표하는 독일의 실존철학자 하이데거1889~1976년는 1889년 9월 26일 독일 바덴뷔르템베르크 주의 시골 마을인 메스키르히에서 성당지기였던 아버지 프리드리히 하이데거와 농부의 딸인 어머니 사이에서 장남으로 태어났다. 그가 태어난 메스키르히는 독일 최남단에 있던 작은 시골이었는데, 마을 전체가 기독교적인 보수성을 띠고 있었으며 이로 인해 훗날 하이데거의 철학 전체에서 기독교적인 색채가 짙게 깔리게 되었을 것이라고 추측된다.

바덴뷔르템베르크

독일 남부의 주. 주도는 슈투트가르트. 이외의 도시로는 만하임, 프라이부르크, 하이델베르크 등이 있음. 남쪽으로는 스위스, 서쪽으로는 프랑스와 국경을 접한다. 메르세데스-벤츠(세계에서 가장 오래된 자동차 브랜드. '최고가 아니면 만들지 않는다'는 창업정신 아래 럭셔리 프리미엄 자동차 브랜드로서의 명성을 이어가고 있음)와 포르쉐(고성능 스포츠카, 슈퍼카, 세단, SUV 등을 생산하는 독일의 자동차 제조업체. 아우디, 폭스바겐, 벤틀리, 부가티, 람보르기니 등의 자동차를 생산하는 폭스바겐그룹에 속해 있음)의 본사가 슈투트가르트에 있다.

아버지는 성당지기 일 외에 술 창고를 지키는 일도 자주 했다는데, 이런 사실에 비추어 보면 하이데거는 매우 가난한 어린 시절을 보낸 듯싶다. 그는 학교에서 매우 뛰어난 학생이었지만, 공부를 계속할 만한 돈이 없었다. 다행히 그의 딱한 사정을 안 메스키르히 성당 콘라트 그뢰버 신부가 장학금을 받도록 도와주었다. 거기에는 졸업 후 신부가 될 공부를 계속한다는 조건이 붙어 있었다. 신부의 도움으로 하이데거는 1903년부터 1909년까지 콘스탄츠에 있는 김나지움에서 공부할 수 있었다. 1909년 김나지움을 졸업하고 성직자 수업을 받기 위해 예수회에 입회했다. 그러나 엄격한 수도사 생활을 견디지 못하고 14일 만에 그만두고 말았다. 하지만 그 뒤에도 신학에 대한 미련을 버리지 못하여 프라이부르크 대학에서 2년 동안 신학공부를 했는데, 건강 문제로 이마저 그만두어야 했다. 신학을 포기한 뒤, 그는 1911년 22세 때 비로소 철학의 길로 들어섰다. 하이데거는 김나지움 시절부터 철학에 관심이 많았다. 그가 철학에 깊은 관심을 갖게 된 결정적인 계기는 브렌타노의 『아리스토텔레스에게 있어서 존재자의 다양한 의미에 대하여』라는 박사학위 논문 때문이었다. 우리의 관심을 끄는 것은 보고 만질 수 있는 꽃, 나무, 사람 등의 구체적인 존재자들이다. 하지만 철학에는 구체적인 존재자들이 아닌, '존재' 자체의 의미를 다루는 형이상학이라는 분야가 있다. 하이데거는 브렌타노의 책을 통해 형이상학의 세계에 빠져들었다. 그는 브렌타노의 제자였던 후설의 사상에도 깊은 관심을 가졌다. 우여곡절 끝에 그는 1919년, 후설의 조교가 되어 그로부터 많은 영향을 받았다. 같은 해에 프라이부르크 대학의 사강사로 임명되기도 했다.

차분하고도 심오한 강의로 많은 사람들을 감동시켰던 하이데거는 마침내 마흔 살 무렵1927년에 쓴 『존재와 시간』으로 일약 유명해지고 말았다. 누구도 예상치 못한 반응들이 나타나기 시작한 것이다. 즉각 학계의 주목을 받았을 뿐더러 심지어 그의 사유의 폭풍을 플라톤에 비유하는 철학자도 나타났다. 하이데거는 살아생전에 "우리 시대의 가장 위대한 사상가"라는 평가를 세계 철학계로부터 받았고, 이로써 그는 20세기 철학의 거장 반열에 올려지게 되었다. 그리고 마침내 후설의 후계자로 프라이부르크대학의 정교수가 되었다.

참고문헌

강대석, 『명언 철학사』, 들녘, 2017

강상원, 『Basic 고교생을 위한 세계사 용어사전』, 신원문화사, 2004

강성률, 『2500년간의 고독과 자유』, 형설출판사, 2005

강성률, 『철학의 세계』, 형설출판사, 2006

강성률, 『청소년을 위한 동양철학사』, 평단문화사, 2009

강성률, 『청소년을 위한 서양철학사』, 평단문화사, 2008

강성률, 『철학스캔들』, 평단, 2010

강성률, 『위대한 철학자들은 철학적으로 살았을까』, 평단, 2011

강영계, 『철학의 이해』, 박영사, 1994

강태권 외, 『동양의 고전을 읽는다』, 휴머니스트, 2006

공상철, 『중국, 중국인 그리고 중국문화』, 다락원, 2001

곽철환, 『시공불교사전』, 시공사, 2003

군나르 시르베크, 닐스 길리에, 『서양철학사1』, 윤형식 역, 이학사, 2016

군나르 시르베크, 닐스 길리에, 『서양철학사2』, 윤형식 역, 이학사, 2016

김두헌, 『서양윤리학사』, 박영사, 1988

김득수, 『공자의 여성관-논어를 중심으로』, 여성연구논총 2013년, 여성연구논총 제12집

김복래, 『프랑스 왕과 왕비』, 북 코리아, 2006

김복래, 『프랑스사』, 미래엔, 2005

김영수, 『제자백가』, 일신서적, 1991

네이버, 문화원형백과, https://blog.naver.com/dic_master/90169768620, 2013

노영준, 『역학사전』, 백산출판사, 2006

노자, 『도덕경』, 오강남 역, 현암사, 1995

민중서관편집부, 『새로 나온 인명사전(한국편/세계편)』, 민중서관, 2002

박문각 시사상식편집부, 『최신시사상식 199집』, 박문각, 2019

박석, 『대교약졸(화광동진의 관점에서 본 노자와 공자)』, 도서출판 들녘, 2005

박은봉, (개정판) 『한국사 100장면』, 실천문학사, 2000

박해용, 『청소년을 위한 서양철학사』, 두리미디어, 2004

방경식, 『부동산용어사전』, 부연사, 2011

서용순, 『청소년을 위한 서양철학사』, 두리미디어, 2006

서울시립대 중국어문화학과, 『중국학 위키백과 Sino Wike』, 2019

석인해, 『장자』, 일신서적, 1991

쇼펜하우어, 『쇼펜하우어 철학에세이』, 김욱 역, 지훈, 2005

신옥희,『일심과 실존(원효와 야스퍼스의 철학적 대화)』, 금풍문화사, 2000

신일철 외,『한국의 사상가 20인』, 현암사, 1981

안광복,『청소년을 위한 철학자 이야기』, 신원문화사, 2002

안광복,『처음 읽는 서양 철학사』, 어크로스, 2017

안방준,『은봉야사별록 임진록』, 일지사, 한국학보 16권 1호, 1990

안성찬 외 4인 및 네이버,『그리스로마신화 인물백과』, 네이버, 2016

양승태,『소크라테스의 앎과 잘남』, 이화여대출판부, 2013

영남철학회,『위대한 철학자들』, 미문출판사, 1984

요한네스 힐쉬베르거,『서양 철학사 상 고대와 중세』, 강성위 역, 이문출판사, 2015

요한네스 힐쉬베르거,『서양 철학사 하 근세와 현대』, 강성위 역, 이문출판사, 2007

원효,『일심과 실존(원효와 야스퍼스의 철학적 대화)』, 신옥희, 금풍문화사, 2000

윤진,『아테네인, 스파르타인』, 살림, 2005

윤희,『도교의 신들』, 도서출판 들녘, 2007

이근호, 박찬구,『한국사를 움직인 100대 사건』, 청아출판사, 2011

이수광,『공부에 미친 16인의 조선선비들』, 도서출판 들녘, 2012

이영재,『재미있는 중국철학 이야기』, 박우사, 1993(홍익CNC, 2013, 전자책)

이일영,『예술혼을 위하여-아리스토텔레스의 책을 찾아라』, Break News(이일영 칼럼), 2017, 4, 18

이정호,『서구지성의 원천』, '그리스인의 사랑', 웹사이트

이종묵,『조선의 문화공간』, 휴머니스트, 2006

이회문화사,『중국역대인명사전』, 2010

임건순,『제자백가 공동체를 말하다』, 서해문집, 2017

임석진 외,『철학사전』, 중원문화, 2012

임어당(린위탕),『공자의 사상』, 현암사, 1985(현암신서18, 1990, 전자책)

임종욱,『중국역대 인명사전』, 이화문화사, 2010

장기균 저, 송하경, 오종일 공역,『중국철학사』, 일지사, 1989

장유고 저, 고재욱 역,『중국근대철학사』, 서광사, 1989

전호근,『한국 철학사』, 메멘토, 2015.

정민 외 3인,『살아있는 한자교과서』, 휴머니스트, 2004

정병조,『인도철학사상사』, 서림사, 서울, 2005

정보과학용어연구회,『컴퓨터정보용어대사전』, 한국사전연구사, 1995

지그문트 프로이트,『꿈의 해석』, 이환 역, 돌을새김, 2014

지미 웨일스,『우리 모두의 백과사전』, 위키위키 사이트, 위키 백과, 2002 개설

차이위치우 저,『5000년 중국을 이끌어온 50인의 모략가』, 김영수 편역, 도서출판 들녘, 2015

철학교재편찬회 편,『철학』, 형설출판사, 1991

토오도오 교순·시오이리료오도 저, 차차석 역, 『중국불교사』, 대원정사, 1992

풍국초, 『인물과 사건으로 보는 중국 상하 5천년사2』, 이원길 역, 신원문화사, 2005

플라톤, 『국가』, 박종현 역주, 서광사, 2005

한국공자학회, 『공자사상과 현대』, 사사연, 1980

한국문화유산답사회, 『답사여행의 길잡이』, 돌베게, 2004

한국사사전편찬회, 『한국근현대사사전』, 가람기획, 1990

한국인문고전연구소, 『중국역대인물 초상화』, 『중국인물사전』, 2017

한국정신문화연구원(한국학중앙연구원), 『한국민족문화대백과사전』, 워키백과, 우리 모두의 백과사전,
     1979~1991

한국철학회 편, 『한국철학사』, 동명사, 1997

한국콘텐츠진흥원, 『문화원형백과 원효대사 스토리뱅크』, 2009

한단석, 『서양철학사』, 박영사, 서울, 1981

한단석, 『서양 현대 철학사』, 신아출판사, 2012

한보광, 『중국역대불교 인명사전』, 이회문화사, 2011

현상윤, 『조선유학사』, 현음사, 2003

황병석, 『Basic 고교생을 위한 국사용어사전』, 신원문화사, 2001

Aristophanes, 『아리스토파네스 희극 전집1, 2권』, 천병희 옮김, 도서출판 숲, 2010

B.러셀, 서상복 옮김, 『서양철학사(A History of Westerrn Philosophy)』, 을유문화사, 2009

F.코플스톤, 『철학의 역사(A History of Philosophy)』, The Newmann Press Westminster,
     Maryland, 1960

F.코플스톤, 『중세철학사(Mediaeval philosophy:Augustine to Scotus)』, 박영도 역, 서광사, 1989

F.코플스톤, 『합리론: 데카르트에서 라이프니츠까지(A History of Philosophy: Descartes to Leibniz)』,
     김성호 역, 서광사, 1996

H.J. 슈테릭히, 『세계철학사(Geschichte der Philosophie)』, 분도출판사, 1981

I. F. 스톤, 『소크라테스의 비밀』, 편상범·손병석 역, 간디서원, 2006

J. M. 콜러, 『인도인의 길』, 허우성 옮김, 세계사, 1995

J. 힐쉬베르거, 강성위 역, 『세계철학사(Geschichte der Philosophy)』, 이문출판사, 1987

P. 존슨, 윤철희 역, 『지식인의 두 얼굴(Intellectuals)』, 을유문화사, 2005

S.P.램프레히트, 『즐거운 서양철학사』, 김문수 역, 동서문화사, 2017

W. 바이셰델, , 이기상. 이말숙 역, 『철학의 뒤안길(Die philosophische Hintertreppe)』, 서광사, 1990

· 최선을 다해 연락을 시도했음에도 저작권자를 찾지 못하거나 미처 연락받지 못한 인용문에 대해서는
   정보가 확인되는대로 이후 판본에 반영하고 필요한 절차를 밟겠습니다.